组织才能管好人

向组织管理要效益

组织管人
流程管事
绩效分配价值

张应春 著

继畅销书《管理是蓝海》之后

作者倾心而著的又一部工厂管理精品力作

著名财经作家
吴晓波

复旦大学管理学院院长
陆雄文

如是金融研究院院长
管清友

倾心推荐

中国经济出版社
CHINA ECONOMIC PUBLISHING HOUSE
·北京·

图书在版编目（CIP）数据

组织才能管好人／张应春著．--北京：中国经济出版社，2021.5

ISBN 978-7-5136-1964-6

Ⅰ.①组… Ⅱ.①张… Ⅲ.①企业管理-组织管理学 Ⅳ.①F272.9

中国版本图书馆 CIP 数据核字（2021）第 060017 号

责任编辑　严　莉
责任印制　巢新强
封面设计　赵　飞

出版发行　中国经济出版社
印 刷 者　北京力信诚印刷有限公司
经 销 者　各地新华书店
开　　本　710mm×1000mm　1/16
印　　张　19.5
字　　数　248 千字
版　　次　2021 年 5 月第 1 版
印　　次　2021 年 5 月第 1 次
定　　价　59.80 元
广告经营许可证　京西工商广字第 8179 号

中国经济出版社　**网址** www.economyph.com　**社址** 北京市东城区安定门外大街 58 号　**邮编** 100011
本版图书如存在印装质量问题，请与本社销售中心联系调换（联系电话：010-57512564）

Preface | 推荐序1

向组织管理要效益

制造业发达水平直接体现了一个国家的生产力水平，是区别发展中国家和发达国家的重要标准。伴随着改革开放四十多年的历程，越来越多的工业企业在长期的发展和变革中，实现了技术的迭代升级、团队的更迭、新老班子的交接等工作。中国也拥有了全球最完备的工业制造体系，以广东、浙江、福建为领头的制造业大省带起了珠三角、长三角等大区的布局，让中国成为世界第一制造业大国，成为名副其实的世界工厂。而在这个过程当中，我们也清醒地看到，在工业制造领域，欧美日发达国家拥有着高新技术产业、先进装备工业，并高高竖起知识产权壁垒，将关键零部件的研发制造与高溢价的核心技术牢牢掐在手心。中国制造业要想提高产品的附加值，对于高新技术以及国际顶尖技术人才的依赖和需求越来越高。而组织发展、团队效率和对人才的管理，对于越来越多的企业家来说，也日益成为摆在面前的一道难题，也是工业企业在科创领域发展和转型的隐忧与“瓶颈”。

这几年和朗欧咨询的张应春院长多有交流。看到张院长带领他的团队深入全国各地的中小制造业企业中，帮助企业从战略的梳理，到精细化管理到组织管理的落地，推动制造型企业在技术把控、成本分析、工作效率上不断改进，心里很是感慨。一来现在越来越多的年轻人愿意投身一线，真真切切地投身于改革开放的实践中去；二来这也带动了中国工业企业的创始人在企业发展的过程中一直保持开放和学习的心态。同时我也欣喜地看到，当理论研究和企业咨询结合起来的时候，爆发出的思维火花是如此的鲜活，点燃了企业家不断变革的信心和决心。

目前，中国工业企业在快速发展的同时，依旧存在着我们担忧的问题：

譬如中国的基础研究能力还非常薄弱，员工对于科学问题的好奇心、探索心难以支撑持续创新研究能力的发展；关键核心技术、关键原材料、核心零部件等还有不少没有掌握在企业自己手里；中国企业中发明专利的技术含量仍有待提高，具有技术颠覆性、突破性的专利仍较少；与发达国家相比中国在专利和知识产权保护方面仍需努力……

我相信张院长在给制造业企业做咨询服务的时候，会面临许多棘手的细节问题，作为企业精细化管理的专家，从管事情到理人心，从组织建设到机制设计，一步步升级迭代，切实推进制造型企业的发展，也让张院长在企业管理方面积累起丰富的经验，观察问题的视角更加宽广，为此张院长也常打电话跟我讨论管理科学在制造型企业中如何赋能，尤其是和企业在科技创造、先进制造的结合上，认真地反思各个方面的不足、补齐各个方面的短板，帮助企业更健康稳定地发展。从 2016 年起，我看到张院长每年都带着上百位企业家远赴德国的汉诺威工业展、美国的 CES 展以及到日本制造业顶尖企业进行参访和交流。这么多年，我们从第一次去参观时的小心翼翼，到第二次去的大胆求教，到第三次去的谋求合作……张院长不止一次跟我表达过，我们的企业家伴随着时代发展和见识积累，深谙企业基业长青对于人才、技术的要求和依赖，这些诉求也不断提醒他更多地关注企业组织管理和机制设计对于企业发展的重要作用，也促使他动笔来把这些观点和方法论做一个系统的梳理。

基于复旦管理学院对于制造型企业的调查和研究，我们发现企业在组织管理中存在着一些共性问题：

第一，首当其冲的是绩效管理的问题，很多企业创始人、科学家、技术人员不懂得如何设计合理的激励机制。伴随复杂的经济形势，企业本身可持续性发展具有一定的不确定性和风险性，对于企业来说，就需要设计出一套行之有效的绩效管理机制来适应企业不同时期的发展需要，帮助企业解决核心人员的激励问题。

第二，许多制造型企业不太懂得公司治理的重要性，缺乏对商业模式、战略规划、组织发展的整体思考。在企业发展过程中，外部引入的职业经理人和创始人之间的矛盾和冲突；企业融资后，外部资本方涌入后，对于企业战略方向把控，以及与团队在决策执行和日常运营方面的分歧而产生的冲突。这些都会带来公司组织管理的困局。

第三，企业的文化建设、冲突管理能力欠缺。文化是企业发展的源泉，创新是企业发展的动力。如何让实体制造业企业的员工能够抵制外界各样的诱惑，更加深刻地认同企业的使命、愿景、目标和价值观，形成良好的企业文化氛围，从而对企业的发展变革、绩效提升起到积极的作用，也是企业家们探索的重点。

第四，面对企业复杂的外部关系与环境的挑战，实体企业缺少随机应变的能力和准备。比如，疫情期间，实体企业面对海外订单锐减、国内生产受疫情反复的影响导致员工以线上工作的新形式来展开，以及如何跨行业地整合资源、如何获取政府的支持、如何拓展新的销售渠道与建立销售体系……都是实实在在的实体企业尤其是制造型企业需要在新形势下突破的难点。

在这样的时代大背景下，管理教育界和管理研究机构为了能更好地成为实体企业尤其是制造型企业发展过程中的陪伴者、指导者，共同聚焦、聚力于制造业事业的发展。如何支持企业以更有效率、更高成功率的方式发展、壮大？如何推动相关领域不同产业之间的相互融合、去旧立新、再造升级？如何帮助企业突破产业边界、发挥溢出效应、促进产业升级？张院长同我们的教授一样，通过一线的实地研究去重新认识和理解，我们既有的一整套管理知识体系，其中哪些依然有效，能够延伸运用到今天的企业运营中？哪些已经失效，必须去创新、迭代？与此同时，我们还要去探索、建立起有效支持企业持续健康发展的中国本土的管理原理、管理方法、管理规则，这都需要管理学理论和知识体系的创新和再造……

顺应新的时代特征，紧随新的时代趋势，如果说张院长三年前出版的《管理是蓝海》一书回答了企业在精细化管理方面的问题，那么今年的这本新书则聚焦制造型企业管理所面临的在组织管理方面的热点、痛点和难点问题，开展了非常具有针对性、前瞻性的研究和指导。与此同时，在过去的大半年时间，我与十几位教授也一道走访了30多家科创企业，这些企业覆盖了生物医药、人工智能、集成电路、大数据、新材料等最具代表性、最具科技含量的领域，我们深深地被这些中国的企业家群体所表现的中国科创精神和实业精神所感动、感染。无论是在管理理论的创新还是在实践领域的实操，我和张院长都切切实实地感受到我们企业家的付出和努力，因此成就了今天中国发展新的活力、新的动力。这也是复旦管理学院在2020年启动科创战略的动因、逻辑和出发点。相信这也是张院长在实践中体会到未来企业管理中组织管理和机制设计的必然趋势。

一个新时代已经来临，从中国与世界的长远未来去思考，将组织管理和机制设计的方法论与企业实际面临的问题更好地融合、相辅相成，紧密地结合在一起，相得益彰，共同成长。面向未来，加快步伐，勇往直前，努力迈向新的征程，继续聚焦国家的科创战略，持续、深入地展开企业管理的深度研究和组织管理人才的培养。在全球经济复苏、科创竞争愈发劲烈的过程中，我们共同研究新问题、得出新结论、创造新知识、传播新思想，以更好地指导、引领制造型企业的发展，帮助国家各个层面、各个行业、各个地区都能更好地去实践科创战略，进一步推动中国的现代化进程，为国家崛起、民族复兴做出应有的贡献！

复旦大学管理学院院长　陆雄文

2021 年 2 月 12 日

Preface | 推荐序2

组织的力量

一位为中小企业做管理咨询的青年企业家能从“组织”的视野来研究管理提升，难能可贵。这位企业家就是朗欧咨询的创始人张应春先生。

四年前，应春写了一部《管理是蓝海》的著作，向企业家们展示了向内求做好精细化管理的理念和方法，并嘱我作序。我对“管理是蓝海”的理念深表认同，欣然接受。《组织才能管好人》是应春的第二部管理咨询专业著作，他仍嘱我作序。这次我犹豫良久，觉得很难写这个序。因为我对“组织管理”谈不上研究，只是有一些感受，很难形成系统的论述。

大约十年前，我曾经提出过“不想写书的老板不是好老板”这样容易得罪人的“论断”。不想，在一些企业家朋友中却引起了强烈共鸣。应春是积极响应此“论断”的朋友之一，他写就了《管理是蓝海》一书。该书出版后，应春便一发而不可收，第二部、第三部著作的“三部曲”写作计划很快就有了。

关于应春第二部著作的定位，我们之间曾有过讨论。由于朗欧咨询所服务的企业大多是民营的中小企业，在这类企业中，“老板管人”的色彩比较浓。作为体制内的企业管理者，我建议在民营中小企业中要引入或强调“组织管理”的作用。应春认为这点中了民营中小企业管理中的“关键穴位”。很快他就把朗欧的管理经验总结成三句话：“组织管人、流程管事、绩效分配价值”。这也是《组织才能管好人》这本书的精华所在。

需要说明的是，我所指的在民营中小企业中引入或强调的“组织管理”的概念，与管理学理论中的“组织理论”是有不同含义的，它既不同于“行政管理学派”的代表人物——法约尔的“法约尔跳板理论”，也不同于“组织理论之父”——韦伯的“官僚组织理论”，更不同于“人际关系学派”创始人梅奥的“非正式组织理论”。我在这里要强调的是“组织”本身在管理中的作用。

这种“组织”概念比较抽象，有时候甚至“可以意会不可言传”。企业本身也是一种组织形式，有的企业组织严密，有的企业组织松散。因此，简单地在企业与组织之间画等号，对发挥“组织”在管理中应有的作用并没有太大意义。

组织的“组”字，最初既是指丝带，也指编织，还用来指官印或官吏；组织的“织”字，是指布帛的总称，也指编织。因此，“组织”本身既是名词也是动词。既指组织机构也指组织构建；更指在组织构建过程中，必须使用上好的材料和优秀的“织工”，方能承担起串联编织优秀组织机构的使命。企业家们如果要做好组织管理，首先就要在企业中做好组织建设或组织改造，要打造一支优秀的“组织”干部队伍。企业本身并不是天然的管理组织，“老板”更不意味着就是天然的组织化身。

我提出把这种“组织”意蕴引入管理中来，主要是出于以下几个方面的考虑：一是在中小民营企业，“老板”容易过度集权，这在提高管理效率的同时，矛盾也容易聚焦到“老板”身上。我们知道，“聚焦”是能量的聚集，一旦超过临界点，容易引发“燃烧”。如何让矛盾的“负能量”不聚焦呢？这个时候，“组织”的适时出现，就可以让负能量“失焦”，进而化解矛盾。二是在中国的传统文化中，对组织化、集体主义有较高的认可度，存在较强的东方式“组织依恋”情结，在民营企业中把“组织”引入管理工具箱，有更坚实的文化基础。三是国有企业的管理经验证明，强调集体领导、组织管理，更容易凝聚共识、形成合力，使得企业的目标愿景更容易获得认同，提高执行力。为什么国有企业的“执行力”比较强呢？就是因为国有企业在“领导力”和“执行力”之间架起了“组织力”的桥梁。

从应春的《组织才能管好人》的新著中，我看到，应春不仅很好地“意会”了我的这些思考，而且有了更深入更系统的阐释：他已经把“组织力”概念引入本书中，认识到了“组织的力量”；他对“组织”的理解、对“组织管人”的理解等也都有独到的创新之处；对不同的“管人模型”有深入的比较研究；对“组织管人”与“流程管事”“绩效分配价值”之间的内在逻辑也有清晰的论述。

从《管理是蓝海》到《组织才能管好人》，应春不仅向我们展现了“管理是蓝海”，而且也向我们展现了“管理理论的改进与创新也是蓝海”。

是为序。

中国经济出版社总编辑　毛增余

2021 年 3 月 28 日

Preface | 自序

用一本书和一首歌为中国制造加油

过去的2020年，因为疫情，变得极不平凡。在此向奋战在抗疫一线的医护人员致敬，向每一位参与、配合和支持防疫工作的人员致敬。因为疫情，我们的生活和工作都受到了不同程度的影响，复工复产变得异常艰难。大多数商业形态受到了前所未有的冲击，作为中国经济的基本盘，制造型企业也受到很大影响。中国制造型企业作为价值创造的经济主体，具有很强的韧性和持续性，但在制造型企业向东南亚国家转移和中美贸易摩擦日益升级的大背景下，面临的生存和发展环境异常严峻，加上疫情，更是雪上加霜。在如此复杂的困境中，我却看到了许多制造业企业家积极应对，在逆境中取得了不错的业绩。全球疫情的暴发和中国疫情的受控，加大了世界对中国制造的需求，同时按下了全球制造业转移的暂停键，为中国制造型企业开展技术革新和转型升级赢得了宝贵的时间。

2020年，我与朗欧咨询团队一道，通过提供全天候驻厂咨询帮助30多家制造型企业成功完成了转型升级。在这个过程中，我深切感受到了中国企业对管理革新、管理升级的迫切需求。特别是现在许多“80后”“90后”企业家，从创办企业之初就具有规范化管理的思维和资本运作的思路，对管理、对经营、对金融都有着独到的见解。这些新生代企业家是中国制造业发展的未来和希望，是中国经济发展的重要推动力量。

中国制造，经过了几十年的高速发展，有着完备的供应链体系、快速的生产响应能力和合理的产业人才梯队。在经过粗放式发展、野蛮式生长的阶段之后，中国制造现在已经实质性进入规范化和精细化发展的阶段。这对企业的经营和管理方式提出了更高的要求，从现在起，要建立、健全企业组织管理体系，精细化发展，规范化经营。制造型企业的经营者和管理者需要在关注品质、效率、成本的基础上深度思考企业的营销战略、技术革新、组织能力打造、企业文化体系建设、人才梯队培养等长效机制的建立，做一个长期主义者。

中国制造，解决了千千万万人的生计问题，让物质极大丰富，是社会稳定、经济发展的基石和主要力量；中国制造业企业家艰苦卓绝、劳苦功高，是当之无愧、实至名归的“幕后英雄”。然而，制造业企业家特别是中小企业主却鲜有被关注。由于工作关系，我常年与他们打交道，深刻体会到这个群体的不容易。他们在创业和企业发展的过程中承受了许多常人难以想象的苦和累。在提供驻厂咨询服务过程中，我和朗欧咨询团队与许多制造业企业家结下了深厚的情谊。文化需要载体，情感也需要联结，为致敬中国制造业企业家和千千万万的从业者，致敬每一位奋斗者，我创作并演唱了原创歌曲——《相伴的力量》，该歌曲已经全网上线，同时也邀请制造业企业家代表一起出演歌曲的MV，并已在全国KTV系统上线。在此也感谢广东麦心文化原创音乐团队的专业支持。

《组织才能管好人》是我继《管理是蓝海》后的又一心血之作。本书不是知识性教科书，书中没有华丽的辞藻和新鲜的概念；本书提炼了朗欧咨询在200多家制造型企业推行管理变革的过程中被证明行之有效的实战型的管理方法和工具。在此，感谢每一家与朗欧携手的客户企业，是你们让此书的管理思想、方法和工具得以实证并落地执行，咨询服务的过程让我们的团队不断地进步，让我个人对管理的研究不断精进和升华；感谢各位企业家朋友，书中许多管理思想、方法和工具源于大家平时跟我无私的分享和真诚的交流；感谢复旦大学管理学院院长陆雄文教授对书中内容的认可并倾情作序；感谢中国经济出版社总编辑毛增余博士在此书写作的过程中给予的帮助和指导并倾情作序；感谢著名财经作家吴晓波先生在朗欧咨询发展道路上的帮助和支持并倾情推荐；感谢如是金融研究院院长、美的集团独立董事管清友博士对此书的倾情推荐；感谢朗欧咨询官方微信公众号、《张应春谈管理》栏目今日头条号、抖音号等各大网络平台的近50万订阅者、关注者的支持，和你们每一次网上的互动都是在搭建我们进步的阶梯；感谢朗欧咨询的每一位团队成员，是你们使书中的管理思想、方法和工具在工厂落地，是你们每一天的努力工作、共同奋斗成就了朗欧咨询的品牌和口碑……

用一本书和一首歌为中国制造加油，管理助力中国造。未来，让我们继续携手，一路相伴，一起见证相伴的力量，共同迈向管理红利时代。

张应春

2021年2月20日于广州

相伴的力量

作词：张应春 朗欧咨询
作曲：赵语词
编曲：小麦子原创音乐团队
演唱：张应春

1=♯C $\frac{2}{4}$

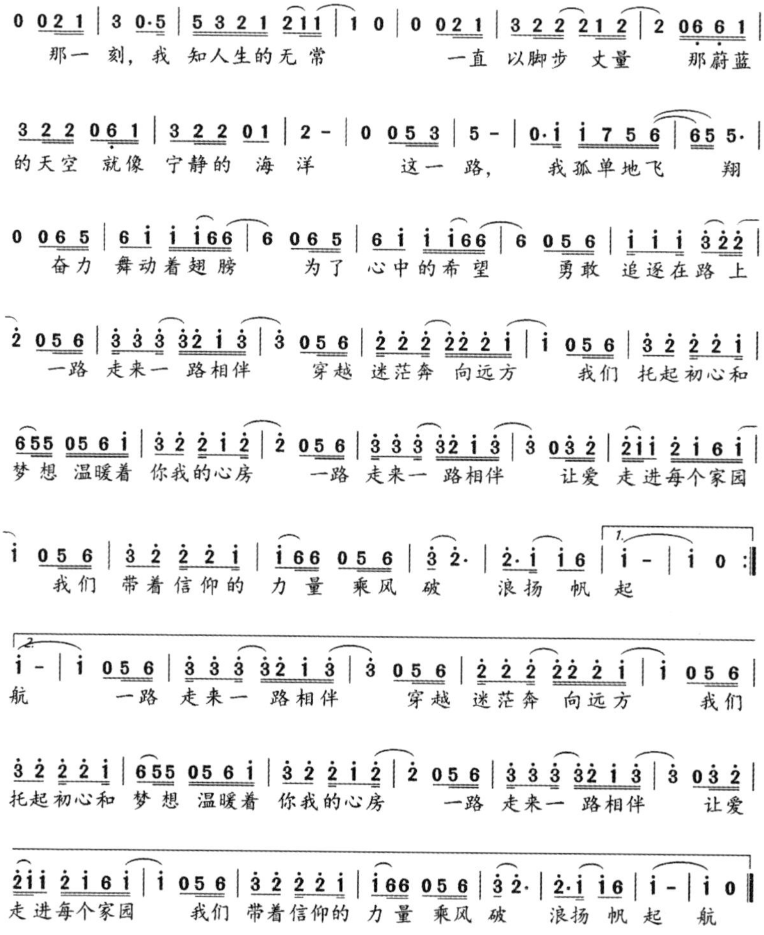

扫码收听：

QQ音乐

Contents | 目录

第一章
制造型企业突围之道

制造型企业发展现状与发展机遇

得益于自然资源、人口红利及改革开放大背景下的各种政策优势，中国制造业快速发展了 40 多年。随着对外贸易的扩张和国内市场需求的扩大，中国迅速成为“世界工厂”。这 40 多年，是中国制造业突飞猛进的 40 多年，也是中国制造业“野蛮式生长”的 40 多年。然而近年来，随着人口红利效应的衰减、原材料等各种成本的攀升和国内外发展环境的改变，世界各国制造业格局不断变化，中国制造型企业正遭遇前所未有的瓶颈，曾经规则明晰、相对稳定的经营环境变得无常和复杂。

笔者带领朗欧咨询团队常年进驻制造型企业，帮助企业进行管理变革升级。我们通过深度的驻厂咨询，提供保姆式服务，发现如今中国制造型企业面临的经营管理环境有了非常大的改变。这一方面对制造型企业是一种促进，另一方面也使制造型企业面临更多的压力和挑战。

一、制造型企业发展现状

经常有企业家跟我说：“张老师，我做企业做得太难受了，都不想做了。”经营企业的确非常烦琐，很多老板心里感觉很难受，总想逃避，但是最后还得直面问题、继续经营，可谓“上船容易下船难”。人类社会是在各种挑战和机遇中发展与进化的，制造型企业需要积极地拥抱这种变化，抓住这种变化带来的机遇。十多年来，我通过深度的驻厂咨询服务，在工厂一线观察和总结制造型企业的发展现状和发展机遇，现整理出来希望对读者有所帮助。

（一）员工平均年龄增长，劳动力成本提高

员工年龄越来越大，车间内年轻的操作工越来越少。这种现象在陶瓷、化工、家具、五金、服装等生产环境相对落后、体力劳动强度大的一些行业尤为突出。在管理、财务、人事、销售等领域从业的年轻人比较多，因为在这些领域工作体力劳动强度相对没那么大，而且让人觉得很“体面”。

20 世纪 90 年代初，深圳富士康发布招聘通知，计划招聘 50 名一线员工，可能有 200 多名年轻的女孩子在厂门口排队应聘。那时候电子厂大都需要女工，因为女孩手巧一点，也相对好管理一些；男孩则调皮一点，不太好管理。在那个年代，男孩在电子厂是不好找工作的，电子厂基本都会有男女职员的比例限制。然而现在，很多企业的招聘广告上都赫然写着“50 岁以下、45 岁以下……”企业已经不好招 25 岁以下的年轻人了。很多年轻人或者去了互联网公司，或者做微商、做网红、做直播，总之要做点跟互联网相关的事情。这也迫使传统企业在产品结构和生产方式上不得不进行变革，以此减少对人的依赖，降低劳动成本。

一方面，人们现在的生活越来越富足，员工工资待遇和福利升高是必然的。但是在传统的经营管理模式下，体力劳动强度大、重操作性岗位的工作效率没有得到提高，员工工资待遇却逐年升高，企业人工成本不断增加。另一方面，平均人工工资逐年升高也是由大环境所决定的，每年每个城市都在逐步提高最低工资标准。

在这种情况下，企业需要思考如何优化工艺流程和产品结构，并在自动化设备等方面突围，从而提高“人效”。“人效”是指人均效益，也指人

均效率，在管理上更多地会将人的效率具象为人均效率，体现在人均产量、人均产值等指标上。对于我国许多制造型企业，“人效”还是偏低的。同时，技术性、专业性的人才也严重不足。现有中国制造型企业的人才大都是20世纪八九十年代、21世纪初从农村走出来的。他们从农村出来后，找个工厂上班，做了两年、三年、五年甚至十年，对流程和工艺熟悉了，有的慢慢向管理岗位发展，有的则成为企业的研发技术人员。他们并非管理科班出身或者未经过专业的技术培训，现在这一现象正在发生实质性的改变。

我们不仅要关注“人效”，还要关注对新型人才的培养。在人均工资逐年攀升的情况下，企业想稳步经营，就得通过提升管理效率提升每个员工的工作效率，提高每个员工的人均产值。我们需要关注一个指标——工资产值比，即员工工资福利总额/总产值。我们既然改变不了员工的福利待遇、工资水平不断提高的现状，就得练好内功，提高管理效率，降低企业的工资产值比，进而提升企业的竞争力。

（二）制造型企业“公转”和“自转”的双转移进入实质性阶段

地球有公转和自转，制造业也有“公转”和“自转”。公转，即全球制造业迁移，从欧美发达国家向亚洲国家（日本、韩国）迁移，然后迁移到中国，现在又开始向东南亚等国家转移。自转，即国内沿海地区的很多企业由珠三角地区、长三角地区向内地转移。东莞曾经是实至名归的“世界工厂”，可现在我们去东莞，可以看到非常多的空置的工业厂房。富士康也把工厂从沿海转移到内地，还不断在全球范围内寻找新的人力成本洼地，在印度尼西亚、墨西哥、越南等处设厂。

“自转”和“公转”双转移是制造型企业发展路径的变化趋势，发生这种变化不仅是因为人力成本发生变化，还因为产品个性化需求越来越高，多批次、小批量的订单越来越多。互联网行业不断发展，对交货时效性的要求也越来越高，工厂需要更加接近消费市场，同时提高对消费者服务的效率。

你到越南考察，就会发现其就像是20世纪八九十年代的中国，到处是脚手架，到处是在建的工业厂房。很多朗欧正在做咨询辅导的企业已经在越南办了厂。

为什么说制造型企业的“双转移”进入了实质性阶段呢？主要有四方面的原因：

（1）工业基础逐步完善。东南亚新兴的工业化国家和中国内地的制造业基础建设逐步完善，包括工业园区的设立、招商政策的推出和政府服务职能的提升等。

（2）供应链逐步形成。在一些东南亚国家，比如越南，很多企业的供应链在逐步完善。不像四五年以前，那时很多企业虽然迁到了国外，但主要的生产原料还需要从国内运输。中国内地通过这些年的发展，也形成了较为完整的地方产业链和供应链。

（3）产业人才不断成长。现在很多企业的人力资源总监跟我反馈说，“海归”人才比往年要多很多，很多求职者的简历上会写他有海外工作的经历，一看简历发现他去过越南、印度。国内工厂在越南、印度开了分厂，很多人到那边工作。一两年之后，有的人适应了；有的人不适应，于是想回国工作。制造型企业“公转”和“自转”的背后是人才的不断流动。

（4）互联网和物流业快速发展。互联网的充分发展解决了原来信息不透明、不对称的问题，企业在各地设厂，信息传递成本越来越低；国际和国内物流体系充分发展，产品送达的及时性得到极大提高，企业物流成本越来越低。

在制造型企业的“双转移”过程中，我发现一个规律：往外迁移的大都是一些劳动密集型、产品附加值低的企业；而新进来的则更多的是一些技术性、以研发为主的企业。当然有地域要求或运输成本太高的企业还是需要在距离消费市场最近的地方设厂。根据不同的企业类型，每位企业家都需要重新定位和深度思考企业未来的产业布局。

（三）企业成本优势和“穷”的竞争力逐渐削弱

改革开放以来的40余年，是中国制造靠“穷”的竞争力“野蛮生长”和高速发展的40余年。

这种“穷”的竞争力主要体现在六个方面：

（1）勤劳。人在穷的时候，一般就会很勤劳。马斯洛需求理论将人类需求从低到高分为五个层次，即生存需求、安全需求、社交需求、尊重需求和自我实现需求。改革开放之初，工人尚处于满足生存需求、安全需求的状态之下，他们不顾风险和劳累，可以忍受长时间的机械化劳作。因为和他们务农的父辈相比，他们的生活质量和收入都有了改观，他们看到了希望，因此能忍受繁重的劳作。

（2）人力。这一时期是人口红利期，中国有充足且廉价的劳动力，很多从农村走出来的孩子愿意为基本的收入去从事重复性、机械性的操作工种。

（3）需求。经济发展激发了国人对美好生活的追求，激发了庞大的内部消费需求。白色家电的几大巨头都是在改革开放的这几十年中快速发展起来的，消费需求的激增使得各行各业都有巨大的市场空间。

（4）土地成本。之前工业流转用地的土地成本很低，很多地区在招商引资的时候推出非常优惠的土地政策，现在国家针对土地流转的政策越来越严格，工业土地的获取成本越来越高。

（5）环境。过去中国工业的飞速发展在一定程度上对环境造成了破坏。原来经济不发达，很多人连饭都吃不饱，哪顾得上关心环境呢？那时候办企业的环保成本很低。我有一次带领企业家去越南考察了一家造纸厂，这家造纸厂污水呼呼地往外排，工业废气也未经过环保处理。同行的企业家朋友提醒工厂负责人要注意环保，但他们并不在意。

（6）政策。过去企业的经营环境非常粗放，国家相关监督部门的政策法规也相对宽松。现如今，税务、工商、环保等政策法规的规范化建设已经成为企业的“基础建设”。

如今以上的优势已经逐渐消失，企业如果是依赖这种“穷”的优势成长起来的，必须深度思考如何在新常态下继续发展。

（四）规范化经营成为企业经营发展的“基础建设”

为什么会有中国制造“原罪偿还”这一说法？其实在一定程度上是政策法规的不完善造成的。比如，我国1993年才颁布《公司法》，也就是之前你成立公司，你把资本金拿走了，可能没人来管你，因为没有相关法律规定。在当时的政策法规下，“不追究就是依法办事”，但在今天，企业家要意识到“原罪”这个问题。

我们现在感受到环境保护越来越严，税收优惠政策逐步取消，国家逐步对工业用地加强管控，各国金融账户共同申报准则（Common Reporting Standard，CRS）等深入推行，中国制造的“原罪偿还”正当时。

以前我们总说企业要规范化经营，但尚且停留在发展理念层面，如今规范化经营已经成为企业经营发展的基础建设。这也是2019年朗欧咨询要成立公司治理事业部的原因，就是帮助企业实现规范化经营。

企业要针对法律和政策风险进行顶层设计，其实现在还有两三年的规范窗口期，政府还是给了我们很多的时间和机会。

我们一定要具备规范化经营的思维，不能再有“关系思维”和侥幸思想。有一次在和一位上市公司的董事长沟通时，我问她：“从你个人的角度来讲，公司上市前和上市后有什么区别？”她说：“要从老板思维向职业经理人思维转变，从拿经营所得向拿社会工资转变。”这其实就是规范化经营的思维。

（五）保证产品品质已经成为企业生存的基础条件

在改革开放的40多年里，很多企业借着供不应求的东风，即使产品粗制滥造，也不愁没销路。在法律法规还不是特别健全、消费者的产品品质意识还没有建立的前提下，中国制造野蛮生长了40多年。

但是现在，随着社会的进步、法律法规的健全、管理的日益严格、消费者维权意识的提升和消费需求的升级，消费者对产品品质的要求越来越高。当下，保证产品品质已经成为企业生存的基础条件。现在消费者无论是网购还是在实体店消费，几乎都不用再担心“质价不匹配”的问题了。因为行业竞争已经非常充分，如果企业的产品介绍与实际品质不相符，消费者就会用“脚”投票。现在办企业，必须把20世纪90年代挂在企业墙上的口号——“品质是企业的第一生命力”落到实处了。

二、制造型企业发展机遇

笔者通过走访一线工厂，总结了中国制造业的五个发展机遇。

（一）中国制造业逐步实现全球化，“一带一路”建设提供机遇，世界开始承认中国制造

改革开放40多年以来，中国制造逐步走向全世界。国外消费者逐步承认中国制造，中国生产的产品满足甚至引领着消费者的需求。在国外，很多商品包装上标着“made in China”（中国制造），即使在一些奢侈品品牌店，你跟店员多交流几句，他会告诉你店里很多产品是中国制造，至少是在中国加工的。中国制造就像20世纪中后期的德国制造一样，逐步摘掉了“劣质产品”的帽子，得到了世界各国消费者的认可。

中国大力倡导“一带一路”建设，“一带一路”沿线国家和地区的人

口约占世界总人口的 2/3，这预示着中国制造未来的市场很大。企业要以开放性思维去经营和发展，因地制宜，主动提前布局。

（二）营商环境日益改善，有助于企业开展良性竞争

20 世纪八九十年代，很多人凭借一二十万元的启动资金就可以开个小作坊，并慢慢经营发展为大中型工厂。那个时代已经不复存在了，现在经营企业必须做好规范化的顶层设计。

在过往规则不清晰的营商环境中，可能会出现“劣币驱逐良币”的现象，一些规规矩矩的企业反而没有竞争力。但如今，规范化的营商环境将会加速淘汰不良企业，能够生存和良性发展的企业将是真正优秀的企业。

（三）“工业母机”等自动化设备技术飞速发展

机床向来被誉为“工业母机”，是制造生产设备的机器，是整个装备制造业的生产基础，尤其是超高精度机床、多轴联动高档数控机床等顶级机床的技术水平直接反映了一个国家制造业的整体竞争力。

原来我国几乎都是靠进口，或者一台设备里面的主机是美国、加拿大的。但 2019 年以来，很多国内的设备研发生产企业基本具备了工业母机设备的生产技术，生产的产品在性能上与进口设备生产的产品并没有太大差距，设备稳定性也在逐年提升。

（四）市场消费主体强大

有调研数据显示，2025 年中国中产阶级将达 5 亿人，这是一拨强大的市场消费主体。新中产消费群体的消费需求正在发生变化，由过度关注性价比向关注性能比转变。现在很多消费者在买东西时关心的不是哪个便宜，而是商品的品质和特性。中国制造正处于消费升级、产品升级的窗口期，企业需要重新思考新的价值洼地在哪里。

同时，强大的市场消费主体也为中国企业应对外部营商环境的恶化提

供了一张王牌。比如，中美贸易摩擦和新冠肺炎疫情对中国企业的出口造成一些影响，但此时企业可以深耕国内市场，“出口转内销”。我国逐步建立的以国内大循环为主体、国内国际双循环相互促进的新发展格局将为企业提供广大的市场空间。

（五）信息化技术高速发展，为企业提供了数字化人才基础

信息化、智能化是中国制造发展的趋势，信息化技术的高速发展为中国制造型企业的转型升级提供了人才基础。20 世纪八九十年代，软件编程技术人员是非常稀缺的，但如今信息化人才快速增长，为制造型企业的数字化转型提供了良好的人才基础。

制造业正在发生的五个转变

一、企业护城河从外向内转移，对传统路径的依赖成为企业创新发展的掣肘

（一）企业发展的传统路径

为什么很多人觉得企业不好变革，企业发展总会遇到瓶颈？因为很多企业还在依靠传统的发展路径，即人际关系优势、区域优势、资本优势和粗放式经营管理。

1. 人际关系优势

很多人做生意靠关系，包括人脉关系、政府关系。自己有同学、亲戚在政府部门，便靠政府关系创业发家，做一些跟政策相关的产业；或者有一些国外的朋友，能够拿到国外的订单，就开了一个小工厂。现在传统的关系优势正在逐步消失。

2. 区域优势

企业在一个地方投资办厂，首先考量的是这个地方的营商环境，包括是否可以获得廉价的自然资源和劳动力。很多工厂建在东部沿海，因为东部地区有区域优势，靠近消费主体，交通发达，供应链配套齐全。但现在随着物流体系的完备和营商环境的改善，区域优势正在逐步消失。

3. 资本优势

过去人们创业、做生意，觉得有本金是最重要的。而现在，几乎每个人都会接到许多“骚扰电话”，问要不要贷款，连别人问自己要不要钱都变成了我们嗤之以鼻的“骚扰电话”。现在真正稀缺的是好的商业模式，传统的资本优势正在消失。

4. 粗放式经营管理

过去只要你有钱，把钱投下去，买几台设备，招几个人，就可以办个厂。现在已经不可能了，环保要求、管理要求、政策规范化要求等涉及的成本越来越高。

（二）企业发展的“护城河”

传统路径如今已成为企业创新发展的掣肘，我们要重新问自己一个问题：“现在企业的护城河是什么？”

企业的护城河，即怎样能够保证企业的安全不受侵犯，使团队有活力，让经营有业绩。通过这几年对制造型企业的研究，我发现企业的“护城河”在由“外”向“内”转移，即由原来的人际关系优势、区域优势、资本优势和信息优势转变为企业的团队优势、技术优势、产品优势和管理优势。如图 1－1 所示。

1. 团队优势

未来企业的核心竞争力就是团队优势。我们不能像原来一样只满足于有人“干活”，而是需要静下心来思考如何打造团队。

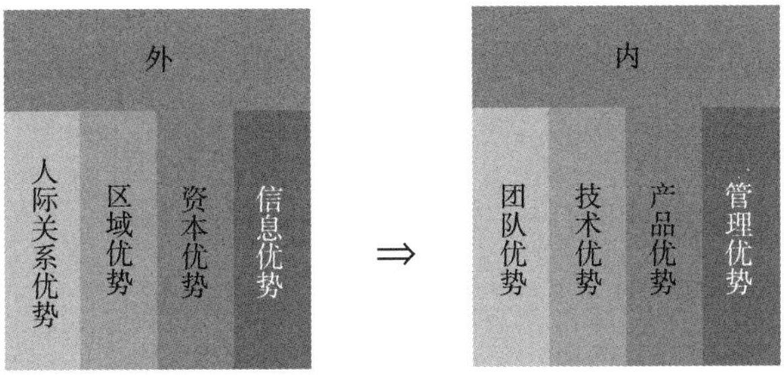

图 1－1　企业“护城河”由外向内转移

2. 技术优势

企业需要思考相比于其他企业自己有没有足够的研发、技术和创新优势，有没有核心技术，而不是一味地依赖 ODM/OEM。

3. 产品优势

产品有什么优势是别的企业暂时无法超越的？怎么能做到“人无我有、人有我优、人优我特、人特我卓”？

4. 管理优势

拥有同样规模，生产同类型的产品，使用同样的设备，进行同样的投入，企业要做到比其他企业有更高的产出还得发挥管理优势。

企业的“护城河”在逐步地由外向内转移，企业一定要认识到如果还去外面找关系、走捷径而不苦练内功，日子肯定会日益艰难。

二、从存量与增量的双重竞争向存量竞争转变

五六年前，有位老板跟我诉苦，说他有一名员工在企业做了八九年，做到了厂长这个职位，积累了各种资源，最近辞职单干了，在他的工厂对面新办了个工厂，两家企业的客户资源、产品和销售渠道一样。这位老板说他心理不平衡、很不好受，说自己给自己培养了个竞争对手。其实在那个阶段，企业基本是增量竞争，竞争对手悄无声息地在你的周边不断地围猎。

如今我可以很负责任地告诉你，那个时代已经过去了。你不用顾虑员工出去开个工厂跟你抢生意，这个可能性已经变得非常小了，因为市场竞争已经逐步趋向于已有市场和竞争对手间的存量竞争。如今规范化经营已经成为企业经营发展的基础性建设。开设再小的工厂，最基础的环保设备的投入至少得要100万元，包括政策法规的规范、企业经营的顶层设计所需花费的成本至少也要100万元，再加上周转资金、设备投入、研发投入等，现在新开个工厂，最少需要三五百万元的资本金，这是最低的门槛。

除新兴产业、互联网行业外，制造领域头部品牌在行业内占据相当高的市场份额，新生品牌已经难以短时间内杀出重围，行业竞争基本上由存量和增量的竞争转变为存量的竞争了。

三、从模仿式创新向原始创新转变

朗欧咨询的总部设在广州，许多朗欧服务过的企业每年会在广州参加各种展览会，我有时也会一起去展会参与调研。前十年，我发现很多企业家喜欢带着公司的研发人员、技术人员去逛展会，展会的销售业务由业务老总去对接。他们更多的是去现场看看同行做了什么新产品、有没有什么新技术，然后拍个照片回来把尺寸、外观和结构改一下，功能再稍微优化一下，就变成自己的“创新”产品。那时候同行之间相互抱怨，说这是抄袭，但有位企业家不这么认为。他跟我说：“张老师，我们这是创造性的模仿，是模仿式创新。”现在，我们去展会上跟企业家交流后发现，每个企业都有越来越多的原始创新，逐步有了自己的核心技术。

企业靠模仿创新的时代已经过去了，正逐步进入原始创新阶段。很多企业逐步对知识产权、技术专利有了非常明确的规范化意识，涌现出一大批以华为为代表的拥有核心技术优势的企业，越来越多的企业将重心投向了研发和技术创新，从模仿式创新向原始创新转变。

技术的绝对领先可以使企业忽略成本。如今“中国芯”的窘境，不是价钱的问题，价钱给得再高，别人都不卖给你。如果企业也拥有这样的技术，是不是也可以忽略成本呢?

很多老板原来模仿式创新的固化思维是有缺陷的，认为研发和技术创新的成本太高，投入产出不合算。但现在要强调的是，企业只要想生存并保持稳健发展，就必须关注研发和技术创新。

四、从关注企业自身效率向关注供应链效率和产业链效率转变

（一）企业效率升级路径

图 1 –2 为企业效率升级路径。

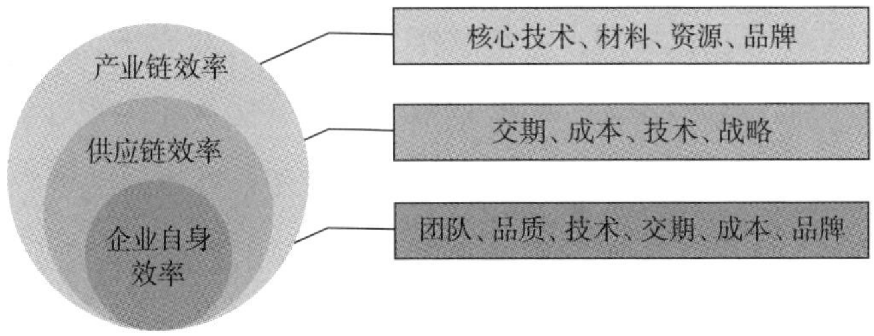

图 1 –2　企业效率升级路径

1. 企业自身效率的升级

在过去制造业“野蛮生长”的时代，企业只要有订单、有钱赚，可以忽略品质、成本和效率。现在企业竞争趋于白热化，企业要关注团队、品质、技术、交期、成本和品牌，必须提高自身效率。

2. 供应链效率的升级

要实现供应链效率的升级必须关注交期、成本、技术和战略。我认识一个家具厂的老板，他到俄罗斯建了家木材厂。因为做家具需要大量的木材，木料成本是工厂的核心成本，他就是从整个供应链角度控制成本。比较大型的正规化企业都有自己的采购企业名录，采购名录里的企业都是经

过严格审核的，如丰田有“丰田系”供应商、本田有“本田系”供应商。现在许多中国企业已经在供应链的打造上下功夫了。

3. 产业链效率的升级

当实现自身效率和供应链效率的升级以后，企业要关注产业链效率的升级，要关注核心技术、材料、资源和品牌。广东阳江刀历史悠久，刀具生产是当地特色产业。“阳江十八子”已发展为整个产业链的代表性品牌，有十八子刀具城、十八子钢材、十八子饭店等。企业做到一定体量以后，需要关注整个产业链上下游效率的升级，进行横向和纵向的产业链升级。

（二）对于产业链效率的升级，企业要关注哪些方面

1. 客户需求分析：企业生存的根本在于发现、满足、引导客户需求

每个产品都有生命周期。诺基亚作为曾经的行业霸主，在智能手机出来后，渐渐失去原有的光环。曾经苹果手机一家独大，但现在我们已经看到越来越多的优秀手机品牌的崛起。产品不断更新换代，很大程度上就是由客户需求所决定的。企业要不断发现、满足、引导客户需求。

2. 价值链分析：包括内部价值链分析和外部价值链分析

内部价值链分析是企业的内部价值运动。内部价值链分析始于原材料、外购件的采购，终于产品的销售——顾客价值的实现。价值链分析的目的是找到企业最基本的价值链、企业生产作业的成本动因以及和竞争对手的成本差异。企业的内部价值链分析包括企业的生产经营活动和职能活动，分析和确定企业如何开展生产等问题。

外部价值链分析是一种产业分析，针对上下游企业、同行竞争者、社会环境开展分析。如对主要供应商及顾客作出成本与利润分析，并择优选择外包供应商及建立顾客联盟等。

3. 核心能力分析：人无我有、人有我优、人优我特

核心能力即企业的核心竞争优势，是指其他对手很难或者无法拥有的

一种能力。通俗地讲，就是人家有的，你要做得比别人更好；人家没有的，你要争取拥有。

4. 战略竞争分析：包括同行、同业、异业竞争分析和宏观竞争分析（外部竞争分析、跨界分析）

同行业竞争分析：相对于同行企业的竞争优势是什么？企业在成本、管理、产品设计等方面有没有优势？

宏观竞争分析：包括外部竞争分析和跨界分析。比如，随着微信的出现，手机短信收费业务萎缩严重，相关企业就要开展跨界竞争分析。

5. 成本结构分析：成本模块化、模块数据化

分析成本结构可以帮助管理者更清楚地了解其所管理的业务中，哪部分成本提升了，哪部分成本降低了。企业通过分析产品的成本结构，可以寻找进一步降低成本的途径。

企业需要认真分析和深度思考企业利润来源和边际成本。如果还是仅仅关注进料、后勤、生产是远远不够的，当然这是最基础的，是不可或缺的。但企业产生效益的价值点或许在逐步地发生转移。比如，对于有的企业，原来制造端是主要利润来源，但现在研发端或销售端变为主要利润来源，或许将来延伸的产业链会成为企业新的利润增长点。

五、从“人口红利”向“人效红利”转变

在用工成本高增长的背景下，企业需要关注“人效”。什么是“人效”？即人均效益，人效 = 利润总额/总人数。需要注意的是，是用利润总额除以总人数，而不是总产值除以总人数。

2017 年，华为轮值 CEO 徐直军在新年献词中提道：“华为要继续坚持以有效增长、利润、现金流、提高人均效益为起点的考核。”这是企业开始从注重人口红利向注重人效红利转变的重要风向标。

制造业老板的突围之道

在中国制造业“五个转变”的背景之下，企业老板需要做到“六个转变”。

一、企业老板需要思考的三个问题

（一）做企业是“养猪”还是“养孩子”

2016 年 4 月，著名财经作家吴晓波带领中国企业家在德国游学时提出了一个问题：“做企业是养猪还是养孩子？”当时引发了热烈的讨论。有的人说做企业是养猪，因为做企业就是为了赢利，这跟养猪的过程类似，猪养大了可以卖钱。也有的企业家不认同这个说法，认为经营企业是非常烦琐的过程，怎么可能是养猪呢？首先，猪的生命周期短，且养殖难度低；其次，经营企业特别是经营制造型企业所要花费的精力、所遇到的烦恼是常人无法体会的，这个过程就像在养一个孩子。

我觉得肯定不是养猪，当然也不是养孩子，应当是养奶牛。

为什么这么说呢？这个要从朗欧咨询 2017 年辅导的一个项目说起。这个客户经营一个牧场，有 1 万多头奶牛，那是朗欧咨询迄今为止辅导的唯一一家非制造型企业。当时，这个企业的徐总找到我，说要请我们驻企辅导。我了解后回复说，朗欧专注做制造型企业的管理升级，对非制造型企业可能帮不上忙。但徐总坚持要与朗欧合作，他说现在都在倡导农业工业化，让我把他的牧场作为一个试点，最终我被说服了。

项目开工那天，我去到牧场，看到牛棚里有成千上万头奶牛，就忽然想起了这个问题——“做企业是养猪还是养孩子”。我心里顿时有了答案，认为做企业就是养奶牛。因为你得精心地饲养，关注它的成长，还得每天挤奶，关注它的产量。万一挤不出奶了怎么办？该淘汰还是得淘汰，这跟养孩子有本质上的区别。我们经营企业，绝非像养猪那么简单，从订单接入到成品出货会遇到各种各样的问题，需要管理者不厌其烦、一点一滴地去攻克；我们还得关注产量、质量、交期和人才。有时为了保持企业的良性发展，根据绩效目标我们不得不淘汰一些员工。显然，“优胜劣汰”的生存法则并不适用于我们养孩子，因为无论孩子好坏，我们都不能抛弃他（她），我们都是他（她）的父（母）。

中国制造型企业的老板要以“养奶牛”的心态来经营管理企业。用“养猪”的心态经营企业或许太短视，一个伟大的企业的诞生是需要很长的周期的；用“养孩子”的心态经营企业或许又会太执着，容易产生极端心理，会把经营企业看作自己人生的全部；相比来讲，用“养奶牛”的心态经营企业正是我们要修炼的。

（二）做企业是做大还是做小

在过去，很多老板以规模大小来“论英雄”，热衷于追求人员的规模、经营的规模、资产的规模。面对日益凸显的管理和经营问题，我们不禁要思考“企业是做大还是做小”。

1. 不要纠结做大还是做小

企业做大还是做小？其实这是我给大家挖的一个坑，大家往里面一跳，都在想“到底是做大还是做小呢”。

我经常跟企业老板讲：“企业做大和做小都不是我们要去思考的问题，做企业要向农民学习，做三四月的事，精心培育，到八九月自有收获。”要把企业看成一个正常成长的生命体，给它阳光和雨露，让企业自然生长。你能让一个人说高就高、说矮就矮吗？显然不可能！企业做大、做小不是我们应该思考的问题，而是我们需要关注的问题。你把企业看作一个生命体，首先你不会有做大做小的顾虑；其次你会专注当下的问题，不会“揠苗助长”。

2. 先做好“小”，再做“大”

很多与朗欧合作的企业老板都会谈到一个现状：“我们企业是由作坊式小厂慢慢发展起来的，我们一开始就不注重管理、研发、技术、品牌，慢慢地企业规模越来越大，从几十人壮大到几百上千人。这个时候，我们发现企业很难做了，规模越来越大却不赢利，各种问题就暴露出来了。”

如何先做好“小”？就是中小型企业或者初创期企业要关注团队、技术、管理、创新和品牌，处处做到精细化。

如何判断企业是否做好“小”了？最直观的就是看企业的经营幸福指数，通俗而言就是看企业的投入产出比，体现为利润率。我们常说，一个企业不赢利就是犯罪。企业是一个营利性的组织，只有保持有持续性的盈利，才能够持续性地维护企业平台的发展。所以，我们要先做好“小”，要保证企业有持续的赢利能力，在这个基础之上再将规模做大。

怎么做好“小”呢？不管练多么高深的武功，都是从练基本功开始，从练体能开始。对于生产型企业而言，基本功就体现在过程管理和成本控制上。

3. 经营主体可以做大，但经营模块一定要做小

经营主体做大是指经营规模、人员规模、资产规模可以做大。比如，企业可以由三百人发展到五百人，再发展到一千人、两千人、上万人。经营模块做小是指企业要有模块化经营的思维。

什么是模块化经营？随着消费需求的升级，消费者更加追求个性化的产品，整个市场都在“求新、求快、求异”。这个时候问题就来了，企业如何才能快速地响应客户需求？2013 年，海尔提倡进行“企业平台化、员工创客化、用户个性化”的改革。企业平台化就是总部不再是管控机构，

而是一个平台化的资源配置与专业服务组织，并且提出管理无边界、去中心化，后端要实现模块化、专业化，前端强调个性化、创客化。我们可以看到一个趋势，就是大组织做小，划小经营核算单位；管理去中心化，激发活力，从集权中央模式变成小作战单位模式。这就是模块化经营的思维，企业将经营模块做小才能对市场和客户需求做出快速反应。

企业老板还要明白一个道理：大，不一定就是强；小，不一定就是弱。规模大的企业不一定就比规模小的企业获利多，甚至有可能面对更多的问题。

我们不要把做大当成唯一目标，更不要把做大当成终极目标，要把企业当作一个自然成长的生命体，正如佛家所讲："因上用力，果上随缘。"

（三）企业传承还是财富继承

这也是现在很多企业老板面临的一个问题。20 世纪七八十年代开始创业的企业家现在基本上都60 多岁了。老一辈企业家的精力、体力、心力各方面可能没办法跟上企业发展的步伐，越来越多的企业面临着传承的问题。企业是选择"企业传承"还是"财富继承"？这是两条不同的路径。企业传承，传承的是创业精神、传承的是经营精髓、传承的是企业平台，你得教孩子从管理、经营、市场、生产工艺等方面入手学习，一点一滴摸爬滚打；财富继承，具体方式有很多，可以通过基金托管、上市的方式，也可以通过找职业经理人的方式。

二、企业老板的六个转变

（一）从传统商业思维向现代经营思维、新工匠思维转变

传统商业思维的特征是只考虑利润、成本和效益，老板和员工把企业当成自己的家，当下不少企业老板还处于传统商业思维层面。你可能会有疑问："一个老板考虑利润、成本和效益有错吗？"没有错，但如果只考虑

利润、成本和效益，那就有问题了。传统商业思维是一种平面思维，总是在一个平面上去考虑问题。局限于传统商业思维的老板的最典型特征是动不动就谈钱。比如总拿钱来衡量投入产出，我投入了设备，请了朗欧老师、做了咨询，我的产出是什么？当然不谈钱也不行，这里举的例子可能比较极端。很多时候，投入和产出是一个因果关系，是一个过程和结果的关系。企业在投入生产之后，有没有做到精细化管理？如果还是停留在粗放的管理模式，又如何得到一个好的产出呢？“把企业当成自己的家”的思维模式是不对的，如果一个老板把企业当成自己的家，就会用管理家庭的方式去管理企业。对老板和员工而言，企业究竟是不是一个家？我在后面章节中会有详细的论述。

朗欧咨询辅导过一些上市公司，我和这些上市公司的老板聊天的时候，都会问他们同一个问题：“在企业上市以后，你最大的体会是什么？”答案总体来讲有两种：第一，从粗放式经营管理向规范化、标准化经营管理转变；第二，从老板思维向职业经理人思维转变。一位老板的原话是“我最大的体会是终于知道为什么叫‘公司’了”。

现代经营思维要考虑客户的需求、企业的核心能力和经营使命。现代经营思维是一种立体思维。企业家要从各个层面去考虑企业的经营状况，不仅要关注企业的利润、成本和效率，还要关注客户需求、经营使命、企业的核心能力和社会责任等。很多人认为经营企业只要关注成本、利润和效率就可以了，谈什么经营使命！改革开放前40年，有人认为谈经营使命很虚，一定程度上还可以接受，但在中国制造“原罪偿还”正当时的今天，我们谈经营使命是真实不虚的。如果一个企业连经营使命都没有，又怎么能够传承下去呢？海尔、华为、格力等一些知名企业，都有自己核心的企业文化，都有自己的经营使命在支撑着企业运转。华为的愿景是丰富人们的沟通和生活；经营使命是聚焦客户关注的挑战和压力，提供有竞争力的通信解决方案和服务，持续为客户创造最大价值。格力的愿景是缔造全球领先的空调企业，成就格力百年的世界品牌；经营使命是弘扬工业精神，追求完美质量，提供专业服务，创造舒适环境。

新工匠思维指老板要像工匠一样，静下心来专注自己的工厂，关注产品研发、企业管理和团队建设。新工匠精神有三个侧重点：创新、专注和精进。新工匠思维是一种球体思维。要求人有创新精神，能够专注地做事情，在专注的过程当中不断精进。精进是一个佛法用语，就是不要求快，但时时刻刻要保持进步。福耀玻璃董事长曹德旺在接受吴晓波的采访时说道："我们现在很多年轻人，第一年开公司，第二年就想上市，第三年就想成为首富……"哪有这么好的事？所有的成功都始于当下，需要逐步精进，做到与德配位。

（二）从追求企业规模向追求企业经营幸福指数转变

1. 当下企业家要追求的是经营幸福指数，而非企业规模

企业家如何关注经营幸福指数？具象化讲，就是要关注企业的利润率。20 世纪八九十年代，如果要想了解对方企业的规模，一般会问"你的企业有多少人"，对方会说"我的企业有 300 人""我的企业有 500 人"……如果企业有 1000 人，那不得了，是个大企业。但是到了 2000 年左右，人们更多的是问"场地有多少亩规模"。此时场地规模的大小代表着企业规模的大小。随着经营环境的进一步变化，企业的经营目标也发生改变，此时场地规模已经很难作为衡量企业规模的指标了。老板们之间的交流转向了关注产值，这个时候已经有点数据观念了，开始问"你的企业的年产值有多少"。再到后面大家发现企业有规模而不经济的现象很普遍，便开始关注企业的利润，于是开始问"你的企业的利润是多少"。再到后面开始问利润率了——"你的企业的利润率是多少？3%、5%、8%、15%……"再往后呢？开始问"你的现金流怎么样"……

这种关注点的变化跟经济周期相关。金融危机以后全球经济增速放缓，中美贸易摩擦不断，土地租金成本和劳动力成本逐年上升，环保监管进一步加强，制造型企业承担着内外双重压力。同时制造业的可贷款性、可融资性较差，资金链容易出现问题，所以企业开始更加追求利润和现金，以预防可能存在的风险。

企业已经不再追求规模经济，而是关注生存、发展和可观的利润率。企业的利润率、利润总额提高了，经营幸福指数也就提高了，企业家才能感觉到“幸福”。

2. 企业家个体的幸福源泉

2012 年央视做了一个节目，叫《走基层百姓心声》。“你幸福吗?”“我姓曾。”记者和被访谈对象间神奇的对话在网络上火速走红，被网友们封为 2012 年“神一样的回复”。

幸不幸福？这也是值得企业家思考的问题。很多企业家通过多年的积累在物质上已经非常富足了，上面谈到的企业经营幸福指数具象化讲就是利润率。企业家幸不幸福跟利润率相关吗？企业的利润率高不是企业家个体幸福的充分条件，我见过太多有钱却不幸福的企业家。

企业家幸福的源泉是什么？我觉得包括三个方面：被需求、被认可和可赋能。

我创办朗欧多年，也是一个公司的老板，我谈谈我内心的一些感受。这么多年来，我踏踏实实地带着朗欧团队，常年在企业里面做实战咨询，我每天不是在工厂，就是在去工厂的路上。每隔一段时间我都要到工厂现场，听取驻厂老师们的现场工作汇报，并给企业高层和员工做针对性的内训。几乎每位跟我签约的老板都会劝我说：“张老师，您不要做那么多咨询项目了，少做几家。当然，前提是我们公司您得多关注一下。”我有时候也会想这个问题，为什么朗欧团队会那么兢兢业业地工作呢？其实也是因为三个因素激励着我们：被需求、被认可和可赋能。

（1）被需求。墨子的《商之道》有言：“我有利，客无利，则客不存；我利大，客利小，则客不久；客有利，我无利，皮之不存，毛将安附？客我利相当，则客久存，我则久利，然双赢！”从做生意的角度讲，要互相成就，互为贵人。自己只有成为被需求的人，才能够有所建树。可能很多人一讲成功，就限于物质层面，其实“被需求”会让每个人都有成就感。在社会生活中，我们不仅需要物质上的激励，还需要支撑着我们一直走下去、坚持下去的“被需求”的这种状态给我们带来的成就感。

（2）被认可。我个人偶尔也会有身心疲惫的时候，这个时候我会看看朗欧辅导过的企业的业绩数据变化。这些老板录制了各种感言视频，这对我、对整个朗欧团队是一种很大的激励。我们通过咨询实战落地给企业带来实实在在的成效，我们被认可了。当某企业的产品被消费者甚至被同行认可时，说明这家企业被认可，企业家会感觉非常幸福。

（3）可赋能。赋能，顾名思义即赋予能力或能量，在积极心理学领域指通过言行、态度、环境的改变给予他人正能量，以最大限度地发挥个人才智和潜能。赋能是双向的，包括自我赋能和赋能予他人。

3. 企业家如何被需求、被认可、可赋能

被需求，要求企业家回到客户的需求上来。企业家要去了解、研究客户。如何发现、引导和满足客户的需求？我认识的一个老板是生产防盗门油漆的，但他天天不研究油漆，而去研究门，这就是回到客户的需求。他比门厂的老板还要了解门的特性和市场走向。

被认可，要求企业家回到工作现场。当你到车间，别人叫你一声老板、总经理，你会觉得被认可；当供应商需要你帮助解决问题时，你会觉得被认可。

可赋能，要求企业家回到心性土壤。什么是心性土壤？就是你的心能够静下来，你要能够聚焦自己的能量，能够给大家传递一种正能量的价值观，能够给下属指引方向、指点迷津。哪怕你的下属去创业了，你也能够帮助他实现创业梦想。

（三）从“向外求”向“向内观”转变

在企业的“护城河”在“外”的发展阶段，我们习惯于向外求，求资源、求人脉、求人才、求管理体系、求经营方法。很多人认为围城以外、自己圈子以外就是“蓝海”，因为经营管理自己的企业实在太难了。但其实真正走出来深入了解以后，他们就会发现已经是片片“红海”。企业不要再去迷恋外部优势。在过去粗放式经营发展中，企业“向外求”或许可以掩盖许多内部问题，但现在需要集中精力“向内观”。

内观是印度最古老的自我观察方法之一，指“洞察事物究竟的实相”。我原来讲“向内求”，后来发现应该先“向内观”。“向内求”和“向内观”是有区别的。原来讲“向内求”，很多企业家听了以后觉得我讲得好、讲得有道理，回到工厂后就向下面下要求，简单粗暴地进行目标考核。其实我们首先需要做的是“向内观”，然后再“向内求”，最后达到“内生长”。

“向内观”就是我们要静下心来先找到问题。在中国很多企业老板对咨询的需求是模糊的，他们不知道或者没有非常明确企业的核心问题是战略问题、营销问题还是内部精细化管理问题。即便知道管理问题严重，也不清楚是生产系统问题、薪酬体系问题、人才梯队建设问题、生产计划问题还是执行力问题……在还没有搞清楚问题之前就盲目地“向外求”是没有用的。比如，有的老板意识到企业内部有问题，便天天到处听课，听精益生产的课、阿米巴经营的课、积分管理的课，然后盲目推行，结果往往做得“形似而神不至”，反而造成企业非常严重的内耗。

（四）从同行视野、国内视野向国际视野转变

“不去观世界，何来世界观”。近年来，我同许多企业家去德国、日本、美国等国家游学，这是这些企业家在游学中体悟最深的一句话。

企业家一定要走出去看看，你不去美国看看不知道科技的差距；你不去德国看看不知道设备技术自动化的差距；你不去日本看看不知道工艺和员工职业化的差距……

从 2018 年开始，我发现每年的出国游学队伍中，“80 后”“90 后”企业家占比越来越高。他们大多没有语言障碍，有一颗开放学习的心，能够更加快速地接受新生事物，这也是中国制造业发展的未来。

但我也认为有两类人不要出去：第一类是还没搞清楚企业内部问题的老板。也就是说，我们走出去是要有目的性的，如升级设备、改造工艺、提升管理等。第二类是所经营企业处于生死存亡边缘、情绪不太稳定的老板。2016 年，有一位老板跟我去了德国以后说：“张老师，回去后我就把工厂卖了，这差距太大了！再干 20 年也超不过他们。”我心里想，这不麻烦了吗！你出来一趟回去后把工厂卖了，我都变成罪人了。我说你冷静冷静，回去三个月以后再说。当然后面工厂也没有卖，2018 年这家企业已经成功地完成了转型升级。

我的心态是很复杂的，我很负责任地告诉大家，企业家“走出去”的目的是找差距、学经验，提高自我认知。认识到差距就可以了，千万不要产生自暴自弃的想法。但同时也要认识到，即使对企业未来的发展方向非常明确，对所对标的标杆企业非常了解，我们还是需要多走出去，不断打破自己认知的边界，明确目标和方向。

（五）从关注人才向关注人才培养体系建设转变

大部分企业只做到了关注人才，而没有真正做到关注人才体系建设。

很多企业老板喜欢出国游学、喜欢听各种课，其中很多老板坦言，自己出国、听课的目的就是结识人脉，看看有没有高端人才可以挖。有的老板不惜重金在同行业中“挖人”，但这些“空降”的“高人”“能人”却很难在企业长期发展。最后发现，留下来的、能够跟企业共进退的正是那些勤勤恳恳跟着企业发展，从基层慢慢晋升到管理岗位的员工。

我们关注人才，却很少关注企业人才梯队建设。很多老板只看到了那些先锋企业亮丽的外表，却不知道这些企业的厉害之处就在于拥有培养人才的能力。在丰田公司流传一句话，“丰田不生产汽车，只塑造生产汽车的人”。

有的企业虽然已经进行了人才体系的建设，但大都只注重对管理层的培养，最喜欢干的事就是把中高层送出去培训；或者把培训老师请到企业里来，培训的对象也仅仅是中高层；只注重人才体系中管理队伍的建设，而忽略对一线基层管理岗位、一线员工的培养。企业一定要注重整个员工梯队的建设。

（六）从粗放式发展向健康发展转变

许多企业乘着改革开放的东风粗放式快速发展，但仔细分析发现这种发展是不健康的。现在在企业家群体中流传着这么一句话：企业当年靠机会赚来的钱，如果现在不进行改革和升级，会靠能力还回去。这就需要企业改变发展模式，突破惯性思维的局限，从过往高速粗放式发展的舒适区中走出来，进入新常态，更多关注企业健康和企业家健康。

图 1－3 为企业家健康和企业健康法则。

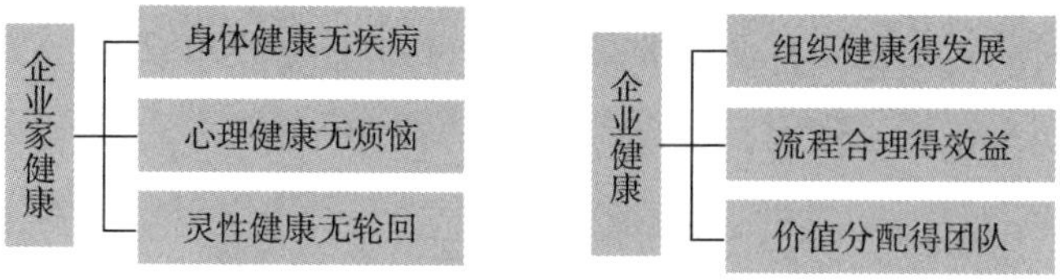

图 1－3　企业家健康和企业健康法则

1. 企业家健康

（1）身体健康无疾病。

身体健康无疾病是最根本的。身体是革命的本钱，我见过许多企业家非常吃苦耐劳，甚至透支了自己的健康。

我们需要改掉不规律的生活习惯，充分地利用时间，化被动时间为主动时间，化零散时间为整块时间。经常有企业家跟我说："我没时间去锻炼身体，太忙了，也没有心思去锻炼。"其实如果你特别热爱工作、特别忙，就要把锻炼身体当成工作的一部分。某健康机构调研发现，"90 后"是最注重健康、最愿意在身体健康上投资的群体。我在咨询过程中也发现，现在许多"80 后"和"90 后"企业家都开始花时间关注自己的健康了。

（2）心理健康无烦恼。

人的能量是有限的，但最耗费能量的就是烦恼的情绪。体能上累了，你睡一觉，第二天就会精力充沛，但是心理上的烦恼会让你睡不着觉，会让你很焦虑，所以，我们得修心。许多烦恼其实来源于对未知的恐惧和托底的承受力。企业家首先需要确定自己承受力的底线。如果你想清楚了，哪怕企业破产清算了，你也能够从内心接受这个事实，当然我讲的不是消极的那种想法，而是当明确自己能够承受这个底线，那么你即使陷入心理的烦恼也能够静下心来进行深度的思考，系统地解决问题。

（3）灵性健康无轮回。

灵性健康是佛家的语言，是指通灵的身体智慧、是本来的大智慧。什么是轮回？我觉悟轮回不是指生死的交替轮回，而是指我们不执着于过往，包括过往的成功、失败等；也指不执着于当下的得失，做到因上用力、果上随缘。

2. 企业健康

（1）组织健康得发展。

公司作为一个合法的正式组织，我们需要关注其健康程度。只有组织目标明确，组织规则清晰，组织记忆清楚，企业才会有组织情感，才能形成良好的使命、愿景和价值观。只有健康的组织，才能够产生内在的生命力。企业家要更多地从组织健康这个角度去看待企业的发展，本书后面的章节会详细阐述。

（2）流程合理得效益。

做到流程合理是保证组织健康发展的关键，流程合理与否直接决定组织的战略目标能否实现。当组织的许多功能建立和健全以后，我们需要将更多的心思花在企业整体运作流程的梳理上。

（3）价值分配得团队。

2019 年，我鲜明地提出“组织管人、流程管事、绩效分配价值”的管理理念。团队的目标是创造价值，当团队创造出价值以后，就需要进行绩效管理，明确每位员工的贡献度或价值。绩效明确以后，就需要进行价值分配，价值分配是团队能够持续创造价值的原动力。

职员工的六个转变

对职员工而言，升级个人能力是自身职业发展的需要。

一、职员工的思考

1. 你的专业价值在哪里

职员工应立足于本职岗位进行思考：“我是一个专业人才吗？我的专

业价值在哪里?”

在职场中，很多人都会把一句话习以为常地挂在嘴边——“我有10年的经验”。我经常说，你是有10年的经验，还是只是将1年的经验重复了9年？这是有很大区别的。

所以，你不要因为现在是老总、副总、经理、主管，就认为自己是一名合格的管理者，每个人得去思考自己的专业价值在哪里。

2. 当下是你最好的选择吗

2019年4月，我带领企业家去德国奔驰总部参观，适逢工人下班。我看到他们的员工下班后从工厂走出来的那种状态跟国内工人下班后从工厂走出来的那种状态是截然不同的。当时两种场景在我脑子里面冲撞了一下：前者下班时边走边聊，静静地走出厂门，很有秩序；后者一下班，工厂门口的摩托车、电瓶车、小汽车呼啦啦地往外冲，每个人都行色匆匆。

这背后反映了什么？是员工拥有一颗浮躁的心还是一颗宁静的心。当然，这跟整个社会大背景相关，我并不是归咎于我们的制造业抑或我们的工人。但作为职场人，我们得认知到我们的这份浮躁。你有没有静下心来思考一个问题，当下是不是你最好的选择？其实对于很多人来说，当下就是最好的选择，因为这是自己综合考虑很多因素后作出的决策。但因为人性的原因我们往往不满足，总觉得会有更好的选择。我们只有打心底意识到当下是最好的选择，才会静下心来求发展。

3. 你的目标是什么

在职业生涯的初期，我们的目标应当放在基础能力的提升上；在职业生涯的中期，我们的目标应当放在专业能力的提升上；在职业生涯的后期，我们的目标应当放在综合能力的提升上。

二、职员工的六个转变

1. 从员工思维向精英思维转变

很多老板经常在开会的时候抱怨下属："你们能不能站在我的角度考虑问题，能不能用老板思维去做事呢！"很多老板对员工的态度是"恨铁不成钢"，又夹杂着无奈感。我也曾经思考过这个问题，"为什么我们的员工不能具备老板思维呢？"后来，我想通了，这个问题本身就是个伪命题。俗话讲，臀部决定脑袋，你在哪个位置决定了你在哪个思维高度，你还没有坐在那个位置的时候不可能想得那么多。比如，不是环保局的人到了企业，一个普通管理者甚至都不知道企业还要面对环保检查。

就好比你跟一个没有结婚的年轻人讲"要做一个优秀的父母"，你跟他讲三年、四年都没有用，最好的方式就是让他（她）成为父（母）。当他（她）成为父母，半夜三更小孩哭啊、闹的，把他（她）的耐心、细心都锻炼出来了。我们常说优秀的父母就是孩子培养出来的。为什么好多老人都希望子女早点生小孩？因为他知道他管不了你，小家伙出来肯定收拾好你，不用他操心了。

企业老板以后不要再对你的下属说"你们要具备老板思维"，从今天起，给你的下属灌输一种观念——"从员工思维向精英思维转变"。

职场人首先要考虑的是怎么从普通的职员工变成职场精英？

普通员工思维的特点是：被动工作，自利为先，关注短期利益，创新不足。

精英思维的特点是：主动工作，利他而行，关注长期利益，不断进步。

我深度接触很多跟朗欧咨询合作的企业老板后发现，这些老板之所以成为老板，能够有今天的成就，是因为他们有一个共性：无论做什么事情，都坚守精英思维。哪怕扛个沙袋，也一定要扛得比别人重、扛得比别人多；哪怕开个车都要开得比别人好，时间要准时，接送客人要有礼貌。

职场精英不会总是被动地工作，而是要做到利他而行。我们要想怎么才能对别人好，从而对自己好；我们要关注自己的长期利益，而不仅仅是抱着“你给多少钱我做多少事”的心态工作。

朗欧的老师们都在工厂做过中高层管理，但一开始进入朗欧后必须在咨询项目上历练1~2年，才能被委以重任。我跟老师们说，你们要关注长期利益，你在朗欧这个平台能力得到了大幅提升，财务自由只是时间问题，从长远看，你就是赢家。但如果你只关注短期利益，想一步登天，可能就会失去在朗欧这个平台历练、成长的机会。

2. 从专业化向职业化转变

企业里很多人觉得自己很专业，“我在这个岗位做了 10 年、20 年”，但你是真的有 10 年、20 年的经历吗？还是只是从时间这个维度去呈现？经验是经历的累积，经历后才能产生智慧，时间的长度不是检验经验的唯一标准，经历才是智慧的源泉。中国制造型企业对职业经理人的需求是非常旺盛的，那么多企业愿意跟朗欧合作，其实背后就是对职业经理人的需求。

专业化即注重专业技能、技术标准，经验驱动，关注专业能力结果。

有过硬的专业技能，关注的是技术标准，靠的是经验驱动。技术型人才往往只关注结果。有时候跟技术部门的人很难沟通，如果有个搞技术的老板那就更难沟通了。为什么？因为很多技术性老板不管过程，只关注结果，习惯依赖自己的经验，你要想有点创新是很难的。很多老板经常戏言：“我做了这么多年技术，我做这个的时候，你还在穿开裆裤，你现在来跟我谈创新？”你看，这就是技术专业人士容易有的通病。

职业化即注重职业技能、行为标准，踏实敬业，关注工作状态。

很多管理者很有能力、很有水平，但问题是能够持续地保持职业化状态吗？

通俗来讲，专业化就是你能够做好这顿饭，职业化是你能够十年如一日地做好每一顿饭。职业化体现了产品品质的稳定性。一些员工老是生产出不良品，我就开玩笑说："你解决不了这个品质问题，但如果你一直保证每个产品都出现同一个品质问题，我就认可你。"

每个职员工都要从专业化向职业化转变。有的时候专业化也会成为企业创新发展的障碍。佛家有个说法叫"所知障"，当你知道得很多，但执着于此的时候，你的这些经验、知识反而会成为创新和突破的一道障碍。

对于传统制造业而言，职业化比专业化可能要重要得多。中国制造型企业要重点打造职业化的团队，因为现在很多技术具有很强的可复制性和透明性，已经没有太多的优势可言。

3. 从关注稀缺性向关注成长性转变

"物以稀为贵"，有时候一个人在企业里面的价值是通过稀缺性来体现的。但很多人容易执着于稀缺性，认为别人不能替代自己，给自己贴上稀缺性的标签。问题是，当你执着于此的时候，还能够成长吗？什么是对自己真正的好？你以为稀缺性越强，当下个人收入越高，就是对自己真正的好吗？如果这样，你就会掉进经验的怪圈，很难有进步。比如你擅长模具注塑技术，问题是10年、20年以后，3D打印技术普及了，这个技术的价值就没有那么大了。我们要与时俱进，要关注自己的成长性。在信息化技术高速发展的今天，我们获取知识比以往要容易得多，过往的经验很多时候并不是我们的护身符。每个职场人不要总是关注自己的经验，得时刻保持"本领恐慌"的状态，关注自己的学习能力。

4. 从管控心理向服务心理转变

很多人把管理理解为"管控"，把人管控好，才能管好他所做的事。这还处于行为管理层面。你可以发挥企业赋予你的职能让下属按照规则制度作业，听从你的指挥，但现代管理者要转变思维，要从管控心理向服务心理转变。如果你仅仅是想着管控别人，那你会发现越来越多的人不受控；如果你能够去服务别人，你会发现越来越多的人在为你服务。

我发现企业的很多流程文件是管控型而非服务型的。企业各部门制定流程的目的是管控其他部门，规定这个部门只能这样做，不能那样做，因为那样做会影响本部门的工作。朗欧老师进驻企业之后都会设置流程卡，流程卡更多的是明细服务内容，即本部门能够为其他部门做什么。很多时候管控型流程文件的盛行才是企业执行力不高的原因所在。

从管控心理向服务心理转变，体现了管理的基本逻辑：向上管理，向下服务。

需要管的不是下级，而是上司，可能这个观点会让你觉得不可思议，甚至颠覆你对管理的认知。我们说管理，怎么可能管理上司呢?

很多人做管理的逻辑是向上服务、向下管理，导致在很多企业里经常看到尔虞我诈、溜须拍马的现象，企业越大越容易出现这个问题。现代管理的基本逻辑应该是：向上管理，建立并培养良好的工作关系，跟上级搞好配合，打好默契，并建立良性的沟通渠道，能够理解老板的战略；向下服务，给下属提供平台，对下属的工作结果和成长负责。

5. 从个人情感向组织情感转变

除了亲情，什么样的感情最稳固呢？有的人说是同学之间的感情，有的人说是战友之间的感情，也有的人说是同事之间的感情。但是你有没有发现？无论是同学、战友还是同事，都是建立在组织的基础之上，前提都是存在一个组织。比如，在企业里，你跟所有人关系都很好，但是一旦你离职，跟体制内的企业脱离了关系之后，也就“人走茶凉”，有点极端，但很现实。

职场人一定要清晰地认知到我们在企业里面维系的是组织情感而不是

个人情感。不要在企业里搞小团队，不要觉得跟领导拉近了关系就可以什么事都走后门、走捷径。

老板也得认知到经营的是组织情感，要做企业家，但不要把企业当作自己的家。企业要通过组织规则、组织流程开展经营管理，这些组织规则、组织流程维护的是组织的情感，而不是老板个人的情感和权威。

6. 从关注收入向关注能力转变

太多选择会造成个人职业生涯的迷茫，花太多时间去选择会浪费自我成长的机会。我选择 A 公司、B 公司、C 公司，我选择民营企业、上市公司……很多人总是在向外选择，总试图找寻更好的职场机会，对自己的公司、对自己的工作总是不满意，这山望着那山高。朗欧咨询常年为 20 多家企业同时展开咨询辅导，我深度接触过的企业至少也有 200 家，而且我基本天天往工厂跑，非常清楚当下制造业的境况。我可以很负责任地跟你说，外面的环境未必就好。你不要说要去越南，要出国，要去更好的企业；不要说内地的工资低，跑到沿海后工资就高。如果你还抱着这种心态东跳跳西转转，你的职业生涯肯定会出问题。你需要向内提升自己的能力，在自己的技能和职业素养上下功夫，在现有岗位上做出行动，努力提升自己的业绩。

企业管理的五个阶段

第一阶段：粗放式管理

粗放式管理的特质为企业在经济投入、成本控制、人员管理、质量监管等生产环节没有形成一套合理有效的运行机制，管理只是为了完成某一既定目标，而没有科学有效的管控过程。初创型企业往往都是轻管理、重个人，老板靠个人的领导魅力带领一拨人去发展、经营，企业成长靠的是老板的经验。老板过去一直从事电子行业，对电子厂的流程、作业方式等都熟悉，甚至固化到了自己的行为中，当初创业时就选择开电子厂。

在粗放式管理的制造型企业，企业管理靠个人经验驱动。而个人经验主义是习性的一种表现，往往导致管理模式的不稳定性。突出表现为生产状态极不稳定，如生产过程中人员、设备、技术、物料等异常频发，时常导致客户要的货迟迟做不出来，不着急出的货却摆满了仓库。

第二阶段：行为管理

行为管理具体包括：确定操作规程和动作规范，规定劳动时间定额，完善操作方法；科学地选择工人，培训员工使用标准的操作方法；制定科学的工艺流程，使流程标准化等。

行为管理靠什么驱动呢？靠利益驱动。通俗地讲就是，你做了，我给钱；你做得好，我多给一点；你做得不好或者做得少，我少给一点，甚至处罚你。其背后的管理思想是控制，靠控制发挥约束作用。

第三阶段：绩效管理

绩效管理是各级管理者和员工为了实现组织目标共同参与绩效计划制订、绩效辅导沟通、绩效考核评价、绩效结果应用、绩效目标提升的持续循环过程。管理学是一门非精确性的科学，管理学为我们提供了如何做好管理工作的指导性理论、原则和基本方法，系统掌握管理的科学理论知识有助于我们针对组织存在的管理问题提出正确可行的解决办法。但是管理活动又是极其复杂的，在管理实践中，解决具体管理问题还需要管理者具有灵活运用管理理论和方法的经验。绩效管理不是简单的激励加考核，而是一门管理艺术。

举个例子，针对业务员很多企业简单粗暴地采用“底薪 +1%”的业务提成方式。这种方式存在以下弊端：第一，如果这个业务员长期负责一个市场，当他有一定的客户积累后，不去开拓市场也有收入。第二，针对底薪，有没有对他的行为进行管理呢？即业务员获得底薪应该满足什么条件。第三，业务员做出 100 万元、200 万元、300 万元的业绩，付出是不一样的。做 100 万元的业绩可能轻轻松松，做 200 万元和 300 万元的业绩的难度相对大很多，你有没有对此做更为具体的考核？

绩效管理应该靠机制驱动。绩效管理的背后是机制管理，企业不是简单地依靠制度和规定进行绩效管理，而是依托一系列的方法。同时绩效管理需要引导，管理者要引导下属。绩效管理理论的代表人物彼得·德鲁克提出了目标管理的概念，即以目标为导向，以人为中心，以成果为标准，从而使组织和个人取得最佳业绩。但很多中国企业把彼得·德鲁克的目标管理理解为绩效考核，所以有了 360 度考核、平衡计分卡。其实彼得·德鲁克关于目标管理的核心思想不是绩效考核，更多的是怎么将目标分解，怎么去达成目标。

第四阶段：心智管理

我曾到浙江一家企业做调研，在我和企业高管在总经理办公室沟通管理问题时，一名员工闯进来跟他的主管提离职。原来，该名员工在另外一家工厂工作的姐姐出了严重的工伤事故，他的主管迅速地签字同意了他的离职申请。大家觉得有问题吗？表面上看起来好像没有问题，员工家里出事了，员工提出离职申请，上司按流程批准。但问题出在这名管理者忽略了对员工的心智管理。

什么是心智管理？就是关注员工的心理需求。当然这个心理需求不是蛮不讲理的心理需求。心智管理的效果最后会影响企业文化。员工来辞职，管理者至少应该了解下他的姐姐的伤势严不严重，需要公司提供什么样的帮助，以及未来事情处理完了要不要回到原岗位等。

心智管理的背后是文化驱动。心智管理强调管理者与下属、团队成员之间心智的交流，关注员工的精神生活。把心智管理这个工作做好以后，你会发现员工的整个精神面貌焕然一新，大家心往一处想、力往一处使，这个时候，管理就好做多了。

第五阶段：信仰管理

信仰管理靠的是管理心法，背后是心性驱动，原理是摄受。

什么是摄受呢？可以理解为一种信仰。比如，你去到寺庙，会发现在寺庙工作的人待遇都不高，也不需要签劳动合同，但这些人都规规矩矩、勤勤恳恳，因为他们签的是心理契约的合同，心，被摄受了。

有一次我去广东四会的六祖寺向师父请教几个问题，遇到了我多年前的一个同事。因缘合和，他在六祖寺出家了，我去了他的房间，看见他睡的是铁架床，房间也没有空调，那时候正值夏天，很热。我就问他："你有什么感受？"他说："修行路上。"刹那间我感觉到：心被摄受的力量是无法用金钱和利益去控制、去左右的。人只有有了信仰，才不会走偏。信仰能让人心有所依、心有敬畏，做事有底线，行为有标准。信仰管理的背后是让每一个人的自性得到绽放，大家带着智慧去工作，绽放出由内而外的欢喜心。企业就是生命体，从可观的产品到不可观的企业文化，所有的企业要素分别被视为细胞、DNA、毛细血管，它们组成为一家完整的、时刻变化的、有血有肉的企业。

制造型企业变革路径

一、经营规范化

中国制造的“原罪偿还”正当时。以往的人际关系优势、区域优势、资本优势正逐渐消失，依靠传统路径，中国制造业无法实现转型升级。企业要规范化经营，做好经营的风险管控。从现实来讲，现在许多制造型企业已经过了原始的生存阶段，企业家物质方面的需求也得到了满足，现在首先要考虑的是经营规范的问题，要考虑经营的安全性。

二、管理精细化

企业一切的转型升级都离不开管理的升级。管理是蓝海，由粗放式管理向精细化管理转变，是每个企业当下的必修课。进入新常态，消费升级，全球市场格局发生变化，这要求我们静下心来，从管理升级入手。管理精细化的背后是团队的专业化、职业化；是管理流程的标准化、企业运作的体系化。企业家需要打破原来简单的商业思维、快餐思维，通过精细化管理向现代化经营管理转变。

三、生产自动化

生产自动化即我们通常所说的“机器换人”。目前许多中小企业还是比较传统的手工生产或单一的机械化生产。当然，没有必要为了自动化而自动化，可以先从单个工序的单点自动化开始，逐个进行工序改造。制造型企业重资产、重投入，更需要理性决策。以由点及线再到面的思维来进行自动化改造，当我们不能做到全线自动化时，我们可以运用协作机器人这种人机协作的方式。

西门子、ABB、博世等德国龙头企业也是通过多年的科学论证和调整完善才取得今天的成果，并在完成自动化以后再考虑“工业4.0”的柔性生产与智能生产。一些制造型企业一条线的设备成本就高达上亿元，所以不能够贸然地一次性“大换血”，也不能盲目地迷恋于“工业4.0”。在保障利润的前提下，企业从改良工艺、升级设备入手，一步步向智能生产发展。

四、流程管理信息化

当管理精细化和生产自动化落地后，企业要对流程操作信息化，包括ERP、MES、CRM等管理流程信息化，通过信息化减轻对个人经验的依赖，提高组织效率，形成企业的组织记忆。这里需要强调的是，流程管理信息化一定是流程改善在前，操作动作信息化在后。许多企业试图通过直接软件信息化来倒逼改善管理，这种方式是很难行得通的。

五、企业数字化

企业通过数字化能够真实地再现生产全过程，能在虚拟环境中优化、仿真和测试，从而极大地提升企业的生产效率，为实现柔性化生产提供强大的技术基础。

（1）“要想富，先修路”。建好企业的数据之路、工艺之路、管理之路是打造数字化企业的基础。

（2）“渠成水要到”。有了数据之渠，要将现场采集到的源源不断的数据同外部数据结合才能很好地指导产品的研发和生产。

（3）“有目标才好行动”。企业需要以问题为导向，明确数字化目标。是节能和提高设备效率，还是提高产品品质和节约生产成本？企业只有有了明确的目标，才能持续地推进目标落地。

六、生产智能化

企业在顺利实现经营规范化、管理精细化、生产自动化、流程管理信息化与数字化后，再结合成熟的3D打印技术，特别是硬质金属的粉末打印技术，通过智能物流连接，实现生产智能化。

我很认同国防大学金一南教授说过的一句话——“改变源于意外”。对于个人和企业都是如此，或在意外中衰落，或焕发出前所未有的活力。无论是企业还是个人，只有顺应时代发展的潮流自我革新，才能从每一次意外中脱颖而出，获得更大的发展。意外不由我们选择，道路却由我们开辟。

第二章
组织才能管好人

组织与组织力

管理，涉及人、事、物。很多管理者跟我说，管理管理，最令人心力交瘁的就是对人的管理。人为什么那么难管？工厂管理得那么累为什么还没有成效呢？团队抱怨，企业经营困难，业绩没有增长……

本章将围绕“组织”的相关概念展开论述，希望一步步引导大家接受、理解“组织管人”，不仅要知其“然”，更要知其“所以然”。

一、什么是组织

从广义上说，组织是指由诸多要素按照一定方式相互联系起来的系统；从狭义上说，组织就是人们为实现一定的目标，互相协作结合而成的集体或团体。从管理学的角度，组织是指这样一个社会实体，其具有明确的目标导向、精心设计的结构和有意识的协调活动系统，同时又同外部环境保持密切联系。

具体到制造型企业，组织有三个基本特征：目标、责任和权力。每一家公司从注册时就有一个组织机构代码证，类似于公民的身份证号，公司本身就是一个正式的组织，是建立在目标、责任和权力的基础之上，以利益分配呈现而协调组成的组织。

二、公司是不是一个“家”

从广义上而言，公司和家都是组织，但这两个组织是有区别的，前者是正式组织，后者是非正式组织。

正式组织是指通过权力、责任、目标来联结人群和空间的集合；非正式组织是指通过情感、兴趣和爱好来联结人群和空间的集合。公司是一个正式组织，公司不是一个家。

许多企业在经营管理过程中倡导打造“家文化”，希望让公司像家一样温情、和谐、使人有归属感。这种发心是好的，但实际上从经营管理的角度来看是不可取的。在公司我们必须得谈目标、责任和权力。公司明确了你的具体职位后，就意味着你有相应的目标、责任和权力，尤其是明晰了你在这个岗位要给公司创造何种价值，必须完成哪些具体业绩指标，如果没有完成必须承担相应的责任——这是刚性且理性的要求。公司作为一个正式组织，时刻要围绕目标、责任和权力展开经营管理活动。

而家是一个有别于公司的组织，在家里，你会跟你的家人谈目标、责任和权力吗？显然不能！你跟孩子谈目标，但无论他（她）的考试成绩多差，你都要抚养他（她）长大成人，这是为人父母的义务；你跟太太（先生）谈责任和权力，可有几对“争权夺势”的夫妻过得幸福？对于家庭成员关系的处理往往是感性的，甚至很多时候是非理性的。家要靠情感、兴趣和爱好等去联结的，这是家与公司最大的区别。

我们说“公司不是一个家”并不是反对公司打造“家的文化”，我们也提倡对员工有家人般的生活上的关怀，但这要建立在明确目标、责任和权力的基础之上，要做好价值分配。企业也可以通过形式多样的方式去营造和员工之间的情感，但要记住这是组织情感，是公司与员工之间的情感，而非老板与员工之间的情感。

三、什么是组织力

组织是有力量的，但绝大多数管理者没有运用好这种力量。很多企业都存在一个共性的管理问题：企业在执行决策时大都还是靠领导一层一层往下落实。在没有更好的管理方式之前，其实这也是正常的，因为通常一个组织都会有不同的层级，不同的层级又拥有不同的权力。权力的背后其实是各岗位职等、职级和职责的划分，无论组织运行好坏都会衍生组织能力。但是，许多传统制造型企业的管理者还没完全树立起组织意识，普遍存在“工厂之内皆为王土”的观念，都试图通过领导本人去发现和解决问题，去抓执行力。领导抓执行力背后依赖的是个人的领导力，但如果企业没有建立健全的组织规则和流程，很多时候就会变成“人盯人”式的管理。很多老板跟我反映：“只要我去盯的事情，很快就可以得到落实，反之，很多事情就变得有头无尾、不了了之。”这是因为我们习惯于简单地用“领导力”去抓“执行力”，而忽略了组织力。

何谓组织力？组织力是指通过明确组织职能、建立组织规则等手段促进组织成员去完成组织目标的能力，是科学、高效、合理分工、职责明确、制度健全的组织体系产生的对全体组织成员的赋能和约束力。组织力是企业的核心竞争力，组织力的强弱直接决定了团队战斗力的强弱。

管理者要认知组织力，通过组织力去化解执行层面管理者和被管理者间的冲突和对抗。领导与下属之所以会产生矛盾和分歧就因为大家理念、方法和意见不同，而且这种不同时时存在且在不断变化，只有通过组织体系建设产生的组织力才能有效解决这些矛盾和分歧。领导需要修炼领导力，更要学会通过组织体系建设产生的组织力去抓执行力。

人为什么这么难管

很多企业家都曾向我反映："我工厂的人太难管了，我该怎么去解决人难管的问题?"以下从人性的角度层层剖析，引导管理者认知人性、解读人心。

一、人性的四个象限

从古至今就人性的讨论很多，中国古代就有性善论、性恶论、时善时恶论、无恶无善论等。根据人性的特点，以下从愿力和状态两个维度将人性划分为四个象限，分别对应勤奋和懒惰（状态）、自私和无私（愿力），如图2－1所示。我们可以把这个模型应用到企业管理中：明确团队中的每个成员处于哪个象限，从而进行针对性的管理。

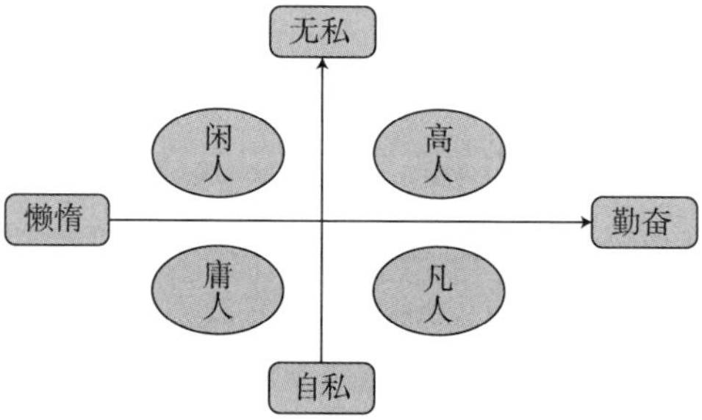

图2－1　人性的四个象限

1. 第一象限——勤奋又无私的人

这里的无私不是指人们不追求回报，而是不去计较、不执着回报，其关注的重点是如何把事情做好。这类人有长远的眼光，有大局意识，以组织利益为重。我们把这类人称为高人。企业需要通过机制建设创造条件让极少数高人浮现出来，并培养和引导他们不断进步。

2. 第二象限——无私又懒惰的人

这类人没有太多的目标和追求，没有过多的利益上的计较，但是不勤奋、不努力，我们把这类人称为闲人。这里的“闲人”只是呈现一种生活状态，不是我们所理解的贬义的“闲人”。这类人在企业里面也会少部分存在着，我们需要去关注、培养或淘汰。

3. 第三象限——自私又懒惰的人

这类人时时刻刻在为自己的利益着想，总想得到更多却又不努力、不勤奋、不上进。我们把这一类人称为庸人。团队中也会有这样一小部分人。

我们通过媒体了解到传销的惯用伎俩就是培训和洗脑。很多人就在想，为什么那么多人容易被洗脑？为什么那些人明知道传销是违法的，还要绞尽脑汁地去做？为什么企业做培训不能够达到这种“洗脑”的效果？很多人经过传销团伙七天的“洗脑”，连自己的亲朋好友都骗，而员工在工厂干了几年、十几年，老板依然觉得人心涣散、不好管。从人性的角度去思考就会发现，传销之所以能将很多人轻易“洗脑”，本质上就是抓住了“庸人”的特点——自私、懒惰，向他们灌输不劳而获的思想。

企业需要你勤奋又无私，至少是自私地勤奋着，而传销让你懒惰和自私，这有本质的区别。我们如果没有认识到这一点，就总会抱怨，企业的培训师不够优秀，甚至考虑要请一个讲传销的老师来上课。

4. 第四象限——自私又勤奋的人

这类人时时刻刻为自己的利益着想，总想得到更多，但同时也很努力，非常勤奋和上进，我们把这一类人称为凡人。自私又勤奋是大多数现代社会人的共性，很多凡人都在“自私地勤奋着”。大家都想方设法让自己过得舒服一点，想着怎么能够更好地保障自己的利益。

管理者应从愿力和状态两个维度通过测评把团队成员归入四个象限，再有针对性地进行培养。例如，一个自私又勤奋的人在常规管理活动中是没有问题的，但是想要重用他，想把他培养成企业高管，就得引导其心中有大爱、脑中有大局、手里有工具，要脚踏实地，从自私而勤奋变成无私而勤奋。

二、什么是对自己真正的好

我特意拿了人性四象限图到六祖寺向方丈大愿师父请教。我问师父："人性真的如我所画的这个图吗？"师父看了图以后，没讲对或错，而是莞尔一笑问了我一个问题：什么是对自己真正的好？

大部分凡人都生活在"自私地勤奋着"这个维度。我们讲自私，就是对自己有利、对自己好，但几乎很少认真思考过"什么是对自己真正的好"。大愿师父的回应给了我很大的启发，这就是佛法的大智慧，有时一句话就能让人茅塞顿开。什么是对自己真正的好呢？

1. 从"五福"来看什么是对自己真正的好

《尚书·洪范》提到"五福"：

一曰寿	（长寿）
二曰富	（富贵）
三曰康宁	（健康平安）
四曰攸好德	（修行美德）
五曰考终命	（长寿善终）

一曰寿。人到最终比的不是金钱、荣誉，而是健康长寿。等你老了，你还能准时参加每年的同学聚会，那就是你最大的成功。

你的企业健康吗？你是在追求经营规模，还是在追求经营幸福指数？一个企业连经营幸福指数都不高的话，怎么能够做到"长寿"呢？

二曰富。继承的是财富，传承的是精神。很多人会讲，荣华富贵一直是我最高的追求，我看到黄颜色的东西，就想把它变成金子。古代讲的富，其实包含了富和贵，不仅仅是指物质上的富足，更多的是指精神上的贵，由贵而富。所谓的贵族更多在于精神的传承，核心是有文化教养、社会担当和自由灵魂。在英国著名的贵族学校伊顿公学，学生过的是集体生活，接受严苛的训练，吃的是粗茶淡饭，睡的是硬板床。这种苦行僧式的生活看起来跟贵族都不太沾边，但恰恰就是在培养学生们要善于合作，要有强大的自制力，有大爱，有乐于奉献的精神。财富只可以继承，而精神才可能传承。没有精神的传承，一个人即使再富有，那也是"富而不贵"。

对于制造业企业家来说，真正的富有绝非仅仅给下一代留下已知的物质财富，更重要的是要传承兢兢业业的创业精神。围绕一个实体扎扎实实去经营和管理，为社会创造价值，为员工提供福利，这种创业精神的传承将影响下一代。

三曰康宁。身体健康，内心宁静。有着自己的事业，家庭和睦，公司发展顺利。

四曰攸好德。心性仁善且顺应自然，修行自己的美德。从企业角度讲就是企业要有好的企业文化，有经营百年企业的愿景，有着明确的使命和正确的价值观。

五曰考终命。老了能够很好地传承；终命的时候，能够安乐和吉祥。

"五福临门"才是对自己真正的好。

2. 从"老鼠夹子效应"看什么是对自己真正的好

一个农庄主在他的粮仓里放了老鼠夹子，老鼠看到后很担心，慌忙地去告诉母鸡。母鸡看了看老鼠说："这和我有什么关系，我很同情你。"母鸡说完骄傲地走了。老鼠又跑去找肥猪，肥猪淡淡地说："这是你的事，你自己小心。"说完慢悠悠地走了。老鼠又跑去告诉大黄牛，大黄牛表情冷漠地说："你见过老鼠夹子夹死一头牛的吗？祝你好运。"说完也不屑一顾地走了。老鼠只好返回庄园主的房子，胆战心惊地藏在洞穴里。第二天天还没亮，老鼠就听到一阵响声，没多久又传来一阵尖叫声。原来女主人听到响声后下楼查看，在黑暗中没有注意到老鼠夹夹住了一条蛇的尾巴，当她走近老鼠夹的时候，被蛇咬了。女主人病倒了，庄园主把母鸡杀了给她补身体。很多邻居都来探望女主人，为表示感谢，庄园主把猪杀了招待朋友。女主人终于康复了，但花了很多医疗费，庄园主只好把大黄牛卖了以支付那些医疗费。

透过"老鼠夹子效应"，我们可以感悟到事物的发展和内部的关联性常常超出我们的想象。我们本以为一些事跟自己无关，便"事不关己高高挂起"，其实谁能逃开社会这张大网呢？在工作和生活中我们必须清晰地认知到这一点，对别人好就是对自己好。

3. 从"因果论"和"发心论"来看什么是对自己真正的好

从因果上来讲，我们经常说付出总有回报，但是回报的时间节点和场合可能不一样。我经常跟朗欧老师说，"你们天天在省外，有的时候很难照顾到家人，但是你要相信因果。你要从因果关系上去定义你的人生。你是做小循环、中循环还是大循环？小循环，就是每天新闻联播播出前你能回家陪家人；中循环，就是你在外面努力奋斗，不断提升，实现财务自由，每年或一个阶段抽时间去陪伴家人；大循环，就是你在退休前或更短的时间里勤恳敬业，打造事业的平台，实现财富自在，然后好好地照顾家人，并且给下一代提供一个好的传承平台。"这个因果关系会在时间和空间维度上不断地延伸。

在企业怎么样才是对团队真正的负责？管理严，那是对下属负责，这是好事，那是对他真正的好；但是你自己天天懒懒散散，想让跟着你的人能有所成就那是很困难的。

从发心上来讲，“无论何时行何事，应观自心之相状，恒系正念与正知，成办利他佛子行”。我们要由互害模式进入互利模式，做任何事都要想着怎么能够为别人好，最终别人才会为你好。

我写作、讲课、写歌，我把自己的所见、所闻、所感，以及朗欧驻厂咨询多年的实战经验和所有人毫无保留地分享。通过这些与大家结缘，大家认同我们的管理思想、管理方法和管理工具并从中受益，支持朗欧的事业。这其实就是在“利他”中修行“自我”。

既然大多数人都处于“自私又勤奋”这个象限，就要认识到怎么样才是对自己真正的好，怎么样才是对管理者真正的好，怎么样才是对团队真正的好。

三、对于不同类型的员工采用不同的管理方式

我们再从能力和心态两个维度将团队成员划分为四个象限（见图2－2），并相应采取不同的管理方式。

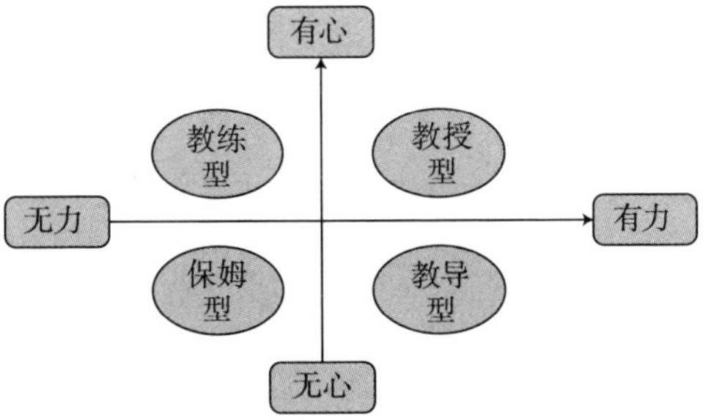

图2－2　团队成员四象限

第一类员工：有心又有力型

每个企业都希望有这样的员工，针对这类员工，应该采用教授型管理方式，领导者要像教授一样帮助他把握大的方向，帮助他调整资源，帮助他发挥能力、施展才华。

第二类员工：有心而无力型

这种员工心态很好，但能力有限，不能够出色地完成工作。针对这类员工，应该采用教练型的管理方式，领导者参与到他的具体工作，帮助他解决问题、刻意练习，从而提高能力。

第三类员工：无心又无力型

这类员工工作不用心，能力也不太好。针对这一类员工，应该采用保姆型的管理方式，对他精心呵护、教导，帮助他调整心态、提升能力，实在不行就只有沟通、包容和淘汰。

第四类员工：无心而有力型

这类员工不太认同企业文化和企业价值观，不太认同团队的和谐度，但是专业能力还比较强。针对这类员工，应该采用教导型管理方式，领导得向他灌输为什么会形成这样的价值观、老板的风格是怎么样的，以及如何正确去看待团队的和谐度。

有些老板是纯教授型的，对所有的人都讲大道理，和员工说我给你资源，你给我好好干，结果一个都没干好；有些老板是纯保姆型的，参与每个员工的具体工作，最后一个人才都没有培养出来，因为员工没有自由发挥的空间；有些老板是纯教导型的，喜欢跟大家讲道理，发现大家倒是都能说会道了，但是问题得不到解决，最后培养出了一批“讲师”。

人的性格、习惯、心性都不一样，这正是管人的难点和痛点。管理者要不断修炼自己的领导力、洞察力，不断提升心性和觉悟，成为全能型管理者，能够针对不同的团队成员采取不同的管理方式，从而达成管理目标。

领导管人、制度管人、文化管人

认知人性、解读人心是管人带团队的核心。在朗欧团队为企业进行管理变革、管理升级的过程中，朗欧老师针对每个企业都会花精力制定相应方案去解决管人带团队这类问题，这也是许多咨询公司不愿意涉及的深水区，因为理人心特别烦琐和复杂。朗欧咨询提供的是全天候驻厂辅导，跟企业是一种深度合作。朗欧老师一旦进驻企业，服务时间至少是一年乃至更长时间。朗欧老师在企业里，几乎每天都要跟具体的问题打交道，而这些具体问题的背后一定跟企业的人相关。所以我们就必须去研究人，去理人心，去培养团队。接下来介绍企业里常见的管人方式以及各自的局限。

一、领导管人

领导力，在企业管理中是一个非常有分量的词，每个企业都在强调“管理者得有领导力”。近年来，有关领导力的课程非常火爆。何谓领导力？培训老师会告诉你，领导力包含感召力、教导力、执行力和学习力。领导者得有人心所向的能力、高瞻远瞩的能力、带队育人的能力、自我成长的能力、落地执行的能力……但事实上，又有几个人同时具备这些能力呢？

（一）领导力具备的三个核心要素

1. 使命感、愿景、价值观

一个有领导力的人一定有很强的使命感、明确的愿景和正确的价值观。

什么是使命？《论语·为政》里子有曰：“吾十有五而志于学，三十而立，四十而不惑，五十而知天命，六十而耳顺，七十而从心所欲，不逾矩。”我认为这里说的“天命”就是我们生活当中所讲的使命。使命就是要做什么，且一定是你内心深处或者潜意识里要去完成的事情，是实现你的人生意义和人生价值的事情。一个有领导力的人，首先是一个有使命感的人，明白工作和生活的意义。“为什么要做这件事？”就如马云说：“让天下没有难做的生意。”我也问过很多老板，他们会说“我的使命是让我的产品能够给消费者创造价值”“我的使命是让我的员工能够幸福安康”“让天更蓝、水更清”……

什么是愿景？就是希望看到的情景，通俗地讲就是你要做成什么样、达成什么目标。

什么是价值观？就是怎么做，通俗理解就是约束员工行为的思想准则，它是不成文的规定，却具有很强的导向作用。

2. 运营力、行动力

除了领导力，领导者还得具备运营力和行动力。

运营力是指领导对团队的引导和授权关系管理，包括对资源的协调、人才的引进等。要学会运营，通过强大的运营力支撑领导力，通过实际行动让领导力在企业得以发挥作用。

很多领导认为自己很有领导力，但是在具体的管理经营过程中，总是靠脑袋去想，不去实践，怕试验的成本太高。想象出来的、理论层面的领导力不是真正的领导力。如何提高运营力和行动力？美国心理学家安德斯·艾利克森通过几十年的研究，发现小提琴家、歌手等这些成功的“天才”都是通过大量的刻意练习才取得今天的成就。

可以通过刻意练习的方式提高运营力和行动力，落实到每天的时间管理、具体的事务管理中，在每一个细节中刻意练习。比如，开会不迟到，提前五分钟或者十分钟到开会现场；做好每一次会议记录……这其实就是刻意练习，看起来是一个很小的习惯、很小的动作，但长期坚持下去就能够形成强大的行动力，从而去支撑领导力。

3. 承受力、止动力

一个有领导力的人一定有非常强的承受力和止动力，即底线思维的能力和托底的能力。承受力比较好理解，何为止动力呢？海尔提出的斜坡球体论认为：企业在市场中的位置如同斜坡上的小球，需要创新的上升拉力，使其不断发展，还要有止动力，防止下滑。

一个人之所以能够成为领导，核心在于具备异于常人的承受力和止动力。在企业生死存亡的关键时刻，能够承受痛苦与损失；能够力挽狂澜，对下滑的趋势进行止动。

（二）领导管人的局限性

领导管人是企业外显的、常见的管人方式。在企业规模不大的时候，领导力强的管理者能够迅速发展团队，可以让企业以最低的管理成本维持高效的运作。但其实这对领导本身的能力要求非常高。所以，企业经常强调“要培养人的领导力，要培养领导的人格魅力”等。换言之，“领导管人”是有局限性的，主要体现在如下几个方面。

1. 对领导者本身的综合能力依赖性很强

传统的组织架构是科层制的管理模式，从上到下实行领导式管理。比如设置董事长、总经理、副总经理、各个部门经理、各个部门主管、班组长，层级非常明显，上一级管下一级。

在万物互联、信息互通的时代，人管人的模式显然是行不通了。因为社会分工越来越细，你想管，但有些东西你根本就不懂，也管不了。领导管人首先对领导本人的综合能力要求非常高，要懂工艺、懂流程、懂管理、会经营。

一个食品厂的老板曾跟我标榜他是工厂的“多能工”，说他能胜任工厂的每一个岗位。这位老板技术出身，创业前是位技艺精湛的包子师傅，凭借着过硬的技术和市场机遇创业开了家食品厂。企业发展越来越好，规模越来越大，他说他不得不去全方面学习企业的经营管理。他说有四件事必须亲自掌控，那就是产品研发、供应链管理、内部管理和市场渠道。在企业快速发展的阶段，这种模式是可行的，但当企业发展到一定规模以后，就会出现经营发展的瓶颈，领导者的时间和精力是有限的，在这个阶段就会发现管不了那么细，也管不了那么多，不管就乱，一管就散。

2. 容易引发管理者和被管理者之间的矛盾

传统管理方式下的管理过程就是管理者和被管理者博弈的过程。领导管人把焦点放在了人的身上，在这过程中肯定会引发管理者和被管理者之间的矛盾，也是“情”和“法”的矛盾。

3. 不具备约束力

不要误以为领导职位高，靠领导做管理，就具备了约束力。这种完全靠职位体现出来的约束力是表象，本质上并不具备约束力和强制性。一旦强制执行就容易产生人针对人的现象，会激发人与人之间的矛盾，不利于管理者和被管理者的相互认同，导致“虽令不从”“软抵抗”“上有政策，下有对策”“口服心不服”的现象屡见不鲜。

4. 容易组织人格个体化，形成小团体

每个企业都有各自不同的特性，通常体现为企业文化、团队价值观和流程制度等，这叫组织人格化。组织人格个体化是指领导将个人权威凌驾于组织权威之上，把组织能力当成自己的能力，平台私有化，形成小团体。

在完全依靠领导管理的企业，经常看到一些部门经理拉拢两三个主管，或者一个主管和比较要好的两三个班组长形成小团体主义，给团体外的人“穿小鞋”。小团体主义就是组织人格个体化的一种表现形式，把组织赋予的权力变成个人“拉拢人心”的资源和工具。慢慢地，裙带关系、小帮派就开始在企业里滋生了。

5.“指挥官意图”明显，容易扼杀创新

在领导管人模式下，经常一个厂长离职，后面一拨人跟着离职。因为员工觉得这个领导就是他们的组织，所有的一切都是由这个领导指挥，特别是自己的权力和利益都是领导赋予的。员工只认领导，不认组织。如果领导强势，就会出现“一言堂”现象，员工完全是按照“指挥官意图”工作，整体团队没有活力、没有创新。表面上团队都很默契，背后大家却是按部就班，没有激情。

二、制度管人

（一）制度管人的特征

制度管人强调权威性、强制性、原则性、持续性和严谨性。权威性就是要求在执行流程制度的时候，必须严格按照规定进行操作，否则就得追究责任，权威性要大于合理性。快速发展或成熟期的企业，都需要以流程制度为基础。强制性是指制度是刚性的，具有强制力，不为个人因素所左右，“制度大过董事会、流程大过总经理”。原则性是指制度本身是超越人情的，是以事实和标准为基础的。持续性是指流程制度可持续执行，这是制度能否落地生根的关键。严谨性一方面指制度的制定必须严谨，研讨、会签、宣贯等环节必不可少；另一方面指制度的执行必须严谨，强调“依法而行”。

（二）制度管人的局限性

制度管人是每个企业在发展过程中的必经之路，也是跳出人情化管理和凭感觉做管理的方法。制度管人也具有局限性，主要包括以下几个方面。

1. 易增加企业管理的被动性冲突

制度没有规定的事，员工可能就不会主动去干。可能会说，“你这没有规定，为什么要我做?”比如，在某些管理不规范的计件制企业，你让员工去做6S管理，他们就不愿意，因为清洁摆放没有计件工资；你让员工帮助其他部门做一些辅助性的工作，他们也不愿意，因为没有明确的单价和工作量。

当你对下属追责的时候，他会跟你讲“制度没有规定”，最后就会导致企业里全都是“60分先生”——一群不求有功但求无过的人。他们有很大的问题吗？没有，他们严格遵守流程制度；他们有做出很漂亮的业绩吗？也没有，他们信奉“做多错多”，做任何事只要不违反制度就可以了。

2. 易产生“选择性执法”的矛盾

为什么很多员工对公司流程和规章制度的敬畏感逐步降低？因为他们认为管理者会“选择性执法”，没有做到制度面前人人平等。比如，张三出了问题，领导依据规章制度追究了他的责任；李四出了问题，领导却又不追究他的责任。不是说公司层面、领导层面就不想公平公正，而是员工站在不同的角度，考量不同的利益，在信息不对称的情况下认为不公平、不公正。慢慢地，制度的权威性就丧失了，就算制度层面都考虑周全了，但具体到个例会有很大的难度，久而久之就会给员工留下“选择性执法”的印象。

3. 容易犯大企业病

尤其是年产值5亿元以下的企业，如果完全依靠制度管人，容易犯大企业病。我调研过很多制造型企业，发现这些企业的流程制度很多，部门架构设计的层级也很多。一个指令下去要经过2～5级甚至更多层级的审批，就像很多企业的客户投诉流程一样。顾客投诉就是希望以最快速度解决问题，走流程无可厚非，但是如果流程太多、时间太长，就会起到反作用。整个投诉流程所要花费的时间成本太高，顾客就干脆不投诉了，但是，会“用脚投票”，不再选择该产品，这其实对品牌形象影响是非常大的。

有的企业把制度当作解决管理问题的“万金油”，一有问题就制定制度，但制度本身就有局限性。比如，制度的执行者往往需要人监督，而监督者时常也会出于各种原因而未能有效履行监督职责，于是又需要制定另一个制度对监督者进行约束。以此类推，很多企业的组织架构就变得越来越臃肿，管理的层级也会越来越多，企业的流程制度也就越来越多。制度多了反而没有起到很好的管理效果，人浮于事，管事的人太多而真正做事的人少。这就是“大企业病”的典型特征。

4. 容易形成“部门墙”

很多企业的管理者在跟我交流的时候几乎都会问同一个问题：“如何打破部门墙?”如果企业完全依靠制度来管理，流程制度本身就会形成很强的“部门保护主义”，部门间的流程制度并未进行很好的衔接，各个部门在制定流程制度的时候都在想着如何让其他部门配合本部门的工作，没有把关注点放在改善和优化本部门的工作流程上。制定流程制度本来的目的是优化各部门的工作，限制各部门各自为政的随意行为，提高企业的组织效率，但在实际过程中，许多管理者反而将流程制度当成部门之间推诿扯皮的工具。

三、文化管人

（一）文化管人的特征

文化管人强调能动性。其不像制度一样有外显的强制性，而是通过文化的约束让员工自动自发地去做一些事。文化管人强调的是凝聚人心、决策支持、激励团队以及不断地辐射和主动地干预。实行文化管人对企业自身的规模要求比较高，企业通过文化管人能有效塑造企业品牌。

文化管人建立在员工有共同的价值观及利益追求之上，有以下几个特点：有效干预企业整合内外资源、化解内外危机所需要的思维力和行动力；引导全员选择符合企业长期利益的决策，自觉表现出符合企业利益的行为；企业文化可以以理念导入、产品呈现、员工体证等方式对外输出；企业文化的激励功能来自员工本身的精神力量，促使员工最大限度地发挥潜能。

（二）文化管人的局限性

1. 对企业规模的要求比较高

文化管人体现为人的行为是自觉、自愿和发自内心的，既不是经济利益驱使也不是权力压制，这与领导管人和制度管人完全不同。要让企业文化产生力量，首先，企业要具备一定规模，从而形成大的合力和感召力，发挥导向作用。其次，文化需要载体，情感联结需要介质。如果企业不具备一定的规模，建立这些载体和介质所需要花费的成本很难在企业正常经营成本中摊销。例如企业大学的建立、企业博物馆的建设成本都很高。

需要注意的是，很多老板听了一堂课，觉得培训老师的很多话很受用，回去后就安排人力资源部把这些话做成横幅、牌匾挂在车间。这不叫企业文化，而是口号。真正的企业文化是企业里每一位员工内化于心、外显于行的一致性体现，而不是一句口号、一个牌匾。

2. 人才培养的周期很长

没有三五年的时间，一个员工很难对企业文化产生认同感。对员工进行企业文化导入是一个持续和长期的过程，需要发挥案例、榜样的作用，要求企业有一定的沉淀。

3. 不具备强制力

“你的行为不符合企业文化我要处理你！”几乎没人说这样的话，因为文化本身不具备强制力，最多是在员工违反企业制度的前提下做一个处理的描述而已。文化是对人内心的摄受，更多的是让人由内而外地接受，而不是对人由外而内地控制和管理。

4. 管理团队可复制性不强

有信仰的人更容易体会这一点。你信仰佛教，但你要让别人真的信佛，需要用自己修行的成就去体证有信仰的好处，潜移默化地影响别人。打造企业文化的周期是比较长的，复制性也不强。

5. 容易形成企业的“假和谐”

何谓好的企业文化？有的企业理解为企业内员工上下级关系的和谐。通俗地讲就是你好、我好、大家好。其实这是种“假和谐”。员工之间、部门之间为了面子，即使看到了问题，也互不追究责任。但对企业而言，这种“假和谐”就可能导致订单无法按时交付、产品品质问题严重、生产效率不高。这种“假和谐”将导致企业停滞不前，慢慢往下滑坡，甚至最后销声匿迹。

领导管人、制度管人、文化管人是制造型企业经常关注并不断实践的管理方式。我在 2017 年出版的《管理是蓝海》一书中提出了“管事情、理人心”的管理理念。本书中所有的“管人”其实指的是理人心的方法和工具。传统“管人”的指导思想是控制，而“理人心”的指导思想是觉知和知情。领导管人、制度管人、文化管人在企业发展的特定时期都发挥着非常大的作用，有着各自的优势，但管理者同时要意识到它们的局限性，以探索最优的管人方式。

组织管人的优势

一、组织管人

什么是组织管人？需要先了解组织管理。组织管理是指通过建立组织结构、规定职务或职位、明确责权利关系、合理配备人员等，以有效实现组织目标的过程。主要包括组织设计、组织运作和组织调整三个方面。具体地说就是为了有效地配置企业内部的有限资源，为了实现共同目标而按照一定的规则和程序作出的责权结构安排和人事安排。组织管人就是指以组织管理系统的建设为核心，通过组织系统去管人，让团队处于良性循环的状态。

因为工作的关系，我有时会受邀跟企业家们一起参加一些国有企业或事业单位召开的会议。我明显有两个最直观的感受：第一，这些单位的领导跟下属开会沟通时都非常的客气，轻声细语；第二，下属对领导也都非常尊重。我就联想到许多民营企业领导给下属开会时的情景，领导很多时候都是表情严肃，甚至产生情绪拍桌子……

表面上看起来民营企业领导对员工的威慑力、约束力非常强，但民营企业领导依然时常因为下属执行不力、虽令不从而苦恼。相反的是，这些国有企业和事业单位的执行力非常强。为什么呢？我总结发现了背后那股神秘的力量——组织的力量，组织才能管好人。

二、组织管人的优势

1. 容易化解管理者和被管理者之间的矛盾

有一次我跟北京的一位领导干部谈到了“组织力”这个话题，他当时给我讲了他单位的一个案例。有一位基层干部的业绩没有达到组织的要求，因此受到直接领导的责备。那个基层干部有点不服气，其直接领导怎么做工作都没有用，最后找到这位高层领导这里。领导说："你是对我们的管理体制有意见吗？是要跟组织对抗吗？"那个职员随即说道："我不会跟组织对抗的，我一定服从组织的领导、服从组织的决定，我只是表达一下个人的意见……"

这个例子很好地诠释了组织的优势：容易化解管理者和被管理者之间的矛盾。组织管人不同于靠领导个人的威严去震慑他人，是依靠组织力量来管人，树立的是组织的权威。

"组织对人是尊重的，领导对人是管理甚至是控制和怀疑的"。企业的各种规章制度和流程都体现着对组织成员的尊重。比如，你做什么样的事情，应该得到什么样的荣誉、享受什么样的待遇。组织在要求统一性的同时又尊重个人的自主性和能动性。

2. 具备强制性

组织代表的是最广大群体的利益，保证的是优秀成员的利益。组织对于违背组织利益的个体具备极强的约束力。

在电视剧《破冰行动》中有个片段，一位女警拒绝接受给另一名卧底警员做贴身保镖，最后领导说了一句话："这是组织的命令！"然后女警马上敬礼并回答："是。"组织一出现，女警马上服从调动，这就是组织的力量。

3. 体现的是服务而不是控制

组织从功能上来讲体现的是服务，而领导管人的背后其实是控制。组织体系的优势就体现在服务组织成员。控制会造成很多矛盾，服务则会受到成员的欢迎。组织要为满足组织成员的需求创造条件。

4. 有助于统一企业价值观

很多企业都存在“假和谐”。我曾经参加一个企业的年度经营战略会议，感觉一位副总在做报告时有点“阿谀奉承”的意思。会后，我找机会跟那位副总沟通：“上午你跟廖董汇报的时候，为什么要刻意去迎合董事长的需求呢？你承诺的很多指标在我看来根本无法达成。”他跟我讲：“张老师，我们董事长就喜欢听好话，我跟他这么多年了，我了解他，我不这样讲，他会有情绪、会骂人的。”这种“假和谐”是对态度和价值观的误解。态度是一种表态，比如员工跟你说：“老板，你放心，我会好好干！”这只是一种表态，领导要意识到表态的成本是很低的。很多员工口头跟你说要“好好干”，但最后往往没干好。领导将组织任务、组织目标通过个人情感传递，员工往往认为这个任务和目标不过是“老板的目标”或“领导的要求”，与他没有多大关系，表态只是表面附和一下而已。

而站在组织角度，每个成员要明确组织目标是大家共同的目标，不会因为某一位领导者而改变。每位成员为组织目标奋斗的过程，也是组织目标逐步实现的过程。组织管人有助于统一企业价值观，实现个人目标与组织目标的统一。

5. 有助于培养团队成员的整体思维格局

企业通过组织管人的方式去理人心，会极大提升团队整体思维格局，能够实现自上而下地传递和自下而上地反馈个人目标、局部目标和公司整体目标。企业一定要通过长期训练，让每一个成员在组织的框架下做好自己的工作，最终实现个人目标和组织目标的统一。

当然，企业在推行组织管人的过程中也会遇到一些问题，例如组织体系建设的周期比较长、解决企业现实问题的实效性不高、短期业绩受影响等。但我觉得至少找到了一个新的方向，组织才能管好人本质上要求我们注重组织管理体系的建设，关注组织健康。

组织健康比业绩更重要

麦肯锡全球董事斯科特·凯勒（Scott Keller）在其著作《超越绩效》中讲道，“组织健康比业绩更重要，健康的组织可以比对手更快地调整和进化自我，能够促成企业系统地运作，有超强的应变和创新能力。”

中美贸易摩擦升级后，任正非在一次记者会上讲道，“未来两年，华为每年的销售收入将比预期减少约 300 亿美元。但没有关系，这会更加促进我们技术的进步、组织的进步。”为什么任总有这么大的自信？因为华为在发展的关键阶段就意识到组织健康的重要性，并积极地打造健康组织。华为从 1998 年起就系统地进行了组织体系的打造和流程化的建设，为今天的华为打下了坚实的组织基础。组织不健康往往比业绩不理想对企业危害更大，组织健康是企业保持基业长青的根本。当然组织健康和企业业绩也是双螺旋的关系。企业具备一定规模后就需要重新调整关注的重点。企业在粗放式野蛮生长阶段天天盯着业绩，但是现在需要精耕细作，精益求精才能可持续发展。

健康组织是指组织体系的打造、组织流程的建设都进入一个良性循环的状态，意味着组织结构合理、组织流程规范和组织管理体系健全。

一、健康组织的核心优势

1. 抗风险能力强

一个健康的组织能够系统性地管控风险，不以某个人的决策和意志为转移。

2. 打造团队能力强

一个健康的组织运行的过程就是塑造团队的过程，团队越来越优秀，又促使不断地完善组织规则。

3. 组织效率有保障

一个健康的组织保障的是组织效率，也就是整体效率，体现的是组织效益最大化，而不是仅关注某一个人的效益。

4. 可以实现规模化

一个健康的组织的组织模型、组织规则、组织单元是可以不断裂变的，具备可复制性。

5. 可持续性强

一个健康的组织具有较强的可持续性。

二、组织不健康的表现

结合朗欧咨询辅导过的制造型企业，我认为包括但不局限如下几个方面是当前很多企业普遍存在的组织不健康的表现：

（1）组织结构没有随着公司的发展而及时调整；

（2）层级太多，犯“大企业病”，组织效率低下；

（3）总部与分公司之间、各个部门之间沟通渠道不顺畅；

（4）各部门职能职责不清晰，流程不顺畅；

（5）官僚主义严重，权、责、利没有很好落实；

（6）推诿扯皮现象严重，执行力不强；

（7）只以考核指标为导向，应付考核指标的现象严重；

（8）欺上瞒下、阿谀奉承现象普遍；

（9）没有以奋斗者为本，形式主义严重。

三、组织健康的特征

如果你看到这里有很强的代入感，那就说明你所在企业的组织建设出问题了，经营管理者需要警醒了。一个健康的企业组织必须具有但不局限于以下几个方面的特征：

（1）战略与目标：组织详细制定清晰的组织战略和组织目标，通过组织系统和组织流程强化，并围绕愿景调动员工参与的积极性，不断调整和优化组织结构，保证目标的达成。

（2）组织效率：组织因责任而设定岗位，部门间沟通良好，能够同频共振，组织效率有保障。

（3）协同性：组员内部和贯穿组织各单位的价值底线清晰明了，各个部门各司其职，能够做到高效协同。

（4）绩效：组织责、权、利清晰，企业形成良好的组织绩效文化。

（5）领导力：管理层以服务为宗旨，并通过具体的工作为组织成员服务，鼓励组织成员发挥潜力达成目标。

（6）执行力：组织具备超强的执行力，能够充分利用外部资源，积极塑造组织形象和组织品牌。

（7）人才培养：组织有合理的人才晋升通道设计，人才晋升机制明确清晰。

（8）创新与学习：组织各成员能够按照组织要求和工作职责开展创新，具备较强的创新能力，组织形成了积极的学习氛围和创新土壤。

（9）发展：提倡以奋斗者为本，组织成员的个人职业生涯与组织目标能够统一并相互促进。

打造组织，让企业组织化运作是现代制造型企业必须要开展的工作。企业需要打破认知的边界，认识到组织建设的必要性和紧迫性，打破传统的惯性思维，开启规范化运营、标准化作业、系统化运作的新征程。

第三章
组织建设的核心要素

组织结构设计的原则

一个企业的组织建设比较直观地体现在组织架构图上，设计组织结构必须遵循几个基本原则。

一、组织结构设计的四个原则

1. 三权分立原则

设计企业组织结构必须要遵循的第一个原则是三权分立原则，是指事务的决策权、监督权、执行权要分属不同部门或岗位，不能集中于某个岗位或个人身上。

比如在生产管理活动中，生产计划和物料控制部（PMC）行使生产任务的决策权；生产部执行具体的生产任务，行使执行权；财务部、仓储部、业务部等部门行使监督权。坚持“三权分立”，在一定程度上能避免生产计划制订、生产现场作业接入的随意性。

如果企业没有遵循三权分立原则，随着时间的推移企业肯定会出现管理问题。比如，有的企业的生产任务直接由厂长安排，先做什么、后做什么，完全由厂长决定。哪怕厂长很有能力，也非常敬业，但受各种因素的影响还是容易造成生产的随意性，导致半成品堆积、产品不配套、交期延误等问题频发，直至客户投诉而企业需要进行相关赔偿。如果没有形成三权分立，相关责任单位的选择权过多，都会选择当下对自己最有利的方案，长此以往就会形成“部门墙”“部门堡垒”……

2. 权责利匹配原则

众所周知，等边三角形是最坚固的一种图形。企业也有“管理金三角”，即由权责利构成的等边三角形。具象化到企业中就是，某个岗位有多大的权力，就能享受到多大的利益，同时也应该承担多大的责任。这就是权责利匹配原则。

但问题就在于很多人只想着权力和利益越来越大，而责任越来越小，管理“金三角”慢慢变成管理“等腰三角形”，如图 3－1 所示。

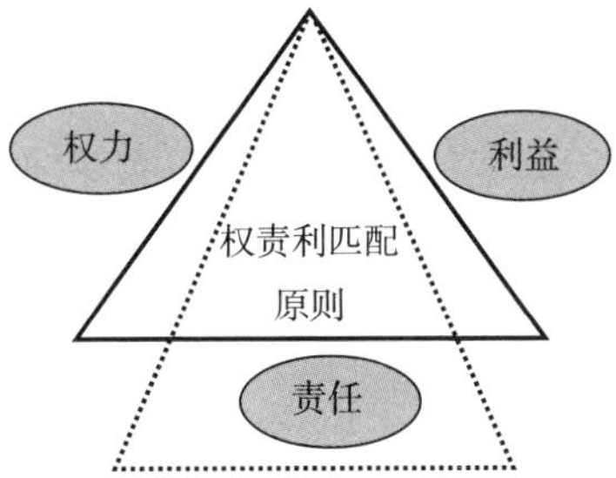

图 3－1　管理“等腰三角形”

美国著名学者库克在大量研究的基础上提出“库克曲线”，认为员工最具创造力的时间段是在其入职四年以内。一位新人入职后，往往会尽力地表现，包括承担更多的责任。因为这个时候他没过试用期，自己的权力和利益不稳定，只有通过承担责任来获取上司和公司的认可。但半年以后、一年以后会出现什么问题呢？他的权力、利益趋于稳定，这个时候他就开始想方设法推卸责任，这或许是人性使然。

如何才能让权责利动态调整而趋于对等呢？权力助长私心，利益刺激欲心，唯有责任唤起良心。人一旦失去对私心和欲心的制约，就会助长对权力和利益的贪婪，唯有责任才能够让人保持良心。这里讲的良心是指拥有一颗正知正念的心，能够正确地觉知一切事物。一个人只有承担责任才能够知道自己处在什么阶段和什么位置，才能对自己的工作能力、业绩水平有一个相对客观的评估，才不容易掉进“适应性偏见”的陷阱。

3. 分工协作、幅度控制原则

企业在组织结构的顶层设计上要体现专业分工和协作原则。泰勒在《科学管理原理》一书中强调，科学管理的根本目的是谋求最高劳动生产率，而分工和专业化对于提高劳动生产效率是至关重要的。很多企业依然存在一人多岗、一岗多责的现象，没有细致的分工，更没有协作。需要注意的是，岗位要因责任设置。分工的背后是分责，分责的背后才是赋权，权力的背后是资源的匹配。

企业在设置组织结构时一定要控制好幅度。有研究表明，一个核心管理者的最大管理范围是6～8人。我曾经看过一个企业的组织架构图，一个副总经理管了一二十个部门负责人，且不说他能不能管得细，先想一下他每个月跟部门负责人沟通的频率有多高、每周跟他们静下心来探讨解决问题的机会有多少。一般越高层的管理者直接领导的人数越少，越基层的管理者直接领导的人数越多。例如，分管生产的副总经理直接管理作业部门的七八个经理/主管，而一个班组长或主管直接管理20多个员工。在组织结构设计上，需要根据企业性质和行业现状，科学合理地设置分工，控制好管理的幅度和边界，才能从本质上解决企业分工不明、责任不清的问题。

4. “四个一”原则

“四个一”即“一事、一权、一人、一责”。一事：同一件事；一权：同一个权力；一人：同一个行动主体；一责：同一个责任主体。

坚持“一事、一权、一人、一责”是组织结构设计的核心原则，很多企业为复杂的组织管理问题所头疼，总在制度、流程、考核上下功夫，但最终还是收效甚微。前面我们所讲的三权分立原则、权责利匹配原则和分工协作、幅度控制原则都必须以“四个一”原则为基础去落实。针对企业存在的“部门墙”和“责任归属不清”等问题，首先要考虑的是同一件事是否由两组人或两个部门同时在做，同一个权力是否由两组人或两个部门同时拥有，同一份责任是否由两组人或两个部门同时在承担。其实许多工厂都存在这种现象，我称之为“管理职能叠加”。

许多工厂在计划物控部和生产部都设置了计划员的岗位，这样的设计本身没有对错，因为每个企业的实际情况不一样，每一种设计都有其可行性，但我们一定要明晰计划物控部的计划员和生产部的计划员各自的权责利，避免发生相互推卸责任的现象。计划物控部的计划员负责生产部各车间的计划下达，生产部的计划员负责进度的跟进。当朗欧老师在驻厂辅导中遇到此类问题的时候，通常会将生产部的计划员划归到计划物控部，虽然计划员做的还是同样的工作，但符合“一事、一权、一人、一责”原则，从而在组织结构设计上避免了职能叠加的问题。

职能叠加是各个责任主体相互推卸责任的根源所在。大家都有这个职能，我说是你的问题，你说是我的问题，看起来大家都有责任，但真追究起来又发现没有谁负全部/主要责任。在这个过程中企业的管理成本会不断增加。

二、权力的本质是服务而不是控制

1. 管理者的权力

当普通员工晋升为主管、经理的时候，企业便赋予了其与岗位职能相对应的权力。

行政管辖权：这是基于组织架构的权力，我是主管、经理，你是我的下属，你必须得按我说的做，服从我的管理。

奖惩权：管理者有对下属行为结果进行奖或罚的权力，通俗地讲就是有施加“萝卜加大棒”的权力。

薪资调整建议权：管理者对下属的工资、绩效收益有直接建议权。

在现实中，很多管理者只看到以上三种权力，把权力简单理解成管控——你不听我的，我就处罚你；你不服我管，我就给你“穿小鞋”。而忽略了另外三种权力，即专家权、表率权和人格权。

专家权：基于管理者的专业知识或技能，员工信任并尊重管理者的决定。

美国通用电气公司前任 CEO 韦尔奇曾经说过：“当你成为领导者之前，自己的成长是成功；而你当了领导者之后，帮助他人成长，才是成功。”这其实在强调管理者要有过硬的专业技能，能够帮助下属解决工作中的困难。

表率权：基于员工对自己的认可和信任，管理者应成为员工的榜样。

管理者具备专业能力，但在公司这个平台上，有没有发挥表率作用？是用嘴巴要求别人做，还是首先自己身体力行地做到了？管理者只有做好表率，才能够影响他人，才能行不言之教，让团队紧跟自己的步伐。

人格权：管理者具有的人格魅力。

2. 管理者必须要树立“权力是服务而不是控制”的观念

权力从本质上来讲是一种影响力，是一种让别人自愿接受自己的能力。这种影响力更多地源自管理者的专家权、表率权和人格权。管理者要不断提升专业水平为下属排忧解难，要敢于在团队中作表率，要德才兼备塑造良好的人格。就这个维度而言，管理者的权力是员工赋予的，管理者需要为团队成员提供更多的服务，赢得员工的尊重。每个管理者更应关注对自己专家权、表率权和人格权的培养。权力的本质是服务而不是控制。管理者权力越大，就越要为更多的人服务。

三、管理岗位设置原则

很多制造型企业在设置具体管理岗位时走入误区，设置了很多中看不中用的“花瓶”岗位。

1. 管理岗位设置常见的误区

（1）因人设岗。

很多中小型制造企业往往会根据员工的个人能力或者特殊关系设置管理岗位。例如，一位员工管理者能力突出，老板就拍脑袋为他设置了生产总监的职位，让他统筹负责生产、采购、接单等方面的管理工作；再如，老板成立采购部，任命自己的小舅子为采购部经理。

（2）因岗设位。

很多企业的岗位是怎么来的？我们可以联想一个场景：老板看着组织结构图，按图设岗，缺了就补；或者看到同行有某个岗位，便“他有我们也要有”；当然也有一些岗位的设置是为了响应客户的要求。企业设置了某个岗位，然后随便找个人去填充，并没有取得理想的管理效果。

（3）因权设职。

很多企业设置管理岗位的出发点是给某个人什么样的权力，这样往往会导致企业中官僚主义盛行和管理者官本位思想突出。

2. 管理岗位设置原则：因责设岗

制造型企业因行业属性、规模大小和老板领导风格的不同，在具体设置管理岗位时可谓千变万化，但是必须遵循“因责设岗”的原则，任何一个岗位都要有责任划定。

企业在成立 PMC 部、设立计划员岗位时，一定要明确 PMC 部要承担的责任和计划员的岗位职责。PMC 部通常负责跟踪订单是否准交、物料是否到位、计划是否合理、组织效率是否高效等方面的工作，打通企业从订单接入到成品出货的“高速公路”，具象化的责任就是缩短生产周期，提高订单准交率和组织效率等；计划员则要负责保证计划的准确性等相关工作。企业因具象化的责任设定 PMC 部，计划员也是一个责任清晰的岗位，不是因为别的企业有 PMC 部我就也要设立 PMC 部。企业如果规模很小，只有二三十个人，完全没有必要设立 PMC 部，实行集约扁平化管理就行，否则企业的管理成本会很高；但企业如果具有一定规模还不设立 PMC 部的话，肯定会乱套的。朗欧的老师们入驻企业以后，首先就是帮助企业设立稽查部。稽查部的责任就是统计和监督企业的每一个流程、每一项制度、每一次会议决议的执行情况，确保流程、制度、会议决议真正落地执行。

一个企业光有人才的积累是远远不够的，还必须对其进行有效配置和合理使用，做到人岗匹配。制造型企业在设置管理岗位时切忌因人设岗、因岗设位和因权设职，要遵循因责设岗的原则，提高人力资源使用效率。

常见组织结构的优劣势

组织结构是表明组织各部分排列顺序、空间位置、聚散状态、联系方式以及各要素相互关系的一种模式，是整个管理系统的“框架”；是全体成员为实现组织目标，在管理工作中分工协作，在职务范围、责任、权利方面形成的结构体系。

企业有哪些常见的组织结构？它们分别有什么优劣势？企业具体适合哪种组织结构？

一、部门职能式结构

部门职能式结构依职能而设计，是大部分企业采用的组织结构。企业按照职能分工，设置相应的管理部门，明确相应的管理职务，各个部门实行高度的专业化分工，各自履行一定的管理职能。

部门职能式结构要求明确相关职能部门的职责和权力，各职能部门有权在业务范围内向下级单位指定任务。下级单位除了接受上级主管的指挥，还必须接受上级各职能部门的领导。图 3－2 为一家企业的部门职能式组织结构。

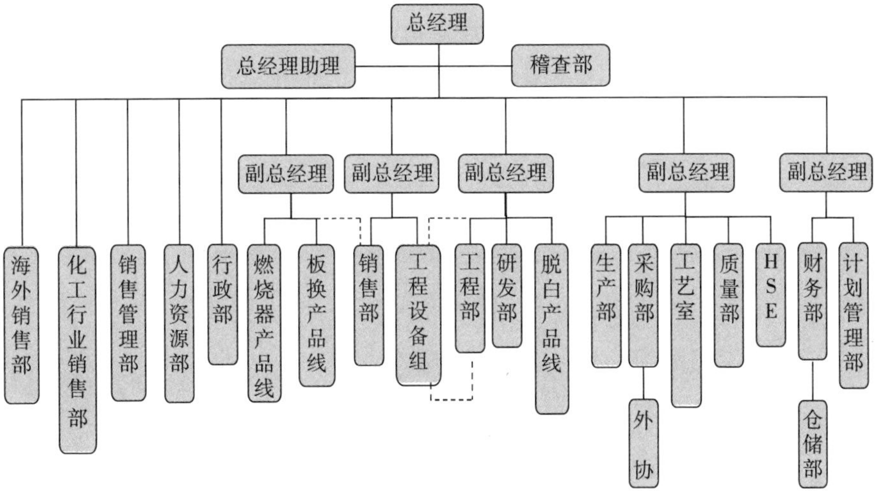

图 3－2 部门职能式组织结构

1. 部门职能式结构的优势

能够通过集中单一部门内同类型的活动来实现规模经济。在部门职能式结构中，每个部门聚集的是同一专业类型的人才，一方面在部门内为员工设置了一条顺畅的晋升通道，有利于企业减少人才流失；另一方面有利于员工交流知识和经验，有利于企业培养人才，从而推动企业快速发展。

2. 部门职能式结构的劣势

缺少横向的协调和监督，容易导致企业各部门各自为政和互相推卸责任；部门成员对组织目标的认识有限，容易忽略整体利益；各部门之间信息传递不够及时。

部门职能式结构适用于发展稳定的企业，也是制造型企业的基础性结构。企业需要通过强有力的绩效分配机制弥补其劣势，狠抓责任的落实，强调各个部门的协调性。

二、事业部制式结构

事业部制式结构是为了满足企业扩大规模和实行多样化经营的需求而产生的一种组织结构形式，又称分公司制结构。企业可以根据产品、地区、顾客（市场）等设立若干对应的事业部。比如企业生产的产品具有地域性，企业可以在地方成立事业部。朗欧辅导的一个食品厂为多样化经营企业，该企业设置了3个事业部，A事业部主要生产面包，B事业部主要生产酱料，C事业部主要负责运输配送服务（见图3－3）。企业如果规模非常大，可能还会设置事业群，每个事业群下设多个事业部。

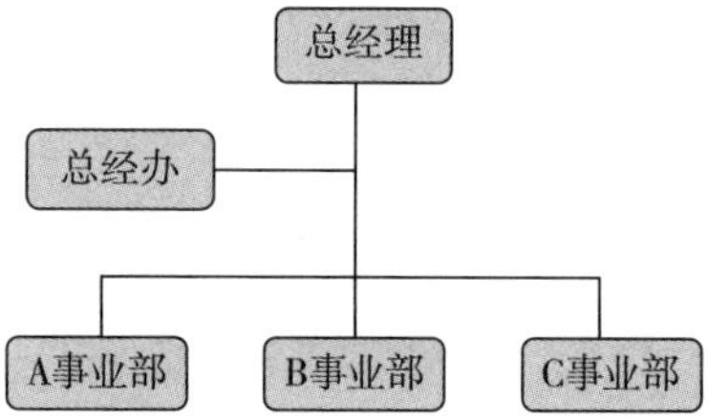

图3－3　事业部制式组织结构

1. 事业部制式结构的优势

（1）可实现单位自治。各个事业部之间相互独立，有着不同的物理空间和运营体系，独立核算的难度较低，可以实现单位自治。

为什么中国制造型企业推行阿米巴经营那么艰难？很大程度是因为企业在物理空间上难以将每个部门隔断，难以准确地核算每个部门的业绩、成本等。朗欧团队在为企业做咨询的时候发现，很多工厂的白晚班交接都可能会成为管控的难点。

（2）容易培养高级人才。每个事业部独立经营，容易培养高级经营管理人才。

（3）可以实现赛马机制。通过物理空间和资源的双重隔断，事业部间形成赛马机制。微信其实就是腾讯“赛马机制”作用下的产物。马化腾接受媒体采访时说道：“当时内部有三个团队报名来做这个叫‘微信’的产品，互相之间不告诉对方研发的进展。这里面包括当时无线事业群的团队，还有张小龙的团队。”最终，张小龙团队成功开发了微信。

（4）可以形成以结果为导向的考核。企业总部可以摆脱对各事业部日常事务的管理，对其进行以结果为导向的考核，从而使总部更能集中精力考虑全局和战略问题。

2. 事业部制式结构的劣势

（1）容易导致资源重配。总公司与事业部的职能重叠，容易造成人员等其他资源的浪费。比如，一个集团公司有上海工厂、苏州工厂、武汉工厂、北京工厂，每个工厂都是一个独立的事业部，都有配套的职能部门和基础性资源，容易造成资源浪费。

（2）容易导致业务冲突。各个事业部如果没有划分好产品线，会导致业务冲突。比如，华南事业部和华北事业部的报价系统不一致，会给企业品牌造成影响。

（3）总部制约能力弱化。尤其是集团公司，其分厂遍布全国，有的甚至在国外，这对公司总部的管理工作要求较高。

事业部制式结构适用于生产地域性突出产品、快消型产品和多类型产品的大企业，总部要具备强有力的计划能力、预算控制能力、资源协调能力和稽查能力。

三、集约扁平化式结构

集约扁平化式结构可以理解为平行结构，即通过减少行政管理层次，裁减冗余人员，从而建立的一种紧凑、干练的组织结构。

1. 集约扁平化式结构的优势

可以提高信息传递速度，使决策更有效率；组织集约扁平化，人员减少，企业成本更低；企业的分权得到贯彻落实，每个中层管理者都有更大的自主权。

2. 集约扁平化式结构的劣势

无法实现企业规模化经营，风险比较大，对老板或负责人的要求比较高；企业通常靠人情和负责人的领导力、个人情感做管理。

此类型结构适用于小微企业或初创企业，但要注意及时进行组织架构调整。同时也适用于大型企业部门下新成立的创客组织单元。比如海尔设立了创客平台，海尔内部分为在线员工和在编员工。在编员工在原有的业务单元有具体职务，而在线员工属于新成立的自主的创客组织，是没有具体职务的。

四、平行矩阵式结构

平行矩阵式结构是在直线职能式垂直组织结构的基础上，再设置横向的领导系统，该结构兼具事业部制式结构与部门职能式结构的特点。

比如，企业设置生产/研发一部、二部、三部。平行矩阵式结构容易和部门职能式结构混淆，只有生产/研发一部、二部、三部分别可以独立完成某个产品线，才能成为平行矩阵式结构，相当于大事业部制下的小事业部制。很多企业的上工序在生产一部，下工序在生产二部，组装又在生产三部，这不是真正意义上的平行矩阵式结构。

1. 平行矩阵式结构的优势

有利于培养部门专业化人才；可以形成部门内部的赛马机制；有利于充分利用部门内部资源，快速提高部门工作效率。

2. 平行矩阵式结构的劣势

容易引发部门内部的恶性竞争和部门协调不畅，业绩评定易欠公平。

平行矩阵式结构适用于规模较大、对专业人才要求较高，同时场地和资源有限又需要快速发展的企业。需要高层强有力的管控，包括计划物控协调、资源管控等。

案例 3－1

图 3－4 为某企业研发部的组织结构，该企业研发部采用的是平行矩阵式结构。除了共用的项目运营部、订单设计部和产品开拓部外，事业部可以无限延伸：产品事业一部、产品事业二部……

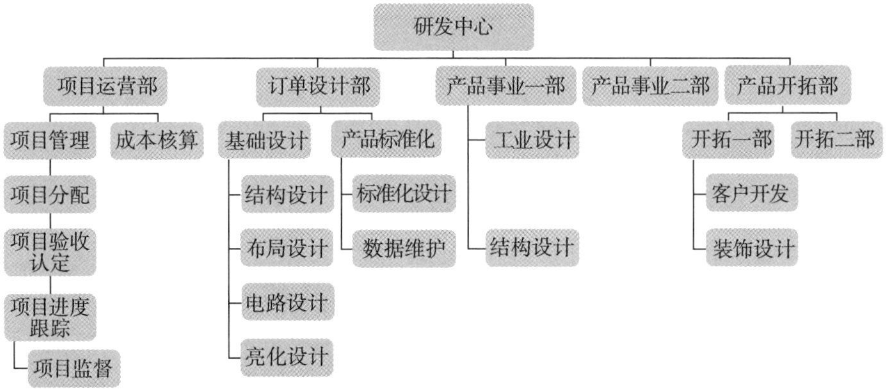

图 3－4　某企业研发部的组织结构

这种结构至少可以解决以下几个问题：

第一，监管不到位的问题。部门职能式组织结构下，产品研发中心只有一个负责人，负责人需要监管多个产品的研发，往往顾不过来。

第二，专业分工不到位问题。该企业的产品属于个性化订制产品，对研发的专业性要求高。现在采用平行矩阵式结构，研发部下设研发一部、二部、三部……每个分部都有负责人，负责其所在事业部的产品研发和设计等工作，很好地解决了专业分工和细节把控不到位的问题。

当这个企业研发部的组织结构从传统的部门职能式结构转变为平行矩阵式结构以后，刚好一个产品经理接了一个大单。正如该企业老板所说："采用平行矩阵式的组织结构后，我的工作轻松好多，几乎没有客户烦我，换作以前，像这么一个大单，都是我要天天操心的，我要盯着这个图怎么设计、怎么改，那个结构怎么设计、怎么改。而现在，由这个负责人自己去对接就可以了。"

五、蜂窝状式结构

蜂窝状式结构是事业部制式结构与平行矩阵式结构的有机组合，多用于产品多元化、跨地区经营的企业。图 3－5 为某企业蜂窝状式组织结构。

有三个蜂窝状式组织，每个蜂窝组织分别有 A 负责人、B 负责人、C 负责人，彼此之间相互独立而又相互协作，形成一个庞大的平台。

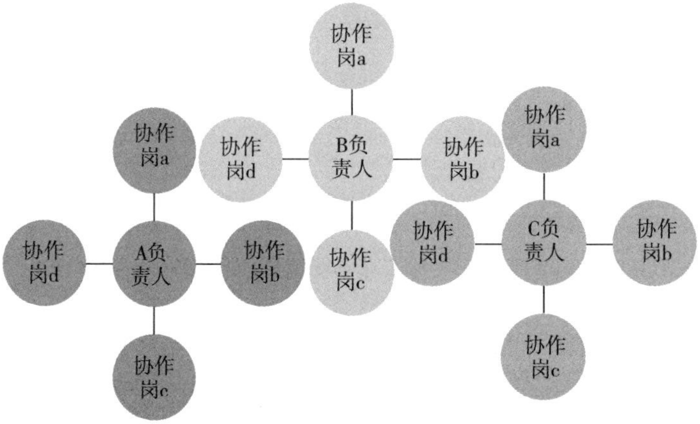

图 3－5　蜂窝状式组织结构

1. 蜂窝状式结构的优势

适应市场的能力强，企业可以随时拆解蜂窝状组织，随时调配蜂窝里的人员；能够实现快速创新；可以形成赛马机制，实现分部门以结果为导向的考核。

互联网公司的项目经理负责制就属于这种结构，一个项目组就是一个蜂窝组织。可能同时多个蜂窝组织在开发同一款游戏，如果某个团队做不好就被解散，对于企业不会形成太大影响，团队人员可以重新自由组合。

2. 蜂窝状式结构的劣势

无法统一开展活动；不容易集中管理；团队协同能力不强，品牌建设能力较弱。

此类型结构适用于流程单一、对人员创造性要求较高的企业。企业需要在整个价值链管理上下功夫，即要考虑一个具体的蜂窝在企业价值链上处于什么地位、需要解决什么问题。

完善的组织能够通过对关键业务的提炼，准确定位企业核心职能，构建系统、完善的部门和职位体系，从而搭建良好的管理和经营平台，推动企业良性发展。企业应根据所处的发展周期、规模大小、行业性质，择优设置组织结构，并在发展中根据具体问题进行调整，从而实现可持续发展。

树立组织目标

组织目标是指一个组织在未来一段时间内要实现的目标，是全体组织成员的行动指南，是企业进行组织决策、效率评价、业务协调和考核的基本依据。组织目标既包括企业战略目标和年度发展目标，也包括每个部门的月度目标。

有的企业非常重视组织目标的设定，从战略目标和年度经营目标的设定，到管理指标的分解，每一步都对内外环境进行了认真的分析。有的企业虽重视组织目标，但往往出于管理经验不足或管理粗放等原因，个人目标和组织目标不一致，造成资源的极大浪费。比如，企业的年度产量目标并非根据战略目标制定，生产环节与客户需求和市场脱节，订单生产做到哪算到哪。甚至有的企业根本没有组织目标的顶层设计，企业走一步算一步，只能“靠天吃饭”，这个“天”指市场环境、国家政策、客户需求等，企业失去向上发展的主动权。

企业如何设定组织目标？组织目标设定中有哪些陷阱，需要关注哪些因素？

一、实现组织目标的“天敌”

在管理活动中，企业通过个人情感传递组织的经营业绩目标是实现组织目标的“天敌”。

广东东莞的一家企业共有三家分厂。有次我去该工厂调研，这家工厂的老板把三个分厂的老总都叫到总部，在吃饭的时候老板和分厂老总之间的“豪言壮语”令我印象深刻，大概意思是说，“这个分厂今年完成××千万元的产能业绩，奖一台宝马；那个分厂今年完成××千万元的产能业绩，奖一台奔驰。”当这个老板讲完，我心里就嘀咕，这个考核标准首先就模糊不清，因为奔驰、宝马也有高低配置之分。很多企业老板还在靠感性思维做管理，试图将员工的“口头表态”作为绩效目标。很多老板也坦言：“张老师，我也知道这样的绩效承诺方式没有用，但我就是想给他们传达做好了不会亏待他们。”

也有管理者向我抱怨说：“张老师，我最怕跟老板出去吃饭，一顿饭吃下来，我的业绩又要25%的增长，不增长不给老板面子，说了又完不成我还怎么混下去。”

企业通过个人情感传递组织经营目标恰恰是实现组织目标的“天敌”。组织目标的制定不是靠口头承诺和表态，而是战略目标、年度发展目标、管理指标等指标系统分解的过程。

二、设置组织目标需注意的四个要点

（1）组织目标提供了衡量组织活动成功与否的标准和组织活动的动力，影响着组织的基本特征。

（2）组织目标是多重的而不是单一的，既要有总体目标，又要有具体目标；既要有长期目标，又要有中短期目标；既要有集体目标，又要有个人目标。

（3）各个组织成员都应处于实现组织目标的期待与努力之中。为完成组织目标，组织成员要付出一定的代价。

（4）企业在实现组织目标之后，或者重新制定组织目标，或者解散组织，或者重新组合形成新的组织。

三、如何设定组织目标

1. 确定组织的基本特征和组织动力

（1）业务分析：需要看行业、看客户、看对手、看自己。

从行业特性、客户属性、竞争对手和自身的核心竞争力去分析、总结和呈现业务经营的核心点，如奔驰定位于舒适性、宝马定位于操控性、沃尔沃定位于安全性等。

（2）创始人静下心来，回顾初心，展望未来。

现在很多制造型企业基本过了生存阶段，老板们生活富足。此时创始人得静下心来，回顾创业的初心是什么，未来企业发展的方向在哪里。

人的很多欲望是“无知”造成的，这个“无知”是指没有做到系统知情，并不是指责人在思想行为上的无知。很多人没有静下心来做系统分析，只是靠感觉、靠胆大在经营管理企业。靠胆子大就能做好企业的那个时代已经过去了，创始人现在要静下心来回顾创办企业的初心是什么，展望企业未来的发展。

（3）核心团队开展“头脑风暴”。

召集核心团队开展“头脑风暴”，分析市场环境，对比竞争对手，总结提炼企业的核心价值，确定切实可行的组织目标。企业开展“头脑风暴”，既有助于培训员工，又有助于提高员工对组织目标的认同感。

（4）总结提炼，形成整个团队为之奋斗的目标。

提炼企业的使命、愿景和价值观，归纳总结为团队为之奋斗的目标并付诸行动。需要明确的是组织目标也不是一成不变的，在不同的发展阶段、面对不同的问题要进行动态调整。

（5）形成企业文化，利用每一个机会对外宣讲。

当提炼总结出企业的使命、愿景和价值观后，创始人要利用每一次机会对外宣讲、对内传达，逐渐形成企业文化，树立品牌形象。

2. 组织召开年度、季度的经营战略分析会

企业在制定发展战略之前，需要对外部经营环境和自身内部条件进行全面分析，以便制定出适合自身发展且能够指导企业运营管理的战略目标，尤其要全面分析企业的内部条件。

很多企业错误地认为召开年度、季度的经营战略分析会是形式主义，其实对于规范化的企业，召开年度、季度的经营战略分析会是不可或缺的。这方面上市公司做得比较好。通常这种会议是“闭门”的，老板会召集中高层针对企业的经营战略开展“头脑风暴”。召开经营战略分析会不是大企业、上市公司的“专利”，年产值为 2 亿元到 5 亿元甚至更低的企业都应当重视这个会议。

经营战略分析会的关注点：

（1）年度总目标 ：行业排名、股权改造、上市计划、经营总目标、利润率等；

（2）销售目标：销售总额目标、回款率；

（3）市场经营目标：市场开拓与布局、市场占有率、销售渠道与模式建设、展会计划；

（4）品牌发展目标：品牌形象与价值提升、广告投放方式与规模等；

（5）企业文化目标：员工福利待遇提升目标，制度建设与员工职业行为规范，企业向心力、凝聚力、执行力的打造；

（6）人才战略目标：企业人力资源规划和员工职业生涯规划等；

（7）生产目标：企业产能提升幅度、人员增减规模、高新设备引进计划；

（8）人均产值目标：企业竞争力与效率提升；

（9）品质管理目标：产品功能与性能、采购物资品质、制成品品质……

3. 召开月度经营分析会

企业制定了年度、季度发展战略，基本就确定了当年的组织目标，接下来还需对组织目标进行分解，召开月度经营分析会。

召开月度经营分析会的关键是要将经营指标转化为管理指标。经营指标对中层和基层团队不具备约束力和指导性，如果经营指标没有转化为管理指标，往往会导致团队行为和组织目标脱钩，不利于组织效率的整体提升。

如何将经营指标转化成管理指标？以经营指标“利润率”为例，将其转化成管理指标就是成本。成本是影响制造业利润率的最主要部分。成本又包含物料成本、管理成本、人工成本和财务成本等。进一步以物料成本为例，我们要关注 BOM 金额、研发费用、材料产值比、来料合格率、采购准交率、在制品金额、库存金额、物料周转率等；以人工成本为例，我们要关注工资产值比、人均产值和员工流失率等。如图 3 –6 所示。

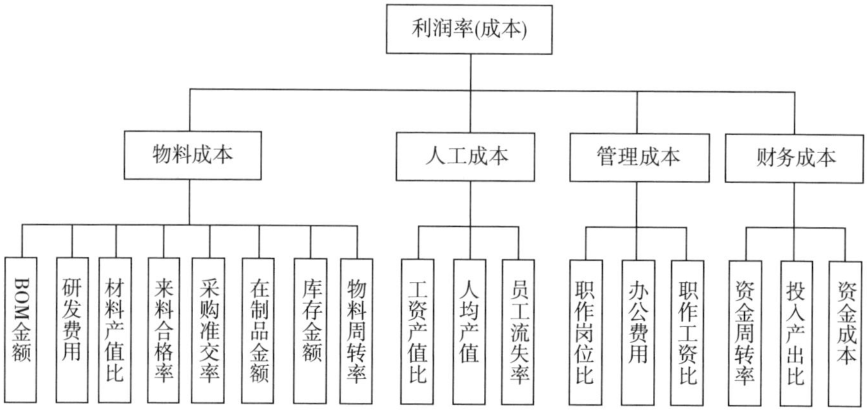

图 3 –6　经营指标转化成管理指标

管理指标对于中基层的工作具有导向性和约束性，企业只有不断达成管理指标，才能确保实现组织的整体经营目标。很多企业每年开总结会都在讲“要降低人力成本”，三年过去了，人力成本不降反升。因为其没有进一步地将经营指标分解为对应的管理指标，忽略工资产值比、人均产值和员工流失率，“降低人力成本”就会变成一句空话。

四、设定组织目标的注意要点

1. 必须通过组织会议设定组织目标

企业必须树立“组织”的概念，做任何决策都要站在组织的高度进行。尤其是老板，切记不要通过个人情感传递组织经营目标，必须通过召开组织会议的方式设定组织目标，比如组织召开企业的年度、季度、月度经营分析会议。

2. 高层必须高度重视并全程参与年度、季度、月度经营分析会

一个老板连企业的经营分析会都不愿意参加，是办不好企业的。每个老板必须雷打不动地参加月度经营分析会，除非企业引入职业经理人，那

时老板可以退居幕后，将企业交给职业经理人管理，但也需要做到对经营情况的系统知情。

3. 召开会议的过程必须保持目标严谨而又头脑开放

我参加过不少企业的经营分析会。很多企业完全是老板的“一言堂”，老板一个人讲了一上午，完事出去聚个餐，当年的经营分析会就开完了。这样的经营分析会宁可别开，因为开了也没用。必须以组织的方式召开，有明确的议程和严谨的目标，团队的核心成员必须全程参与。

4. 组织目标的制定必须求真务实

企业如果把目标定得太高，一年达不成，两年达不成，第三年团队就没信心了，久而久之，组织的公信力就消失了。企业设定目标的时候必须给予相应的人力、财力、物力等资源的支持，使资源投入与组织目标相匹配。

5. 目标责任主体必须要定期复盘

企业经营分析会如果有召开无执行、有执行无跟踪、有跟踪无反馈也是无效的。召开任何会议都必须坚持“会而必议、议而必决、决而必行、行而必果”的原则。

比如，召开月度经营分析会，相关人员必须做好充分的准备，拿数据、案例说话，哪些目标达成了？哪些目标没达成？工作有哪些亮点和不足之处？……参会人员需要拿事实充分地呈现，绝不是背着手进去开会，几通鼓掌，背着手又出去聚餐了。这样的会议制定的组织目标没有多大的实际意义。

建立组织规则

组织规则是指企业为了建设完善的组织管理系统和实现组织目标，在开展组织活动过程中员工所必须遵循的行为准则，它保证组织系统内各个部门及其成员的具体目标与企业的总目标保持一致。

一、组织规则可以塑造员工

丘吉尔曾经说过：“人们塑造组织，当组织成形后就转变为组织规则塑造我们了。”我们抱怨团队没有成长或没人可用，本质上是组织建设和人才培养机制出了问题。每个企业必须有一套成熟的组织规则，以此来塑造员工，从而使企业能够健康持续发展。

二、建立组织规则的五个基本认知

1. 组织规则代表着约定俗成的规矩

组织规则在某种程度上就是约定俗成的规矩，可以具象化到企业的规章制度。这个规则可以是流程制度，也可以是企业文化层面的东西。

2. 组织规则弥补的是人们认知的残缺

我们通过建立健全的组织规则来弥补人们认知的残缺，就像法律在一定程度上也是弥补公民认知的残缺。媒体曾经报道过一则“掏鸟窝获刑”的新闻：一名大学生掏了个鸟窝，被判十年，其实他掏的鸟叫燕隼，属国家二级保护动物，他还进行了贩卖，这就属于犯罪了。虽然当事人一再强调不知道燕隼是国家二级保护动物，不知道触犯了法律，但最终还是被判了刑。这就是法律弥补人们认知的残缺，制定企业组织规则也要达到这样的效果。

3. 组织规则的制定必须严谨

组织规则维护的是绝大多数成员的共同利益。为了保证大家在规则之下能够很好地开展活动，避免试图破坏规则的人钻漏洞，规则制定必须严谨。

4. 组织规则的执行是基础也是核心

组织规则制定以后，重在执行、落地。我们要维护组织规则的公平性和权威性，严惩规则破坏者，做到公平、公正、公开、透明。

5. 组织规则需要不断地完善和修订

组织在不断地发展，组织规则也应当随之调整，以保证组织规则的规范性和系统性。

打造组织记忆

一、什么是组织记忆

组织记忆是指组织储存的、能对现在的决策产生影响的过往信息。组织的各种活动涉及大量信息，这些信息借助于组织成员的个人记忆和组织共同解释，作为决策执行的结果被组织通过各种方式储存起来，作为组织决策的重要依据。当组织需要作出新的决策时，有关信息将被重新提取，从而对组织决策产生影响。通俗地讲，组织记忆就是企业储存的标准化、流程化、制度化的文件，包括团队成员的经验总结、案例库，也包括各种方案和会议决议等。

二、管理者的三个思考

在介绍组织记忆之前，先思考三个问题。

1. 为什么企业总需要招收有经验的人

相比其他行业，制造型企业的人员流失率相对较高。从企业创立到发展，员工进进出出，多年下来企业培养了一批又一批有经验的管理人才、基层操作型人才，“空降”了不少能人，但企业始终摆脱不了“总需要招收有经验的人”这个怪圈。

之所以存在这个问题就在于企业没有形成组织记忆。比如没有把经验丰富、操作娴熟的老员工的操作动作拍成视频教材或制作成标准化作业程序（SOP）；没有将经验型管理人才的管理思路、管理方法固化成企业方案和制度。企业由于没有形成组织记忆，因此摆脱不了对经验型人才的依赖。

2. 为什么我们总需要通过情绪来管理

很多管理者不能控制情绪，久而久之就形成了靠情绪管理的习惯。动怒伤身、伤心，还无法解决问题。我不反对表达情绪，因为这也是表达态度的一种方式，但绝对不主张完全靠情绪做管理。

朗欧咨询曾经辅导过浙江的一家医疗器械企业，这家企业的核心产品是精密模具，种类多，但只有模具主管才找得到部分模具的模芯。这个模具主管大部分的工作时间都不在厂内，企业时常因为模具主管不在工厂而找不到模芯。老板时常因此事而发火，但更多的时候是敢怒不敢言，因为核心技术在该主管手上。有一次老板直接给模具主管打电话，对方回答说：“我在供应商这里，现在回不来。”这个老板跟我说：“我在电话里头明明听到了麻将声，他肯定是在打麻将。”他非常生气，但是仍和我说：“我得忍住，小不忍则乱大谋啊。”朗欧老师进驻该企业后，做的一件事就是每天记录这个模具主管的工作内容。最初是让该模具主管自己记录，过一段时间后安排稽查员做好记录，一个月下来发现，该模具主管2/3的工作都可以在厂内完成，然后我们在周例会上将这些数据进行呈现。从此以后，该模具主管规规矩矩了。这就是打造企业组织记忆的作用，相较于靠情绪做管理，这种方式有效得多。

3. 为什么我们总需要通过争吵来解决问题

我曾经问过很多企业的管理者，“你们工厂的标准工时是怎么来的？

是测量出来的吗?”大部分管理者认为标准工时是测量出来的。而我却想说工厂的标准工时不是测量出来的，而是统计出来的。很多管理专业科班出身的人并不认同我这个观点，但我的观点是源于我带领朗欧咨询团队为两百多家企业实施驻厂辅导的经验总结，我相信这个观点更适合中国的中小型制造企业。

为什么说标准工时不是测量出来的而是统计出来的？你可以试想一个场景，当IE技术员拿着秒表去测标准工时的时候，员工心里就有底了，他会想：“我的动作放慢点，等老板把单价定了后，我再拼命干，这样我的收入就高了。”这就是我反对用单一的测量方式来定标准工时的原因，数据测量更多的是起辅助作用，主要还得通过统计实际工作结果的方式来确定标准工时。这也是打造组织记忆的过程。员工第一天做了50个产品，你把它记录下来；第二天，你告诉员工，如果从今天起他能够连续10天每天都做70个产品，将上调一级他的绩效评级。然后你每天做好记录，一个月下来，统计所有数据，就可以核算出一个合理的标准工时，这个标准工时是经得起实践检验的，是团队成员无法反驳的。

三、打造组织记忆的注意要点

（1）要通过打造组织记忆的方式将个人经验转化为组织经验。

（2）公司的一切活动都需要有组织记忆，会议要有决议、计划要有跟进、异常要有记录、活动要有痕迹。

（3）组织记忆需要公开透明。

（4）组织记忆需要形成闭环并被运用。

（5）打造组织记忆需要运用好工具。例如信息化系统，如ERP、MRP、MES等软件系统；还有互联网工具，如钉钉、微信……企业要善于运用工具形成企业的组织记忆。

树立组织权威

一、树立组织权威

（一）个人权威不是组织权威

我在企业调研过程中发现，有的企业树立的是个人权威，有的企业树立的是组织权威，其中以树立个人权威居多。

什么是个人权威？就是某个人在企业管理中发挥决定性作用，企业采用的是领导管人的方式。

很多企业都存在一个奇怪的现象：出现问题，只要老板一到场，就可以很好地解决问题；老板不到场，部门之间、管理者之间就会相互推诿、相互扯皮。这就是典型的个人权威和老板权威。

什么是组织权威？是指企业有公信力，企业管理不是依托于某个人，员工认可的是企业而非领导个人，遵循的是企业运行规则而非领导的个人意志。

个人权威会导致员工对领导者产生恭敬心，而缺乏对组织的敬畏；组织权威使所有员工包括管理者对企业的规章制度、运行规则产生敬畏心，从而服从和认同领导的管理。前者需要老板、管理者在工作上面面俱到，后者随着公司规模的不断发展具有可复制性。

（二）个人权威和组织权威的区别

个人权威和组织权威的区别可以理解为领导管人和组织管人的区别。以下从决策责任、目标、任务、指令、监督五个角度展开比较（见表3－1）。

表 3-1 领导管人和组织管人

项目	领导管人	组织管人
决策责任	个人决策、集体负责	集体决策、个人负责
目标	领导要求	组织目标
任务	领导指派	组织分配
指令	领导交代	组织命令
监督	人盯人	系统控制

1. 决策责任

“领导管人”的特点是：个人决策，集体负责。比如，对于企业的一些重大事项如市场拓展、产品研发等，很多时候都是由老板“拍桌子”决定的，这叫个人决策。当企业因这个决策失误造成损失的时候，又找不到责任主体，还是由企业买单。

“组织管人”的特点是：集体决策，个人负责。我参加过一个国有企业的内部会议，发现他们的会议风格和民营企业不一样。他们非常注重座次及发言顺序，座次依据职位大小排序，领导一般都是最后才发言。为什么他们那么注重座次和发言顺序呢？那位领导跟我说：“如果领导第一个发言，叫领导定调。领导一定调，后面发言的人往往会附和领导的意见。万一决策失误，组织上追究下来，就是领导的责任，因为领导先定了调。”其实“领导最后发言”不是为了推卸责任，恰恰是改变组织内相互推卸责任的风气。企业开会，张三、李四、王五先讲，领导最后发言，一番探讨后形成决议，即采用王五的方案，于是下发一个通知，“经组织研究决定……”这就是集体决策。当集体决策失误的时候，不是领导负主责，而是集体决策中具体某个人或某个部门负责，这是有很大区别的。

2. 目标

“领导管人”强调“领导要求”，组织管人强调“组织目标”。什么是“领导要求”？老板要求员工怎么干，员工就怎么干，领导靠个人权威做管理。但实际上，个人的权威是组织赋予的，个人一旦离开了组织也意味着丧失了权威。很多人没有意识到这一点，总喜欢在企业里搞小团体，总喜欢在群体里表现自己的影响力。其实，如果没有企业这个平台，没有这个组织，任何个人都发挥不了太大作用。组织管人强调组织目标而非领导个人的意志。

3. 任务

领导管人强调“领导指派”，领导指派你去干这个、干那个；组织管人则强调依据对应的规则进行“组织分配”。

组织分配比领导指排更具有强制性，这是组织指排的，员工只有服从。当然组织在分配任务时需要充分考虑选择最优方案。

4. 指令

“我的经理交代我怎么干、我的主管交代我怎么干、我的老板交代我怎么干”……这些都是领导交代，是人与人之间的指令传达；组织管人是组织与人之间的指令传导，组织命令更具强制性。

5. 监督

领导管人是“人盯人”式的管理，组织管人则强调“系统控制”。系统控制是一种非常强的监督力量。比如 CRS 的启动、整个金税三期的上线等，都是全方位、全维度的监督和管控。

二、树立组织权威的注意要点

1. 组织权威是个人权威的基石，高于老板权威

所有的职员工包括管理者一定要明白，在公司千万别想着树立个人权威，在其位才谋其职，组织权威是个人权威的基石。

2. 组织利益高于个人利益

中国有过漫长的皇权历史，由此“帝王文化”曾经根深蒂固。“帝王

文化”的核心是“等级秩序”，“我是王，你就得听我的”。如今很多企业盛行“老板文化”，“老板都是对的，你必须按我说的做”。这里的老板不仅仅是指企业的最高负责人，也泛指企业中那些能给自己带来直接利益的人。在“老板文化”的影响下，企业的管理活动往往是“对人不对事”，维护的是个体利益而不是组织利益。企业应当树立组织文化，“对事不对人”。企业开展经营管理活动是为了达成组织目标，决策过程应该符合企业价值观，而不是以某人的个人意愿和利益为依据。

3. 个人的目标和利益与组织的目标和利益相统一

个人目标包括增加薪酬、岗位晋升、实现抱负、被社会认可等。组织目标往往比较宏大，但对工厂而言无非涉及效率、成本、品质、团队建设等方面。组织从本质上来讲是个人利益共同体。成员加入组织，为组织服务，最大目的是通过组织实现个人目标，并不是直接实现组织目标。组织存在的本质是组织目标太宏大，单靠一个人的能力和资源无法达成，需要多人联合起来，进行分工协作。

也就是说，个人目标依赖于组织存在，组织进步依赖于团队成员实现共同目标。如果无法达成组织目标，组织就不会存在，个人目标也会受到影响。目标一致可以使员工认同组织文化，愿意服从组织安排；企业也要关注员工的个人目标，在必要的时候为员工提供机会和帮助。组织本身就代表着最广大群体的利益，组织目标得以实现，组织利益得到满足，也是个人目标得以实现和利益得以满足的前提条件。

三、将个人权威转化为组织权威

权威是管理者在解决是非问题时不可或缺的一种工具，与老鹰飞翔需有羽翼、豹子奔跑需有长足一样。但在企业中不难看到，大家都等着老板或者个别领导作决策后才做事，老板、领导不决策就得过且过，因而老板、领导很忙，企业效率却很低。这是典型的靠个人权威做管理，有的企业甚至出现组织被个人权威“绑架”的现象。企业要实现规范化管理需要将个人权威转化为组织权威。

1. 有明确的组织运行规则

企业如果依靠个人权威运作，是不容易做大的；就算做大了，老板也会感觉越来越累，问题越来越多，规模大而不赢利。

组织一定要有明确的运行规则，让员工的行为受到约束。体系、流程、制度就是将个人权威转化为组织权威的工具。

2. 个人权威从属于组织权威

个人权威应通过规章、流程、制度等组织规则的完善而形成，是由组织赋予的，而不是直接源于个人的魄力、能力和责任心。

个人权威长期凌驾于组织权威之上，不利于企业和个人的健康发展。

很多企业将个人权威凌驾于组织权威之上，由此滋生了“小团体”“山大王”的企业文化。企业在抓管理权威的时候，一定要注意个人权威是否从属于组织权威，个人权威是否是组织通过规则、流程、制度、标准赋予的。如果是，这样的权威就是组织权威；反之，只是个人权威。

3. 持续抓组织运行规则、流程和规章制度的落实

当被组织赋予个人权威之后，管理者要利用个人权威持续地抓组织运行规则、流程和规章制度的落实。但是很多管理者却因此越来越膨胀，甚至不把组织规则放在眼里。比如，不按规定时间上下班，出差不按照公司的规章制度进行报备，开会经常迟到……

管理者要树立组织的权威性，不允许任何人凌驾于组织规则之上；要树立“流程大过总经理、制度大过董事会”的指导思想，否则容易选择性执法，最后导致组织丧失权威性。

开展组织评价

你所在企业是否存在这些现象：老板拍脑袋、靠感觉决定员工的薪资、奖金，员工时常抱怨利益分配不公；企业的发展战略、重大事项依靠老板一人决策，出现决策失误也由老板一人买单；对于企业中谁是人才谁是庸才，完全依据老板的感觉和经验；员工大都认为自己是企业的“雷锋”，觉得付出没有得到相应的回报，因而感叹怀才不遇。

之所以出现这些现象，归根结底是因为企业还是在依靠领导做管理，领导往往靠个人感觉对员工行为进行评价，靠个人经验进行经营决策。

因此，企业需要建立一套组织评价体系，组织评价应建立在组织规则之下，用组织评价替代领导者的个人评价。

一、坚持组织评价而非个人评价

对员工的绩效评价要通过组织来进行，少做个人的价值判断和道德评价。很多企业还停留在“个人评价、领导评价”的阶段，到年底分年终奖的时候，很多老板很头痛，因为企业没有一套科学、合理的员工评价体系，只能靠领导评价。具体表现就是领导凭感觉、看“颜值”、看表现。

我曾经在一家企业统计测量员工的工时效率。统计测量对象是两名操作工人，肉眼观察有一个工人的操作动作非常快；另一个工人有条不紊，看起来很慢。但实际的统计测量结果却令人意外，那个看起来很慢的员工比那个看起来很快的员工的实际效率要高 17.5%。如果我不是去实际统计测量，就很有可能被感觉给欺骗了，这就是靠个人感觉作评价的弊端。

组织评价是建立在组织规则之下的，强调组织对人的评价而非人对人的评价，是组织管人而非人管人。

二、企业如何开展组织评价

要实现组织评价，企业需成立非常规核心组织。非常规核心组织是相对企业常规组织而言的。常规组织如企业的 PMC 部、稽查部、品质部、生产部、人力资源部、技术部等。为了更好地开展组织评价，企业需要成立四个非常规核心组织。

1. 绩效评定委员会

绩效评定委员会也可称为绩效评定小组。

从人性的角度出发，无论你为下属加薪还是减薪，升职还是降职，总会有人觉得不公平。因为很少有人能够对自己的工作业绩作出客观的评价，而且领导的直接评价有时候也会带有个人情感，员工常常会有不公平感，这也是为什么要成立绩效评定委员会。绩效评定委员会可以由被评定对象的直接上司、人力资源部负责人、主管领导、平行部门负责人等组成。绩效评定委员会的成员对被评定对象进行绩效评定，评定的内容包括其当月各项工作指标的达成情况、跟上司的配合情况、团队成员管理的现状等。此时员工的升职和降职、加薪和减薪，不是由老板一人决定，而是要遵循组织规则，最终大家的关注点会落在个人业绩达标与否上。

例如，绩效评定委员会有六个成员，老板的评分权重只占 15%～20%，其他几个成员可能各占 10%～20% 的权重。这样领导对员工的评价就转变为组织对员工的评价。如果领导直接评价，当评价结果高于被评价人的预期时，或者对其他员工不够公正，容易引发其他员工的嫉妒；当评价结果低于被评价人的预期时，则容易引发与被评价人的矛盾，而且这种矛盾很多时候不会直接外显，而是体现在员工对日常工作的消极应对上。如果由绩效评定委员会进行评价，评价结果是公开透明和有据可依的，是具有组织公信力的，更容易让员工接受。

2. 人才测评委员会

很多员工认为自己怀才不遇，认为自己是企业的“雷锋”，认为自己很优秀，认为企业给的回报和自己的付出不成正比。其实，大多时候所谓的“怀才不遇”实质上是“怀才不足”。由企业的核心团队组成的人才测评委员会，依据明确和统一的规则对员工进行科学测评，以事实说话。例如：每月召开人力资源复盘会议，根据员工这一阶段的业绩和个人能力提升情况，建立月测评档案。

3. 战略决策委员会

一谈到战略决策委员会，很多人就会觉得这个太高大上了，只有一些大企业、上市公司才谈得上战略。其实，中小企业更应该成立这个组织，因为中小企业的老板有足够的话语权，他的个人权力不受牵制，在作决策时很容易出现偏差。企业成立核心战略决策委员会，讨论和评估公司重大决策，如企业产品线的调整、大金额技术设备的引进等，以此降低战略决策失误的风险。

4. 发展改革委员会

商业环境无时无刻不在发生改变，企业需要设立发展改革委员会制定和调整企业发展战略。如明确企业年度经营计划、制定企业中长期发展目标等。发展改革委员会可以组织召开季度和年度经营分析会议，由各个部门的负责人汇报经营情况。

三、组织评价的注意要点

（一）要以事实为基础，用数据说话

朗欧团队在企业进行各种类型的组织评价时，一定是基于事实和数据。比如，完成业绩指标的部门拿流动红旗，未完成业绩指标的部门则拿

流动黄旗。每个评价结果的背后都有详细的数据支撑，把事实罗列出来，什么人在什么时间做了什么动作。开案例分析会的时候，相关人员还要把问题造成的直接和间接损失核算出来，把背后的原因调查清楚，最后以此来确定责任。数据是事实的呈现，事实是让人信服的基本条件。

（二）要具备及时性和示范性

1. 及时性

佛家认为世间万物都是无常的，不是永恒存在、永远不变的。人心亦是如此。人与人之间的关系无时无刻不在发生着变化，人对人的评价无时无刻不在影响着能量场，这就要求组织评价首先要具备及时性。

例如对中基层的考评一定要一个月一次，这叫及时性。如果一年才考核一次，那就严重滞后，起不到及时提醒和纠偏的作用。

企业要进行长期、有效和及时的评价，一定要建设好组织记忆。“别看你平时闹得欢，小心到时候拉清单”，这个清单就是强大的组织记忆。企业得有自己的“清单”，很多企业没这个“清单”，评价只能靠感觉。

2. 示范性

示范性是指企业要树立一系列榜样，形成企业案例库。

榜样的力量是无穷的。做好人、做好事是中国人公认的行为准则。

什么是漂亮？什么是美？我们无法定义。但几乎每个中国人都对“貌赛潘安、智胜孔明、巧越鲁班、义超子龙”耳熟能详，这就是榜样的示范。貌赛潘安的人为美；智胜孔明的人有谋略、有大智慧；巧越鲁班的人就是我们所说的工匠……

企业要通过组织评价树立各种榜样，发挥管理的示范性作用。

（三）要具备系统性和可追溯性

管理学上的“可追溯性”最早被用于汽车制造业，后被广泛用于各行业的品质管控。品质可追溯性是指对公司产品生产的全过程，包括从原辅材料的接收、工序生产、成品入库直至出厂，都保持相应的记录，以确保在需要时对产品生产过程实现可追溯。

组织评价也要具备可追溯性。最通俗的做法就是企业要建立档案库，完善每位员工的履历表。履历表包括个人基本信息、教育经历、培训经历、家庭成员情况、技能爱好、在职期间的工作业绩达标情况及所获荣誉、处分情况等，还包括对其不良行为或触犯法律的记录的调查情况、与原用人单位劳动纠纷的调查情况等。

曾经人社部的一位领导跟我说，他们很想力所能及地帮助中小企业成长，但许多政策却不好落地，问我该怎么帮。我就提议说，给所有踏入社会工作的人都建立一份档案，人在哪个公司任职档案就跟到哪，如此就能够帮助企业在人才的选拔和管理上解决很大的问题。这个建议其实就是保证组织评价的可追溯性。

（四）要形成机制，原则上公开透明

组织评价只有依托于机制建设，才能做到公开透明。如果没有形成组织评价机制，就容易陷入“领导定调”的情境。比如，评价的时候老板先定调，“我觉得这个人这段时间是不是有点问题！”大家于是心领神会，该打多少分每个人心里就有了杆秤。因此，组织评价要靠机制做保障，对评价标准、评价规则、测评团队的构成和权重都有明确的规定，从而做到评价公开透明。

个人评价和组织评价是两种完全不同的管理思维和管理模式，前者属于领导式、“人盯人”式的管理方式，后者属于组织管人的管理方式。企业要树立组织管人的理念，建立组织规则，开展组织评价。

提高组织效率

经营企业一定要关注组织效率，而不要仅仅关注个体效率。接下来，我们从PMC部、生产部、业务部和老板之间的关系来理解如何提高组织效率。

企业作为利益相关者的综合体，自然追求的是组织效率、集体利益，但很多时候大家只关注部门利益，而忽略公司整体利益。比如，业务部期望快速出货，满足客户需求；生产部期望批量生产，提高产能业绩；老板期望既要快速出货，又要控制风险和确保赢利。

每个利益相关者都有自己的诉求和期望值。就个体而言，他们的诉求都无可厚非，但从组织和整体角度来看，却有失妥当，因为没有关注组织效率。虽然个人需求满足了、个体效率提高了，但个体效率之和未必就等于组织效率。

一、业务部的期望

（1）有充足的库存，可以随时出货；

（2）客户是上帝，生产部门无条件配合；

（3）随时响应客户紧急插单和订单的变更。

业务部为什么会有这样的期望？因为业务部工作的驱动力来自业务量的压力和业绩提成，只有出货了才能结算提成。业务部门希望企业有充足的库存，最好一接单马上就可以出货。

很多家具厂，特别是有自营渠道和经销商渠道的工厂，大都以生产库存为主，高库存给企业经营带来了非常大的风险。如材料占用、场地空间占用、管理费用高、市场风险高等，一不小心好产品就变成了不良品、滞销品。这里还没算占用现金流的机会成本。

导致这种高库存式生产的“始作俑者”多为业务部门。业务部门经常抱怨生产部这个货做不出来，那个货又延误交期，说有的客户还为此取消了订单。老板一听，那就再租个1万平方米的厂房做库存，压个一两千万元的货也没多大关系。结果最后发现，根本就不是两千万元的事。通常库存量的高低、仓库的大小是由公司账上资金的多少决定的，只要公司账上还有资金，在这种管理思维模式下仓库就可以无限大。

客户是上帝，生产部门必须无条件配合。我有一次在成都参加一个工厂的产销协调会。会议现场有个业务经理非常强势，他把笔往桌子上一摔，对着生产部负责人就是一顿吼：“我不管！这批货明天‘死’都要‘死’出来！”我心想，一个业务经理在老板面前、在组织面前居然这般不识大体！后来该企业的老板跟我说：“他是公司业绩最好的业务员，业务能力确实比较强，生产部也确实经常延误交期。所以，他想通过这样的方式给生产部施压，我呢，也只能睁一只眼闭一只眼……”

很多工厂都存在这样的问题：订单总是不能准交，生产系统内部时常“打乱仗”，此时生产的指挥大棒时常掌握在个别业务员手中，业务员直接到车间指挥生产，谁在车间叫得最凶，谁的货就出得最快，我称之为“按闹生产”。

让生产部最头疼的事莫过于业务部的插单、急单。业务部一句话，“重要客户紧急插单”，“重要客户临时紧急变更订单”，生产部为此怨声载道，又要换模，又要换线，严重影响产能业绩。

二、生产部的期望

（1）最好批量化生产；

（2）尽早确定订单，生产和物料准备充分；

（3）尽可能保持生产稳定，不要插单和临时改单。

生产部的诉求是最好批量化生产，同样的产品一次生产十万个，不要今天给我排两千个的生产任务，明天给我排三千个的生产任务。最好一个月一次性做完所有产品，这样就不用换模和换线，省时、省事、省力。

生产部希望尽早确定生产订单和物料准备，这个需求还是比较中性的。朗欧团队进驻企业后，会根据订单评审情况，考核业务部门的出货及时率。如果生产部门加班加点把货赶出来了，业务部不能及时交付给客户，也要被扣绩效。

三、老板的期望

（1）提高产销业绩，降低成本；

（2）控制库存，降低经营风险；

（3）提高组织效率。

老板的第一个期望是提高产销业绩，这一点和销售部门、生产部门的利益是统一的。产就是生产部门的业绩，销就是业务部门的业绩。但在“控制库存、降低经营风险和提高组织效率”上三者的利益有时却是相悖的。业务部期望企业的库存无限大，最好即时出货；生产部期望批量生产，不管是不是客户急需的货，先做好做的、大批量的产品，得冲产量，冲业绩，最好不要有插单。经常不同部门去找老板解决问题，这个问题也许站在部门的角度看似很简单，但要兼顾所有部门的诉求就没那么容易，老板经常因此犹豫不决。

四、通过 PMC 部来统一生产部、业务部和高层的利益

每个个体、每个部门都有自己的诉求。管理者要做的就是将个体目标、个体利益与组织目标、组织利益相统一。

生产部、业务部、企业高层都有不同的诉求。如何化解各个利益相关

主体的矛盾？核心就在于建立工厂 PMC 系统。PMC 部门是企业的“心脏”，把控着企业生产及物料运作的总调度，是提升组织效率的关键部门。

从管理的角度看，企业要做到三权（决策权、执行权、监督权）分立。比如对于物资采购，PMC 部门决定购买什么生产物资、何时购买，行使的是决策权；采购部行使的是执行权；对于买回来的物料是否为生产所需，还得由仓库、财务等部门行使监督权。生产任务的决策权在 PMC 部门，不是由业务员随意指挥车间生产或者车间自主安排生产；执行权在生产部，生产部的任务是百分百地完成 PMC 部门制订的生产计划；生产完成后，还要考核业务部的出货及时率、生产部的计划达成率和 PMC 部的订单准交率。

企业关注组织效率有助于提高整体资源分配能力，有助于维持各个工序间的产能平衡，有助于提高部门间的工作协调性。企业在从关注个体效率转向关注组织效率的过程中可能会经历一小段时间的生产低效，这种低效是组织运转不畅和团队的认知不够造成的，但通常一两个月以后企业就会焕发新的活力。因为组织效率的保障是以限制个人的随意性为基础的，个人从随意到不随意需要一段时间的适应。只有团队的每一位成员都按照组织规则开展工作，按照组织标准进行操作，企业才能最终实现组织效率的提升，从而满足个体的利益诉求。

第四章
流程管事提升组织效率

企业完成组织框架的顶层设计以后，要让各个组织有效运行，需要设定具体的运作规则和进行流程建设，通过流程连接组织、明确规则。规范流程才能管好事，做好事情才能让组织职能得到有效发挥。

科层制背景下的流程变革

一、什么是科层制

科层制又称理性官僚制或官僚制，是由德国社会学家马克斯·韦伯提出的，其建立在组织社会学的基础之上，体现了德国式的社会科学与美国式的工业主义的结合。

科层制指的是一种权力依职能与职位进行分工和分层，以规则为管理主体的组织体系和管理方式。也就是说，它既是一种组织结构，又是一种管理方式。

企业的组织架构图是科层制的具象化体现。在韦伯看来，依照科层制原则设置的组织机构是合理的，因为它在保证组织成员行为的准确性、稳定性和可靠性方面明显优于其他的管理方式，有助于实现组织追求的高效率的目标。

韦伯认为，科层制比其他组织形式更具有“技术上的优越性”，所以一个组织越接近理想型的科层制，就越能有效地实现目标。虽然韦伯注意到了科层制可能诱发非人格化倾向，但是，他对科层制可能产生的更多的消极后果明显认识不足。

科层制背景下的组织结构是一种自上而下、由领导者“推动”的组织结构，“员工听领导的”，从而实现自上而下的管控。通用电气前 CEO 杰克·韦尔奇曾经说过，许多企业结构的设置是“面朝董事长、屁股对着顾客的结构”，也即组织管理中的“金字塔结构”。

二、金字塔式组织结构的局限性

1. 稳定的组织结构意味着稳定的信息传递和加工渠道

什么是信息传递和加工渠道？即信息要反馈到老板那里去，要一层一层地传递，在传递的过程中被不断加工，信息加工渠道是相对稳定的。所以很多老板发现越来越听不到真话了，发现下属所讲的东西都差不多，语境都一样。

2. 容易形成以规则为导向而不是以目标为导向的管理文化

长期稳定的管理结构会逐步扼杀团队成员的创造性。团队成员只会按照一系列客观标准和固有流程来处理问题，这种僵化将导致“管理仪式主义”。即不考虑是否还有更好的解决问题的办法、能不能完成目标，只是不惜一切代价地固守规则。特别是在遇到突发事件或亟须创造性贡献的时候，大家会优先考虑本单位程序的合规性而不是考虑如何达成目标。

3. 容易产生稳定的利益单元

当企业的组织结构一年、两年，甚至五年、十年都保持足够稳定，而且企业员工没有横向轮岗或没有上下升降的通道时，企业内一定会产生稳定的利益单元，从而诱发各种非正常欲望。

4. 处理问题的时效性不足

稳定的组织结构容易产生官僚主义。官僚主义在很大程度上就是过分地强调程序和权力，而忽略了问题处理的及时性。在瞬息万变的营商背景下，这容易令企业失去“先机”和“大势”。

三、从中西方文化差异看中国式管理

为什么一定时期内科层制在西方能更好地发挥管理作用？这其实跟中西方文化差异有关。我们有必要深层次了解中西方文化的差异，从而找到中国式管理的突破口。

1. 西方强调“先个人后集体”，而中国人强调“先集体后个人”

西方是通过个人利益的满足来达到组织的和谐。中国人则强调“先集体后个人”，从学校开始我们就在学习要以组织利益、集体利益为重，当个人利益与集体利益冲突的时候，个人利益必须服从集体利益。

2. 西方强调契约精神，而中国人更多强调关系

一般老板在和欧洲客户商谈的过程中，旁边的助理一边做翻译一边做记录，这个记录就是合作框架，沟通结束后双方签名，这个合同就生效了，这就是契约精神。

相比之下，很多中国人更喜欢讲关系、靠人情。但随着信用体系越来越完善，国人的契约精神也在逐年提高。

3. 西方强调定量，而中国人习惯定性

西方管理学，如彼得·德鲁克、泰勒的管理理念都是基于量化的、标准化的。六西格玛是由摩托罗拉工程师比尔·史密斯于1986年提出的，这种管理策略主要强调制定极高的目标、收集数据和分析结果，从而减少产品和服务的缺陷。企业要想达到六西格玛标准，出错率不能超过百万分之三点四，这就是定量管理。

中国人则喜欢定性，在管理过程中对员工的评价是“很好、差不多、过得去、马马虎虎、很差……”关键是，好到什么程度？差到什么程度？

我们不知道。这就是“定性”，是基于感觉来作判断的。

4. 西方强调制度，而中国式管理考虑人情

中国很多的“规则意识”“流程概念”都是从西方引进的，引进之后结合中国实际形成“中国式管理”。中国人对规则、制度的理解与西方人是不同的，中国人很多时候更讲究人情。

中西方思维方式和文化的差异，导致西方很多先进的管理方法在中国企业实际运用中达不到预期的效果。这里并没有贬低我们国人的意思，而是说中国人太聪明、太圆融了，但用在管理上，有的时候会“聪明反被聪明误”。

四、中国企业流程变革的方向：倡导东方文化，坚持西方标准

近年来，中国的一批先锋企业结合中国传统文化和西方科学管理理念，进行了中国本土管理学方面的创新，即倡导东方文化，坚持西方标准。

西方标准是指标准化、流程化管理，不讲人情。但中西方文化是有差异的，中国绝不能照搬照抄西方，还需要融合中国的传统文化，也就是说，必须在中国的文化背景下考虑管理模式。比如除了规则，中国式管理可能还需要权衡面子、权力、人情之间的关系。

科层制背景下的企业如何进行具体的流程变革呢？

1. 必须以流程建设为基础，调整以部门职能为基础的管理体系

随着企业逐步发展、规模逐步扩大，企业要建立相对应的流程，调整原来的以传统职能为导向的管理体系。科层制背景下，几乎所有企业都还在运用金字塔式的管理结构，强调的是各部门的职能和标准。我们无法快速打破现状，但可以通过流程建设弥补这种结构的不足。例如，我们的职能体系是自上而下的管理结构，但在流程建设上可以开展自下而上的服务。

2. 必须以目标为导向，摒弃以控制为导向的管理思维

传统管理都在讲自上而下的控制，但现在发现员工越来越不好管理，许多工作越来越不受控制。我们要逐步地强调以组织目标为导向，要建立以目标为导向的全员奋斗体系。

3. 必须以解决问题为导向，放弃以制定方案为导向的管理理念

管理者需要不断地去现场发现和解决问题，这里的现场不一定特指车间现场，而是指发生问题的现场。要放弃一有问题就开会，一开会就制定方案，然后在方案中一次次去探讨问题的工作习惯。要让会议价值最大化，许多时候用开会的时间就足以解决实际问题。这里不是完全否定会议的作用和功效，而是要从解决问题的时效性上去考虑召开会议的必要性。解决问题比讨论方案更重要，现场实证比方案完美更重要。

4. 必须以责任为核心，放弃以权力为核心的管理习惯

很多老板、管理者迷恋于手中的权力，却没有意识到权力只是帮助管理者更好地履行责任。我们要充分意识到权力的背后是责任，权力的本质是服务。

5. 必须以知情为导向，放弃以经验为导向的管理模式

很多管理问题产生的根源就在于对于员工做的事情，老板并不知情，只能求助于别人。经常有老板问我："张老师，你能不能帮我介绍一个在同行业做过高管、能力还可以的人……"很多老板花高价去请所谓的"高人"，最后却发现这种试错的成本太高了。

需要注意的是，这里的知情指的是系统知情，而不是个体知情。系统知情是以事实为依据，企业各个部门、各个环节形成公开透明、相互制约的关系。企业要打造知情系统。如，PMC 体系打造企业从订单接入到成品出货的知情系统；稽查体系打造企业各部门、各岗位关于流程制度、会议决议执行、落地情况的知情系统；绩效管理体系打造企业员工的行为与收

益、价值与分配情况的知情系统；等等。

倡导东方文化，坚持西方标准，就要时刻谨记被管理的对象是在中国传统文化影响下成长起来的，管理者要了解深层次的中国文化，了解员工的行为习惯、思维方式及价值取向，只有在这个基础之上，才能更好地运用“西方标准”。

流程建设现状分析

朗欧团队进驻企业后重点开展流程的调研，在此过程中发现了企业在流程建设过程中存在的许多共性问题。

一、企业流程建设现状

1. 流程建设陷入两个极端

一是流程复杂，流程文件太多。有的企业的流程建设非常完善，有公司级、部门级和岗位级的一大堆标准化的流程文件。尤其是强调制度管人的企业特别强调流程的完美性，但实际上流程的适用性和落地更为重要。一些上市公司跟朗欧合作后，他们的一个核心需求就是希望朗欧帮助他们系统梳理企业的流程文件，精简出一套实用可操作的流程。因为从企业创立到壮大，企业内有些文件已经不适用了，有些文件过于冗余，浪费了大量的管理资源。

二是流程简单，规章制度很少。与上述情形相反的是，一些企业的流程制度非常少，特别是强调领导式管人的企业，已习惯于依靠领导的威严、经验去做管理。随着企业规模的壮大，管理者慢慢察觉到需要用流程制度来支撑企业向前发展，于是流程建设也是东拼西凑，没有形成系统。

2. 形成了许多“孤岛式”流程

有这样一则故事，在俄罗斯的一条道路旁，两个人在忙活：一个拿铲子每隔三公尺就挖一个坑，跟在他后面的另一个人又把前一个人刚挖好的坑回填起来。如此反复地持续着，两个人忙活得满头是汗。有个路人很奇怪地问挖坑人：“为什么你刚挖好坑，后面的仁兄就又把它回填起来呢？这样岂不是白白耗费力气了？”那个挖坑人抹了一把头上的汗水，说：“我们在种树。我负责挖坑，第二个人负责放树，第三个人负责填土，不巧的是负责放树的人今天请假了。但我们俩没有违反规则，有自己的做事原则，还是各司其职，很好地完成了自己的本职工作。”

这则故事听起来确实比较讽刺、比较极端，但却真实地反映了企业中实际存在的一些类似的问题，企业存在许多“60 分先生”。

很多企业制定了流程，但往往在执行的过程中形成了一个一个的“孤岛”。比如采购部、生产部、PMC 部、技术部、品质部、仓库之间的流程相互不集成、不共享。各部门从流程设计上没有充分考虑组织效率，没有考虑本部门能够给别的部门创造什么价值。表面上看起来各部门都在按流程办事，但真到出现问题的时候，好像谁都没有责任。大家都在按流程办事，都在做自己职能范围内的事，却不能真正解决问题和为企业创造价值。

3. 主流程设计是断裂的，没有进行全价值链的思考

全价值链设计强调整体思维。很多企业在做产品研发的时候就盯着怎么把这个产品开发出来，很多企业把实现产品量产或者把产品交付给客户作为研发流程的末端。

但从全价值链的角度看，产品研发的前端可以延伸到市场、客户需求；研发流程真正的结束应该以产品生命周期的完结为节点，即消费者用完和丢弃产品。

可口可乐公司建立了废弃塑料瓶回收工厂，苹果公司建立了废弃手机电子元器件回收工厂，即是从全价值链角度考量流程设计。其实建这些工厂根本不能直接创造价值，但为什么还要建立呢？因为到产品生命周期完结的时候，企业能够了解消费者从最开始购买产品到使用产品，再到最后处理产品整个过程活动，了解哪一个环节会出问题，这有助于企业进行流程改善和组织建设，有助于企业进行全价值链的思考从而找到价值点。如今家具、食品、医药、保健品等行业都开始着手全价值链布局。

随着商业模式的不断演进，各行各业的价值增长点也许会随着外界因素的变化而不断地推移。比如，也许企业做化工本身不挣钱，或者利润没那么高，但是与化工相关的行业如矿山原料的开采可能很赚钱。这就是价值链的打造，企业在做主流程设计时一定要整体考量。

4. 组织效率考虑不足

企业在做流程设计时，不能只考虑某一个部门的效率和风险，应当站在组织的角度，进行全局的设计。例如，很多企业的客户投诉流程冗长，我经常开玩笑说，很多企业的客户投诉流程实为“客户投诉不成功流程”。因为流程节点很多，客户一看，心想：算了，我不投诉了，太麻烦了。表面上看流程完善，甚至还节约了成本，企业没有因为客户的投诉而受到损失，但问题是企业流失了一个客户，丧失了原本可以持续为企业创造价值的资源。

5. “部门墙”“部门堡垒”严重，部门间相互推卸责任

孤岛式流程越来越多，各部门相互之间不连接，各个部门表面看起来各司其职，实则各自为政，没有问题相安无事，一有问题则相互推卸责任、扯皮。朗欧团队在很多企业调研时发现管理人员相互抱怨对方影响了自己的工作。到底存在哪些问题？又都是谁的问题？几乎无法分清。

我就给朗欧老师支了一招，你要去了解生产部的问题，就去问 PMC 部、品质部、技术部，他们会把生产部的问题真实地暴露出来；你要想调研 PMC 部，就得去问生产部，生产部在描述 PMC 部的问题时也是“咬牙切齿”。

很多企业的管理者都试图通过去找别人的问题、找别人的原因，来让自己犯了错而不想担责的心理得到一个平衡。

6. 执行过程中缺乏较真精神，“人情、面子”文化盛行

人都是要面子的，面子其实可以正面理解为自尊心，人们都希望得到别人的肯定，从而找到自己存在的价值。从这个角度看，“面子、人情”有精华部分，但如果你把“人情、面子”文化应用到企业经营管理中，把它作为不较真的理由，那就是糟粕。在“面子、人情”文化下，人人都不愿对事情较真了，认为反正也不是个人的损失，发现问题抱着“事不关己，高高挂起”的心态，互不追究责任，仅仅是为了保留相互之间的“面子”，维持同事之间的和谐。这对一个以营利为目的的组织而言是致命的。

企业里 99% 的人所谓的给面子、讲人情，都是在拿公司的利益为自己的“面子和人情”买单。譬如，不追究给公司造成的损失、包庇下属犯错等。我们应当意识到：把管理作为对员工严肃的爱，帮助下属快速成长，提高组织效率，提升团队业绩，这才是真正的“人情”；在工作中帮助同事、下属解决困难，才是真正的“人情”。

二、企业流程建设问题分析

我们先问下自己，手机上有多少个关于工作的微信群，以及这些群又是如何建起来的。我在朗欧 2019 年度大课的现场做了调研，当时有 700 多名学员在场，其中有 200 多家制造型企业中高层代表。我惊奇地发现大部

分企业的微信群超过了10个，职位越高，加入的群越多。企业的微信群越来越多，谁有问题在群里艾特一下，出了问题追责的时候，看记录我艾特你了很多次，这是你的问题。建立微信群本来是为了提高工作效率，但久而久之，微信却变成了相互推卸责任的工具。

朗欧团队近几年在部分企业推行了《企业信息工具管理制度》，注重对微信群、钉钉群等的管理。以下从四个方面进行深度思考。

1. 从流程文件制定的过程看出发点

我再请大家脑补一个场景，这是在很多企业每天真实发生的案例。有一天A部门发现了问题，A部门负责人想找B部门沟通协商处理，结果B部门负责人不太配合，于是A部门负责人找到了老板，但老板又很忙，打算不了了之。A部门负责人非常气愤，心想公司不是强调制度管理、规范化管理，进行流程建设吗？于是打开电脑写出一份洋洋洒洒的流程文件，然后请领导签名，领导一签字，犹如“尚方宝剑”在手，真出了问题要追究责任，就把这个文件拿出来一亮，“他不配合我，没按流程制度要求做，是他的责任。”你看，义正词严，声音洪亮，显得正气十足。企业好多流程文件就是这样制定出来的。

很多部门的流程文件规定的是其他部门如何配合本部门的工作，但这个世界上最难的事就是把你的思想变成别人的行动，让别人按照你的意愿办事。每个部门都按照这个出发点来制定流程，最终会陷入“互害”和“互推”模式。如果制定流程文件的出发点都出现了问题，毫无疑问结果肯定也会有问题。

2. 从流程文件的执行过程看责任归属

“领导交代了，我传达了，他没做。”企业的微信群就这么一个个建立起来了，如果群里说话不被重视，就把老板拉进来，以增加威慑力。我开玩笑说，这是孙子兵法在企业管理中的运用。企业管理都搞出计策来了，一计接着一计，你说企业的内耗多严重，有问题大家都推脱说“你交代了，我传达了，他没执行”。

如果企业的管理层很稳定，但员工流失率仍然很大，那很可能是责任归属出了问题。因为在这个“你我他”的关系中，员工已经没有地方可以辩解，真正的责任人没有担起责任，究责体系不清晰。

3. 人盯人式的管理惯性

一有问题就建群，一有问题就建流程，这还是停留在人盯人的管理模式。我们应当从组织效率提升的角度去建流程，从服务别人的角度去定制度。否则，制定的流程和制度都是带有个人企图心的流程和制度，只不过由传统的“人盯人模式”变成了“人带着个工具盯人模式”。

4. “金字塔”式结构下的权力传递过程易导致责任不清

我们从部门的角度来分析这个问题。某企业的仓库归 PMC 部管辖，当仓库的发料员跟生产部的领料员在领发料问题上发生不可调和的矛盾时会发生什么情况呢？车间的领料员会将问题反馈至车间主管，车间主管反馈至生产经理，生产经理找到 PMC 部的经理，PMC 部的经理找到物控部的主管，物控部的主管找到仓储部负责人，仓储部负责人具体和发料员了解情况和下达指令，问题才得以解决。具体路径如图 4－1 所示。

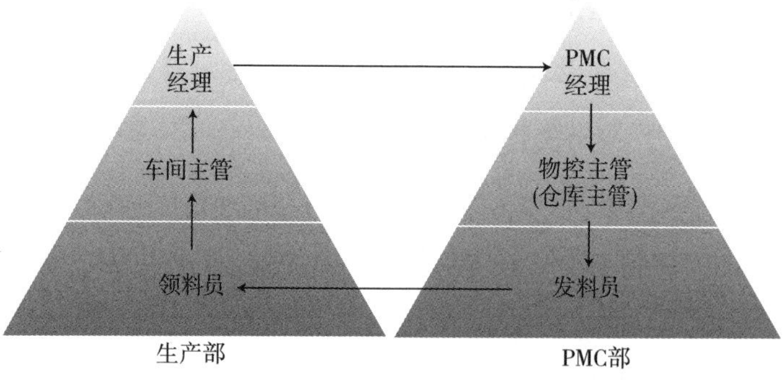

图 4－1　“金字塔”模式下的权力传输路径

在“金字塔”式结构下，权力传递的过程也是责任传递的过程，但在层层传递过程中，责任主体逐渐被弱化，职责不清的问题就产生了。出了问题追究责任又会掉入“你交代了，我传达了，他没执行”的怪圈当中，增加了企业的管理成本。

流程管事的六项基本原则

建立了组织以后，企业需要聚焦组织战略，将组织战略细化为业务流程，通过流程的细化和落地保证战略的达成。战略落地的过程就是管理变革的过程。

业务流程是企业一系列价值创造活动的组合。业务流程包括三个要素：资源输入、活动组合和价值输出。

很多企业做流程建设的目的是控制。如果为了控制而做流程宁可不做，因为根本控制不住，往往上有政策，下有对策。流程建设的目的应该是把输入的资源通过活动组合实现价值输出，即流程设计。

一、流程建设的八个作用

（1）通过流程建设使组织战略目标落地。

（2）最大化价值链的作用。

（3）实现资源最优配置。

（4）为客户创造价值（这个客户可以是企业的订单客户，也可以是下一个工序车间和上下游供应链）。

（5）明确组织目标和责任、权力、利益。

（6）提高组织效率，优化组织管理。

（7）将客户需求的压力依流程传递至各部门、各岗位并实施绩效考核。

（8）打破“部门墙”和“部门堡垒”。

二、流程管事思想三原则

流程管事思想三原则即人事分离原则、就事理人原则和习性再造原则，如图4－2所示。

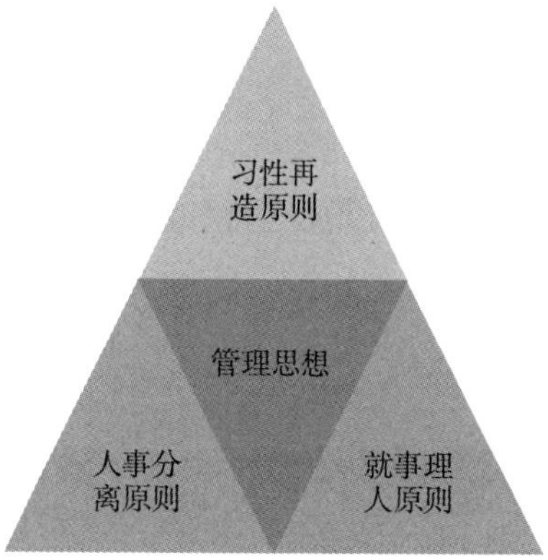

图4－2　流程管事思想三原则

1. 人事分离原则

我们对管理最通俗的理解就是管人理事，但是这么多年下来我们发现企业的人并不好管，事情也没有理好。善于管人的管理者往往管不好事，善于管事的管理者又往往管不住人。

问题出在哪里呢？问题就出在我们习惯把人和事混为一谈，所以，这里提出“人事分离”的原则。你可能马上就质疑了，“事情需要人去完成，人和事怎么能分离呢？”这里的“分离”并不是说把人和事完全隔离开来，而是强调对于人和事的管理方式是不同的，我们既不能把管人的那套方法用到管事上，也不能把管事的那套方法照搬在管人上。

对于管人，常常依靠领导个人魅力和组织关系去管理团队，甚至要求管理者处处圆融才能团结大家，往往出现“你好我好大家好”的局面，帮派林立，是偏向于感性的管理；对于管事，更多的是讲原则，靠制度、规矩去规范事情，是偏向于理性的管理。

管人和管事能不能两全其美呢？具体怎么做到“人事分离”呢？——“组织管人，流程管事”。真正能够管人的就是组织，在企业里要让每一位员工树立对组织的恭敬心和敬畏感。

2. 就事理人原则

当人事分离以后，管理者就要通过事实理性评价每一位员工。不要因为这个人见着你笑了一下你就觉得这个人不错，那个人见着你没有打招呼你就觉得那个人不行。

就事理人，即要看员工把事情做得怎么样。生产效率高、产品品质不良率低的员工就是优秀的员工；质量总出问题、效率又低的员工就不是优秀的员工。以事实为基础，通过组织理人心，形成以事为本的企业管理文化。

3. 习性再造原则

许多管理问题表面上看是流程问题、标准化问题，本质上其实是员工工作习惯的问题。所以我们反反复复地检查流程制度和会议决议，根本目的是要改变员工不良的作业习惯。

中国传统制造业的员工的职业化水平普遍不高。很多人都是从农村出来的，没有经过系统培训，大都“自学成才”。在这个历程中很多员工确实养成了一些不好的习惯。我们需要通过组织管理的方式改造人，在运用流程管事的时候一定要成立稽查部，设专职稽查员。

三、流程管事动作三原则

流程管事动作三原则即执行量化原则、六要素原则和反复检查原则，如图 4 -3 所示。

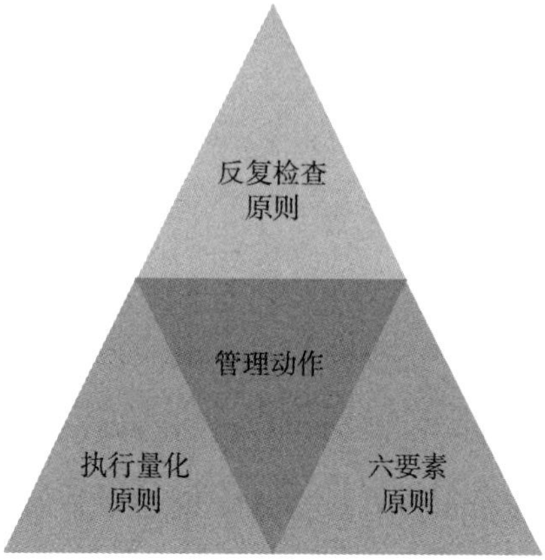

图 4 –3　流程管事动作三原则

1. 执行量化原则

我们要将流程的执行情况量化成执行率，而不要简单定性为好还是差。10 个动作完成了 8 个，执行率就是 80%；完成了 9 个，执行率就是 90%；完成了 2 个，执行率就是 20%。

概念性的评价无法使责任落到实处，也无法科学、合理地分配利益。到年底了，老板想发奖金，这个员工还可以，那个员工过得去、一般般，这奖金就没法分了。有时候我非常佩服一些企业老板的管人艺术，他们基本上能够平衡好员工间的利益关系。比如，一些企业有一项成本支出叫“暗补费用”，或者叫“暗补工资”，哪个员工工资低了，老板把他叫到办公室，给一个信封，里面装着现金。出现类似这些现象其实就是因为没有将员工的行为和绩效结果进行量化。

2. 六要素原则

大三要素：标准、制约、责任。

标准：怎么做？制约：谁去检查？责任：如何担责？

朗欧为企业设计的流程卡都必须具备三要素，缺一不可，尤其是责任。东莞一个企业老板开车接我去讲课。在路上，我眼看着前方就是红灯，但他却丝毫没有减速的意思，我赶紧提醒那个老板："黄总，前面有摄像头……"他跟我说："这条路我熟悉，这个摄像头的线都剪掉了，我天天走这条路，没事的……"你看，没有责任的追究，制度本身就失去了约束力。标准、制约、责任，环环相扣，缺一不可。

小三要素：谁（责任主体）、什么时间（工作时效）、做什么动作（具体动作）。

小三要素是针对大三要素中的标准而言的，企业在制定标准的时候要明确"谁""什么时间"和"做什么动作"。

流程卡或流程文件只有具备以上六要素，才能方便检查，才能保证将责任落到实处。

3. 反复检查原则

稽查强调反复查、查反复。第一个"查"，查的是事情；第二个"查"，查的是习惯。

改变一个动作绝对不可能一次就到位，"21 天法则"是指人们通过 21 天的正确重复练习，就能够养成一个好习惯。虽然我没有亲身验证过"21 天法则"，但对其中的逻辑和道理是深信不疑的。针对一个标准化动作，可能要查几百上千次，直至员工养成良好的习惯。

为什么企业跟朗欧合作的时间最少要一年？以前我们还签半年的合同，后面就不怎么签了，因为半年内员工的很多习惯还没改过来，员工还没有形成职业化的素养，此时老师们就离开企业，企业怎么可能有大的改变呢？朗欧签约的合同合作期平均都在三年以上。在保证正确运用管理工具的前提下，时间是改变习惯最好的武器。

通过稽查管理改变员工习性、塑造员工职业化素养，是组织管人的核心方法之一，也是朗欧咨询团队在每个驻厂咨询项目中要实施的内容。笔者在 2017 年出版的《管理是蓝海》一书中详细地讲解了稽查管理，在此不再赘述。

流程建设的“四五六”要诀

管理流程连接了组织活动，是一系列结构化的、可测量的业务活动的集合，流程建设的目的是保证企业能够更加高效地开展组织活动。企业在流程建设的过程中有一些可借鉴的方法。

一、流程建设的四个“反”

1. 流程建设是反领导的

朗欧特别强调“流程大过总经理，制度大过董事会”，就是要树立管理规则高于一切的管理理念，尤其是指对领导的约束。

现实中我发现很多企业的流程批准者和推动者，恰恰会成为流程的违反者。以会议管理制度为例，其中一条就是不允许迟到和早退，但不难发现有些老板总是喜欢迟到、早退。朗欧老师进驻企业后，首先抓的就是规范会议管理，从小事抓起，从细微之处抓起。如果有人违反了规定，稽查员就会依据相关的管理规定对其开具乐捐单处罚，上至老板、总经理，下至一线员工，无一例外。

流程建设首先是反制领导的，反的是领导的习性和经验。一切管理流程的制定要以组织活动是否高效为标准，以流程设计能否以客户为中心、帮助客户解决问题为宗旨。这个客户不仅仅是市场上买单的客户，在企业内部，横向部门就是你的客户，下工序就是上工序的客户，职能部门是作业部门的客户，作业部门也是职能部门的客户。

2. 流程建设是反职能的

职能是指部门的职责。很多企业的流程文件是按照组织结构图设计的，规定这个部门该干什么、那个部门该干什么。这与其说是一份流程文件，倒不如说是一份部门职能职责说明书。ISO 体系在中国企业难以落地，根源就在于流程设计仅停留在职能的设计上，没有落实到岗位的连接和协同上。一份有效的流程文件，连接的是岗位而不是部门。

举个例子，人力资源管理真的只是人力资源部门的事吗？其实不然！人力资源是每一个部门负责人都必须关注的事情。当人力资源部门把人才引进来并向他们宣贯完企业文化和规章制度以后，其实与新进人才接触时间最多的是他们的直接领导。团队管理者应该是所在团队的人力资源部总监，跟下属待的时间越长，越有可能更好地传递企业文化，跟下属讲解规章制度，使下属熟悉业务流程。企业在制定人力资源管理流程时，一定要考虑每个员工岗位与直接领导岗位的流程连接问题，否则所制定的流程就只是一个职能性的流程、“孤岛式流程”。

3. 流程建设是反规范的

反规范其实就是要求我们要基于组织信任简化管理，让组织管理动作落地活用，而不是为了规范而规范、为了标准化而标准化，制定出一系列不合时宜的流程文件。流程设计必须以企业组织建设中的主要矛盾和主要问题为依据，以解决问题为目的，而不是以规范为目的。

4. 流程建设是反习惯的

反习惯是指通过对个体随意性行为的约束来保证绝大部分人的行为统一，从而提高企业的组织效率。当一个组织发展到一定规模以后，必须考虑通过流程来约束个人的工作习惯，形成统一的工作文化。当然一般约束的是底线行为，而不是死板地扼杀创造性的规定。

二、流程建设的五个关键点

1. 流程建设必须坚持以奋斗者为本

企业作为一个组织保证的是优秀员工的利益，保证的是最广大群体的利益，任何一个组织都不可能保证所有人的利益。很多企业大谈以人为本，这当然没有错，但记住是以奋斗的员工为本，而不是以所有员工为本。

2. 流程建设必须整体设计、局部入手

任正非曾说，流程管理就像“盲人摸象”。有人摸象鼻子，有人摸象眼睛，有人摸象身躯，有人摸象大腿，有人摸象牙，而公司会将所有摸象人的工作结果进行整合，最终就完整地描述出一头大象。流程建设必须从整体设计，从局部入手。

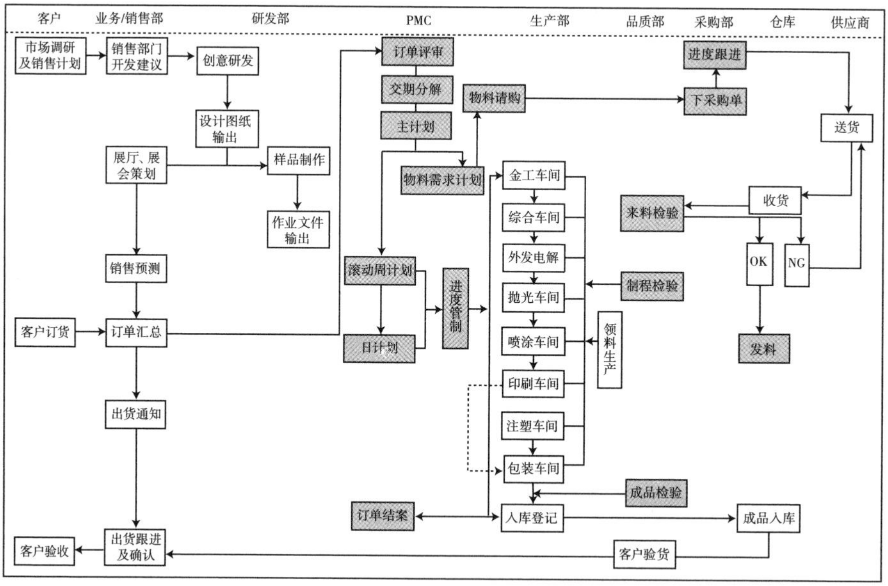

图4－4 工厂内部整体作业流程

图4－4为一家工厂的内部整体作业流程，该企业主要生产五金保温杯。整体设计，就是说从这张图可以看到整个工厂如何运作、内部流程如

何设计、有哪些关键的环节。企业进行流程建设如果不从全局出发，盲目建流程、做标准，对组织效率的提升毫无帮助。比如，PMC 的业务流程就包括了订单评审、交期分解、主计划、物料需求计划、订单结案等细分的业务流程，必须从全局的角度进行设计，不能只关注其中某个环节。

局部入手，是指从全局角度设计好流程后，针对细分的业务流程要做好局部连接，避免形成“孤岛式”的流程文件。做好局部连接的标准是业务流程之间要形成闭环。

3. 流程连接的是岗位而不是部门

流程是一切有效活动的连接，真正的流程设计连接的其实是有效的活动，连接的是岗位而不是部门。不是这个部门怎么做、那个部门怎么做，而是每个岗位应该怎么做。

比如，采购部负责购买物料，负责什么时候买、买多少以及保证购买的物料要合格。如果企业流程连接的是部门而不是岗位，那么很可能只有采购部门的人知道企业物料情况，以部门为中心，往往造成部门之间的流程相互不集成、不共享；如果企业流程连接的是岗位，如采购部的采购员买多少物料是根据 PMC 部门物控员制订的物料需求计划而定的，对于购买的物料是否合格，仓储部、财务部等相关岗位人员要进行监督，这样就能避免产生“孤岛”式的流程。

流程建设包括三个要素：资源输入、活动组合和价值输出。资源输入必然涉及多个部门，如 PMC 部、采购部、品质部等。如何将这些部门的业务活动进行组合？需要通过计划员、物控员、采购员、领料员等“员字辈”的岗位，把物料链的流程串起来。流程连接的是岗位不是部门，规定的是动作而不是职能，这是我们在做流程设计时要注意的。

4. 流程规范的目的是服务而不是管控

PMC 部门制订的日计划流程由 PMC 部门主导，规定的是 PMC 部门的计划员、物控员等应该为生产部门、业务部门、财务部门提供什么服务。只有处处体现为他人服务的流程，才易于被长期执行。

许多企业制定、优化流程的出发点就是怎么通过流程的规范将某个问题管控住。从现在开始请记住，流程建立、优化的目的是服务而不是管控，是利他而不是利己。从财务控制的角度看，很多企业的请款流程会设计许多审批的关卡，旨在控制企业资金风险。但从服务的角度来讲，应当简化和优化流程，从而保证真正需要资金的部门及时得到资金支持（如研发费用、营销广告费用等），否则就会扼杀团队的创新意愿或失去一些商业机会。

5. 流程规范必须以责任为中心而不是以权力为中心

很多企业在制定流程制度的时候以权力为中心，某个部门或者某个人不按我的要求做，就出个流程文件去约束他们，以此彰显自身的权力。

权力的本质是服务而不是控制。企业制定流程文件的出发点一定要以责任为中心，明确相应责任。比如，PMC 部门在制定业务流程时要明确本部门如何做好人员、机器、物料、工艺等产前的排查工作，为生产部门有效执行生产计划做好充分的产前准备，而不是强硬地要求生产部执行本部门确定的生产任务。流程规定设计的背后是确定责任主体、明确分工协作的操作动作。

三、流程建设的六个要素

前文讲到“六要素原则”，下面以某家企业的《日备料管理作业流程卡》为例（见表 4－1），帮助大家更深入地理解。

表 4－1　某企业的日备料管理作业流程卡

<table>
<tr><td colspan="2" rowspan="5">××××股份有限公司

日备料管理作业流程卡</td><td>文件编号</td><td>JJ－PMC－10</td></tr>
<tr><td>文件版本</td><td>A/0</td></tr>
<tr><td>出文部门</td><td>PMC</td></tr>
<tr><td>生效日期</td><td>2019/4/1</td></tr>
<tr><td>页　　次</td><td>1 页/共 1 页</td></tr>
<tr><td>主导人</td><td colspan="3">PMC 部门：××/××</td></tr>
<tr><td colspan="4">目的：减少车间因欠料产生的怠工时间，提高生产效率</td></tr>
<tr><td colspan="4">适用范围：PMC 日计划下达、仓库备料、生产半成品备料</td></tr>
<tr><td>流程节点</td><td>标准</td><td>制约</td><td>责任</td></tr>
<tr><td rowspan="4">滚动计划排查
↓
日冷冻计划排查
↓
异常物料处理
↓
物料交接</td><td>1. PMC 部计划员根据主计划表制定动力组装及总装工序《滚动 3 天计划表》，每天 14：00 前发送至 PMC 工作群内
2. PMC 部物控员根据《滚动 3 天计划表》做安全库存之外的物料账面排查。排查结果于当日 16：00 前发送至物料对单群并艾特主计划员、计划员、采购及仓库，主计划员根据物料到货时间及评审交期，判断调整计划还是做加急物料处理</td><td rowspan="4">PMC 主管监督计划员及物控员是否按照要求执行；稽查监督全过程；仓库主管监督仓管员是否按照要求执行；稽查监督全过程</td><td rowspan="4">未按规定标准执行的乐捐（2 元/项）</td></tr>
<tr><td>3. 计划员根据《日计划管理动作流程卡》
（1）每日 14：30 前下达动力组装工序《冷冻日计划表》，仓库开始备料；仓库 16：30 前完成领料单制作及备料工作；车间次日 8：00 前到仓库领料；动力组装班长下班前（含加班）将次日作业底盘全部放置到指定地点
（2）每日 16：00 前下达总装工序《冷冻日计划表》，仓库开始备料，车间领料员 17：30 前到仓库开具领料单，仓库于下班之前完成备料工作；总装班长次日 9：00 前将作业车辆放置到指定地点</td></tr>
<tr><td>4. 异常物料信息仓管员 5 分钟内通知仓库主管，仓库主管 10 分钟内沟通物控员，物控员沟通采购到货时间 20 分钟内通知到主计划员及计划员，主计划员根据物料到货时间判断日计划及主计划是否需要调整，并在主计划表做备注</td></tr>
<tr><td>5. 仓管员与车间领料员根据领料单，当面核对物料种类和数量，无误后签字</td></tr>
<tr><td colspan="4">使用表单：《生产领料单》《日冷冻计划表》《滚动 3 天计划表》</td></tr>
</table>

会签：　　　　　　　　　　　　批准：

首先，流程卡中明确了具体的"标准、制约和责任"。从"标准"一栏中我们可以看到责任主体都是具体的岗位而不是部门，比如，PMC 部计划员、物控员。

其次，流程卡具备时效性，也就是有具体的时间节点。如“计划员根据《日计划管理动作流程卡》，每日 14：30 前下达动力组装工序《冷冻日计划表》”。

我们要懂得从这个流程卡范例中理解并运用流程建设的“六要素”，这些看似简单的方法背后是朗欧咨询通过对两百多家企业的深度辅导，经过无数的问题和试错总结出来的，千万不要认为它太简单而低估了其价值。就像数学公式，每一个公式记起来很简单，五分钟可能就把它记住了，但你如果要想知道这个公式背后的推演过程，那需要大量的案例和实践。

企业在制作流程文件时不要追求辞藻的华丽和内容的完美，完美本身就是一个谬论。没有完美，只有更好。我们要在实用的基础上追求更好。什么是实用？就是能解决问题，能够创造价值，能够帮助别人，成就他人就是实用。

流程建设的七个步骤

一、流程分析

1. 从问题和效率出发

从问题和效率出发，制定流程文件力求简明、扼要、有用，绝不能为了形式而制定流程，形式主义的流程管理存在巨大的运营风险。很多企业的客户投诉流程冗长，涉及七八个部门，看似很规矩、完美，实则掩盖了责任，没有做到以客户和市场为中心。这样的流程对组织效益的提高是无益的。也不能为了“好看”而制定流程。很多企业为了验厂需要，导入ISO管理体系，ISO文件中根据组织架构图规范了每个岗位的工作流程，非常详尽，但是并不符合企业实际情况，难以落地。

流程建设要思考两个问题：一是解决什么问题；二是能否提升组织效率。

2. 全价值链思考

价值链的概念最早是由美国学者迈克尔·波特在1985年提出来的，其主要思想就是将企业的生产、营销、财务、人力资源等环节有机地整合起来，做好计划、协调、监督和控制等各个环节的工作，形成相互关联的整体，真正按照价值链的特征制定实施企业的业务流程。

流程建设要进行全价值链思考，目的是实现企业价值最大化。通过业务重组和流程再造，整合企业各项优势价值活动，从更大的范围发现问题、改进不足，不断提升企业价值。

企业在流程建设中面临的一个问题是：我们几乎难以判断价值成果本身及形成这个价值成果的全价值链上各流程要素的贡献度，有的时候甚至会作出误判。流程建设本身也是要成本的，很多企业管理成本居高不下，很大的原因就是设置了无效的组织流程。

3. 细化、优化、简化

企业流程建设大都经历四个阶段：从无到有、从有到乱、从乱到繁、从繁到简。流程要不断细化、优化和简化。

首先，刚开始施行管理变革的企业，会新增很多流程文件，这是从无到有、做加法的过程；其次，流程全面执行以后，需要综合分析哪些流程可以优化；最后，通过全价值链的分析，取消那些冗余的、不创造价值的流程。

二、确定流程主导人

1. 每个流程都要有明确的主导部门和主导人

前面一再强调流程连接的是岗位而不是部门，这里的主导部门和主导人就是流程的责任主体。明确主导部门和主导人的重要意义就在于明确责任主体。当需要修订流程文件的时候，可以快速地找到相关责任人。

2. 主导人必须是流程规定的行动主体或利益相关主体

如何确定流程文件的主导人？

（1）开展工作的行动主体。比如前文列举的《日备料管理作业流程卡》，日备料属于 PMC 部门的工作范畴，而且是计划员、物控员的主要工作内容，PMC 部的计划员和物控员是该流程的行动主体。

（2）利益相关体。如业务部考核 PMC 部的订单准交率，业务部和 PMC 部就是利益相关体，如果 PMC 部的计划不能按期准交，影响的就是业务部门的利益，此时业务部门可以作为主导部门制定订单准交相关流程，对 PMC 部进行制约。

3. 主导部门、主导人为推动和落实流程的责任主体

当流程没有得到有效执行而产生问题时，主导部门或主导人就是流程的责任主体，哪怕也涉及其他部门人员的相关责任，主导部门、主导人也要承担监督不力的责任。

三、流程制定前的调研

有的管理者在制定流程时喜欢“闭门造车”，在办公室苦思冥想；有的管理者则习惯“百度”。如此制定的流程并不能解决实际问题，反而增加了企业的管理成本。制定流程前一定要进行详细的调研。

1. 要深入现场，找到问题点

流程是针对问题而设计的，管理者要到现场调研，主动发现流程的失控点。比如对于品控流程，你不到车间现场就没法发现品质问题出在“人、机、料、法、环”的哪个环节，品控就无从下手，抑或制定出来的品控流程因未抓到核心问题点而无法解决问题。

只有深入现场，找到失控点，通过流程协调好利益相关方，才能发现、分析、解决和预防问题。

2. 要有明确、具体的改善方向

在制定流程时一定要明确具体的改善方向，不能掉入“大而全、泛而不专”的流程设计陷阱中，不能为了规范而规范、为了标准化而做标准。

3. 明确初步的改善动作

正如稻盛和夫所言：“答案在现场，现场有神灵。”到问题发生的现场去调研，只有这样才能够了解问题、分析问题，明确初步的改善动作，从而解决问题。

四、流程的研讨确认

流程文件执行得好坏与否，80% 在于制定阶段，20% 在于执行阶段。很多管理者制定流程文件只花了 20% 的精力，很草率地就把某个文件做出来，却花费 80% 的精力去抓执行，殊不知前面的这些基础动作没有做到位，流程的执行会大打折扣。在这些基础性动作中，流程的研讨确认是很容易被忽略的一个环节。

1. 充分讨论，在研讨阶段合理性大于权威性

确定了主导人，主导人又对相对应的失控点和问题进行了分析和总结，这个时候再把流程相关方的责任主体召集起来开展研讨。

千万不要认为研讨流程是浪费时间。有些人认为已经找到了失控点，

也知道流程怎么做了，没有必要再组织相关责任人进行讨论。其实这反映了不同的管理指导思想，即是 坚持“个人决策、集体负责”还是“集体决策、个人负责”。前文介绍领导管人的时候讲到，参与会议的相关人员的发言次序是有讲究的。领导不要先定调，领导先定调就会导致“个体决策、集体负责”。规范的组织需要做到“集体决策、个人负责”，研讨流程的过程就是通过集体决策来明确个体责任的过程。在研讨流程文件的过程中，管理者要树立一个理念：研讨阶段合理性大于权威性。要充分激发执行者和协作者的参与热情，每个责任主体都必须发表意见并提出建议。否则流程研讨就容易搞成“一言堂”，最后老板一锤定音，却执行不力。

2. 让执行者和协作者参与流程研讨，培养其对流程的认同感，规范操作动作

“组织才能管好人”，让执行者、协作者参与流程的研讨与确认，其实就是组织管理的方式。组织对人是尊重的，领导对人是管理的。在流程研讨阶段，召集相关责任主体参与，每个主体都可以在研讨会议上发表意见，研讨的过程即是推行流程文件的过程，是培养执行者、协作者对流程认同度的过程，也是对责任主体培训的过程。在流程研讨过程中，每个责任主体几乎都明晰了自己扮演的角色和承担的责任。

3. 流程动作必须具有针对性

在推行一个管理动作之前一定要思考清楚如下六个问题：

（1）为什么做？

（2）怎么做？

（3）计划做成什么样？

（4）能够起到什么作用？

（5）有没有横向的相关性？

（6）结果能够系统呈现吗？

认真思考这六个问题之后，设计具体的管理动作还要遵循“六要素原则”，即标准、制约、责任、责任主体、工作时效、具体动作。流程文件要有针对性和目的性，避免假、大、空。

五、流程文件的确认及会签

流程文件制定出来以后，一定得发送给相关责任主体，并请他们签字确认，这是流程落地的关键。

流程文件的会签主要有两个作用：第一，让员工充分知情；第二，明确相关责任。

当流程文件研讨完成以后，要以一个非常正式的方式跟相关责任主体一一确认研讨内容，如有异议，需在现场进一步地研讨，最终请相关责任主体就最终确认的流程文件进行会签。流程文件会签的过程就是让相关责任主体做到充分知情的过程，也是明确责任的过程。

六、流程的改善执行

流程文件会签后，就到了执行阶段。在这个阶段需要注意以下几点。

1. 频繁检查，在执行阶段权威性大于合理性

在流程文件的研讨阶段，合理性大于权威性，目的是让大家充分发言，集思广益；但在执行阶段，则要强调权威性大于合理性。

一定要树立规则高于一切的管理思想。我们在驻厂项目现场，都会挂一个横幅——“流程大过总经理，制度大过董事会”。规则是保障一个组织正常运行的基石。随意践踏规则，长此以往，制度将形同虚设，员工的行为、组织的运行必然会产生不可逆转的偏差。

制定流程文件最终是为了通过执行创造组织效益。如何确保流程文件落地执行呢？不光靠员工的责任心，更要靠稽查。朗欧辅导的企业都会成立稽查部，每个稽查部配备 2 名以上的专职稽查员，通过频繁的检查确保

流程落地。

2. 先僵化，再优化，后固化

当年华为请 IBM 做咨询时遇到了很大的阻力，在管理层中弥漫着一种气氛，“哎呀，IBM 到底行不行啊”，“这个变革在华为能不能推呀”，“咱们别做变革了”。当时，任正非在 IPD 变革动员大会上的讲话提到四个字——“削足适履”：我们从美国买来一双鞋，花了那么高的代价，你如果觉得你的脚不合适，那请你把脚削一削再穿鞋，这叫削足适履，这需要领导者有偌大的勇气和魄力。

我们在进行流程革新的过程中有时也需要做到先“僵化”，即不折不扣地执行流程文件，不要讲那么多的大道理，很多时候企业的纠结成本远远大过试错成本。

没有最好，只有更好。不要想着如何使流程文件完美，行动落地比完美更重要，在落地的实践中不断去修订和优化流程，最后系统地固化流程。

3. 执行过程避免越级管理

如何界定是否为越级管理呢？请记住两句话，向上只能越级投诉不能越级汇报，向下只能越级检查不能越级指挥。

一名员工可以直接找经理、找老板投诉异常或解决不了的问题，但不能越级汇报具体工作；一名领导可以越级检查但不要越级指挥。

老板视察车间碰到员工犯了错，不要直接质问员工或直接处理，而是先确定这个车间是谁负责，找到主管，然后找到班组长，发挥班组长的管理职能就可以了。这是规范的处理办法，按流程走，当然紧急情况除外。

七、优化改善

1. 不断优化

流程文件不是一成不变的。朗欧咨询为企业制定的流程文件有 A0 版、A1 版、A2 版、A3 版等，不断优化、不断改善。

2. 过程严谨

过程严谨是指流程优化和流程制定一样需要经历研讨、调研、会签等环节。

3. 固定频率

固定频率是指要明确企业流程文件的修订周期，比如每隔一年或半年修订一次。要避免两个极端：一是从不修订，二是天天修订。从不修订就导致要么流程规定与实际操作脱节，要么过度僵化；天天修订就会使流程缺乏权威性，会使员工对企业形成“朝令夕改”的印象。

流程建设是一件简单、枯燥的事情，但管理者抱着精细化管理的态度和落地执行的决心，通过流程建设定能为企业创造价值，真正实现流程管事。任正非曾说，流程管理或者说流程建设不仅仅是把那些管理者或公司的代表们解放出来，更是把华为内部所有的人都解放出来。在这个过程中所有人都精准地找到了职业定位，都能够在海量和看似低价值、简单重复枯燥的工作中更好地体现自己的价值。

关于流程管事，我总结为：流程设计是基础，责任明确是要诀，动作具体是关键，反复检查是核心，持续改善是宗旨。

第五章
绩效分配价值保证组织活力

激发组织活力是企业发展的要求，也是一个企业做大做强的基础。企业的组织活力重点体现在团队上，直观表现为以下四个方面：

岗位能左能右：员工综合能力强，多能多岗。

职位能上能下：能者上、平者让、庸者下。

工资能高能低：以奋斗者为本，以绩效论英雄。

人员能进能出：实行优胜劣汰机制。

企业通过组织和流程再造打下牢固的地基之后，要不断地“添砖加瓦”和创造价值，要懂得合理分配价值。价值分配要体现“以奋斗者为本”，而不是“做好做坏一个样、做多做少一个样”。企业通过绩效评估来分配价值，可以更好地提升团队积极性，保证组织活力。以下将系统介绍激励原理，并探讨绩效评估和价值分配问题。

怎样才能更好地激励人

绩效分配价值的目的是激励人。什么是激励呢？管理研究专家陈春花说：“激励就是让人们自己做出选择并愿意付出。”人们愿意付出才能化被动工作为主动工作。怎样让人们做出选择并愿意付出呢？

一、我们为什么需要工作

1. 物质需要

工作是为了赚钱，我们不要回避这个问题，当然你也可以说工作是为了了解社会、提升能力等。但对于绝大多数人而言，工作首先是为了满足基本物质需要，解决基本生活需求。

2. 能量消耗

人的能量是需要消耗的，否则会出问题。很多人不工作反而天天去赌博，这种能量消耗的方式是非常可怕的，就是不务正业。人把能量聚焦在工作上，就不会去干乱七八糟甚至有害社会的事，每个国家都非常重视就业率，就业率高有利于保持社会稳定。我们需要通过工作去消耗能量，这其实是人的自身本能的需求，而不仅仅是个人物质需要。

3. 社交需求

人是以群居为主要生活方式的高级动物。尤其在当今社会，每个人需要以不同的方式开展不同范围的社交活动。这是人性的基本需求，员工通过工作可以满足自身的社交需求。一个企业相当于一个特定的社交圈，也是一个社交平台；一个行业更是一个社交平台。

4. 成就感

工作业绩能激发人的成就感。员工做完一个产品，完成一件工作，管理一个部门，在工作中不断成长，都可以产生成就感。人们通过工作得到的成就感可以促使自身更加努力地工作，形成一个良性的循环。

5. 价值感

人们通过工作为他人服务，从而被需求，获得劳动报酬与价值肯定，并体现自己的价值。价值感能够激励人们持续地付出。

二、向上推移的马斯洛需求

美国心理学家亚伯拉罕·马斯洛将人类需求从低到高分为五种层次，

分别为生理需求、安全需求、社交需求、尊重需求和自我实现需求，即马斯洛需求。

生理需求。即人类级别最低、最具优势的需求，如对食物、水、空气和健康的需求。类比到企业管理中，我们可以将生存需求理解为员工对工资和基本福利待遇的要求。

安全需求。同样属于人类低级别的需求，包括对人身安全、生活和工作稳定的需求。企业强调的规章制度、福利待遇，就是对员工安全需求的满足。

社交需求。相对于生理需求和安全需求，社交需求属于人类更高层次的需求，如对友谊、爱情和隶属关系的需求。

尊重需求。如人们对成就、名声、地位和晋升机会等的需求。尊重需求既包括个人对自我成就或自我价值的感觉，也包括他人对自己的认可与尊重。

自我实现需求。这是人类最高层次的需求，是指为了实现个人理想和抱负，最大限度地发挥个人能力，实现自我价值。

马斯洛认为，已经被充分满足的需求无法对人产生很好的激励效果。一般而言，人们的某一层次的需求相对满足了，就会追求更高层次的需求。相应的，获得基本满足的低层次需求就不再是一股激励力量。放眼当下，我们会发现人们过得越来越安逸，管人越来越难，其实这是管理方式出了问题。如果我们一直用改革开放初期的方式来开展管理肯定是有问题的。随着人们生活水平和生活质量的提高，员工的需求已经向上推移了，由原来对于生存、安全的低级需求向上推移至对于社交、尊重和自我实现的高级需求，与此同时，企业对员工的管理和激励方式也应当进行调整，要在满足员工基本需求的前提下关注员工社交需求、尊重需求和自我实现需求。

三、从“双因素理论”看激励

1959 年赫茨伯格提出了“双因素理论”，将激励人们工作的有关条件分为保健因素和激励因素。保健因素主要包括公司政策、工资福利、物质条件、管理制度和人际关系，通俗理解就是最基本的工作需求；激励因素主要包括工作成就感、价值肯定、挑战性工作、成长机会和奖金。如图 5－1 所示。

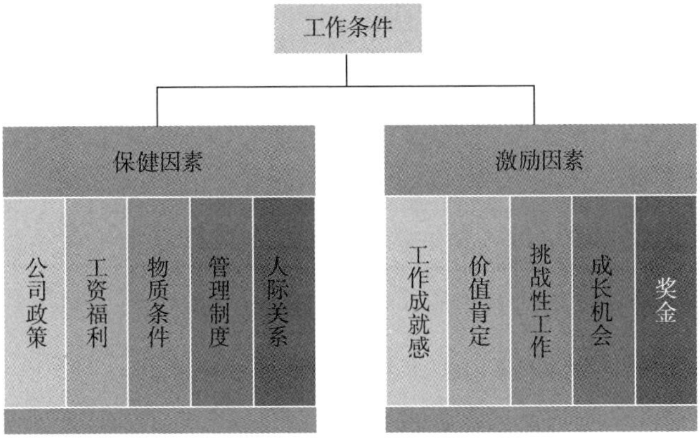

图 5－1　双因素理论之工作条件

（一）涨工资不能很好地激励人

赫茨伯格通过大量的调查研究发现，工资刺激、福利改善等基础的工作条件统称为“保健因素”，它们只能消除人们的不满意，防止产生问题，并不能产生积极的激励效果。工资属于保健因素，由此得出结论：企业通过涨工资只能消除员工的不满意，并不能很好地激励员工。

行为心理学曾研究了一个心理现象，即“适应性偏见”。通俗地讲就是，经过一定时间后，人们对好的或者坏的环境最终都能适应的强大行为心理。

在职业生涯中，虽然员工的收入在不断地增长，但一般情况下员工只能保持 3 至 6 个月的兴奋期。因为在“适应性偏见”的影响下，员工很快就适应了这种“加薪”后的兴奋状态，甚至习以为常。高收入给员工带来的动力和喜悦是不可否认、实实在在地存在过的，但这种幸福感往往不能持久。

这里并不是反对给员工涨工资，而是要告诉管理者，不应把调动员工积极性的希望只寄托于涨工资这个层面。当员工的保健因素得到满足以后，管理者应特别注意处理好保健因素与激励因素的关系，善于利用保健因素和激励因素的转换作用。因为在很多时候，工作成就感、价值肯定、奖金、具有挑战性的成长机会比工资福利对员工更具有激励效果。

（二）保健因素只能升不能降，激励因素不能全员享有

保健因素只能升不能降。假如企业突然给员工降工资或减少基础的福利待遇，员工就会有很大的意见，容易产生不满情绪，消极怠工甚至罢工。工资等基础性的福利是员工的基本需求，属于保健因素，也是员工最敏感的需求，是只能升不能降的。这要求企业在做薪酬体系建设时，哪怕是计件制企业确定某一个产品的单价，都要严谨、慎重和科学。

激励因素不能全员享有。湖北一家工厂曾做了全员股权激励，全厂有100多人，董事长只占5%的股，管理层、员工分别按照一定比例持股。这位董事长对我说，刚开始推行股权激励的一两年，员工积极性很高，越往后就越难管，非常烦恼。其实，一旦全员享有激励因素的时候，这个激励因素本身就悄然转换成了保健因素，也就失去了激励的意义。奖金只能发给部分优秀员工，如果全部员工都可以拿到奖金，奖金就变成了基本工资，也就失去了激励的意义。

（三）企业工资标准

既然通过涨工资不能激励人，企业该如何设定工资标准呢？你可能想到的是参考同行业员工的薪资水平。如果企业的“人效”没有达到同行的标准，企业的人工产值比高于同行的，企业采用同行业标准就丧失了竞争

力；如果企业的“人效”比同行的要高，但员工工资只是同行的水平，企业也留不住人，竞争对手会天天到企业挖人。具体应该如何设定企业的工资标准？

1. 参考同行业同规模企业的工资产值比、材料产值比和利润率

企业对比分析同行对标企业的工资产值比、材料产值比和利润率，设定工资标准。需要强调的是，这里要核实信息获取渠道的可靠性。

2. 分析企业发展阶段和需求

企业如果处在快速发展阶段，需要短时间引进大量高质量的人才，可暂时减少对利润率的追求，设定高于同行的工资标准；企业如果处在正常发展阶段或初创期，可能要多关注人工成本；企业如果处于发展成熟期，制定工资标准时则要更多考虑激励效果。

3. 利用保健因素和激励因素的转换作用

企业在实施激励时，应考虑是增加保健因素还是激励因素，特别是在增加保健因素时，考虑能不能增加激励因素，企业的保健因素需要配套激励因素。这里不是反对企业增加全员的保健因素，而是强调必须要重视激励因素的作用。

四、什么样的人该留，什么样的人不该留

很多企业都存在这样的现象：那些有潜力的、公司欲重点培养的员工不顾企业的期待和重托悄然离开，而表现不佳、业绩不好的员工却留在企业。多年下来，我们总是觉得该离职的员工没有离职，不该离职的员工却离职了。

当员工提出离职时，企业的老板或人力资源总监得思考两个问题，即“员工该不该留”和“企业怎么留”。以下借助赫茨伯格提出的“双因素理论”，总结了企业“留人参考示意表”，具体分析企业所提供给员工的保

健因素和激励因素好坏，并结合员工的工作状态和离职原因，给出一个相对标准的员工去留决策方案（见表5－1）。

表5－1　员工去留决策方案

项目			状况							
			1	2	3	4	5	6	7	8
因素	保健因素	好	√	√	√	√				
		不好					√	√	√	√
	激励因素	好	√	√			√	√		
		不好			√	√			√	√
个人状态（是否离职）		离	√		√		√		√	
		不离		√		√		√		√
公司建议（留/不留）			不留	人才留，非人才则不留	留	不留	不留	留	人才留，非人才则不留	人才留，非人才则不留

1. 企业的保健因素好、激励因素好，员工想离职

在一个企业的保健因素和激励因素都好的情况下，员工还想离职，或许是出于领导关系、企业文化等原因，但更多情况是此类员工可能把重点放在了欲望的满足上，高估个人能力，自以为是。这类员工的欲望是不能够轻易被满足的。无论此员工能力强弱，建议不留。

2. 企业的保健因素好、激励因素好，员工不想离职

此时我们得对员工进行测评。如果其能够为企业创造理想的价值则留；如果其不能为企业创造理想的价值则不留，需要通过组织机制进行淘汰。很多时候员工只要不主动离职，企业就让他在企业里一直待着，这是一个误区。组织要想持续有活力，必须让员工保持竞争状态，企业保持正常的人员流失率也即人才更新率是合理的。

3. 企业的保健因素好、激励因素不好，员工想离职

在这种情况下，员工提出离职，企业得想办法挽留。这种员工可能是

不满足于保健因素，不满足于只拿基本工资，还希望承担更有挑战性的工作，希望跟着公司一起成长，想获得更好的激励因素。这种员工得留，否则企业里留下来的全是满足于保健因素“混日子”的人。

4. 企业的保健因素好、激励因素不好，员工不想离职

我曾经到一个企业去做调研，老板跟我说：“张老师，我们企业的很多员工都是本地的，都是拆迁户，大多数都是来工厂混个社保的……”这一现象颠覆了我对“混日子”的认知，虽然这个说法有点夸张，但我们一定要意识到，如果在一个企业里追求保健因素的人越来越多，而追求激励因素的人越来越少，组织将失去活力，团队将失去战斗力。所以此类情形下的员工建议不留。此时企业必须建立、健全绩效分配机制，打破“做好做坏一个样、做多做少一个样”的局面；必须设计好员工的职业晋升通道，让每个员工看到在这个平台有发展、成长的机会；必须意识到保健因素只能消除不满意，只有激励因素才能使人们有更好的工作成绩。

5. 企业的保健因素不好、激励因素好，员工想离职

此种情形下的员工要么没有拿激励因素的欲望，要么能力不足，建议不留。

6. 企业的保健因素不好、激励因素好，员工不想离职

此类员工一般非常看好激励因素，非常想拼搏，企业要好好对其进行培养和重用，多给其机会。当然也有可能是员工因为能力太差，反正拿不到保健因素和激励因素，因而表现为无所谓这种极端情况，但即使如此，也可以适当地留一些忠诚稳定的员工。

7. 企业的保健因素不好、激励因素也不好，员工想离职

8. 企业的保健因素不好、激励因素也不好，员工不想离职

或许因为企业处在创业生存阶段，或者经营不善、管理粗放，保健因素和激励因素都不好。此时，企业应当把重点放在对于经营和发展模式的

思考上，对于第 7 种和第 8 种情形，企业应以员工的工作业绩和工作能力为导向，遵循“人才留、非人才不留”的原则。

当解决了“该不该留”的问题之后，留给管理者的是“怎么留”的问题。这就需要完善企业的保健因素和激励因素，并平衡好两者的关系，还得利用好保健因素和激励因素的转换作用，建立系统的绩效分配体系，打造企业文化。

五、有效激励和无效激励

（一）有效激励需要满足的四个条件

（1）可以衡量。工作结果数据化，工作业绩要量化和以事实呈现。

（2）利益可见。有明确的业绩考核机制，有可预见的收益。

（3）体现公平感。坚持原则公平和机制公平。

（4）体现重要性。激励措施要体现对被激励对象的重要性。

（二）无效激励的四种表现

（1）分工不明。分工是否明确与评价是否公正是前因后果的关系。很多企业找朗欧合作，直接需求就是做绩效、做激励。但朗欧的驻厂项目往往要到第三阶段才真正导入薪酬绩效管理，要想做好激励，必须首先解决任务细化和职能分工问题。

很多老板非常疑惑为什么朗欧不能一进驻企业就开始做绩效，这样既省时又省钱。其实，这不是钱和时间的问题，而是绩效管理有效和无效的问题。什么情况下绩效管理才有效？我们需要通过前期的管理变革打造标准化、流程化、制度化、数据化系统，管理精细化是基础，绩效管理只是结果复盘的动作。

（2）任务过重。针对生产部门要做好各工序的产能负荷分析，针对职能部门要做好承受力分析，在此基础上结合部门实际工作量，企业下达任务。如果员工长期超负荷工作，超出了其最大承受力，无论怎么激励也是无效的。结果是要么员工完不成任务拿不到激励，要么员工身体健康和劳动安全得不到保障。

（3）评价不公。“人不患寡而患不均”。企业中常见的现象是员工抱怨分配不均。很多企业老板到年终想拿出一些资金激励团队，结果反而弄出一堆问题，“凭什么张三比我拿得多？凭什么我比李四拿得少？”管理基础差一点的企业，连激励的具体措施都不敢公开，发个奖金都不能公开透明，还美其名曰“遵守公司薪酬保密制度”，评价不公的激励措施是无效的。公开透明的激励政策才能起到激励所有人的效果，这都建立在公平的绩效评价的基础上。

（4）业绩下滑。很多企业做激励常陷入一个误区，在经营业绩不好的时候才想到激励员工，有点“死马当活马医”的意思，这种激励往往也是无效的。企业不要等到经营管理成为发展的掣肘时，才想到要进行变革和打造团队。老板要把管理变革、团队打造、人才激励当成企业养生的过程，而不是给企业动手术救命的过程。工厂经营管理无大事，需要立足当下做好每一件小事。

绩效分配价值原理与激励方式匹配

一、绩效分配价值原理

使命、愿景和价值观是一个企业保持组织活力的源泉，贯穿于整个绩效分配价值过程，是绩效分配价值的核心。每一位企业家都应当静下心来思考自己想要做成什么事，想把企业做成什么规模，以及如何树立团队行为准则。

企业良好的经营机制和旺盛的组织活力的背后都有一套完备的利益驱动机制做保障：价值创造、绩效评价和价值分配缺一不可。如图 5－2 所示。

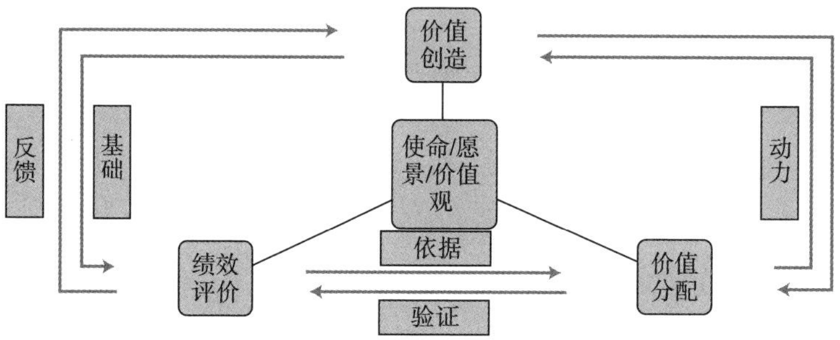

图 5－2　绩效分配价值原理图

1. 价值创造是价值分配的前提

我们常说，不赚钱的企业是在“犯罪”，不创造价值的企业拿什么进行绩效分配？拿什么激活组织的活力？企业作为一个营利性组织，如果没有利润，就无法长期生存。价值创造是价值分配的前提，也是检验企业商业模式是否合理的重要标准。

2. 价值分配是价值创造的动力

如果不对创造出来的价值进行分配，不增加保健因素和激励因素，团队就没有动力，也就失去了活力。企业良好的经营机制和旺盛的组织活力的背后必定有健全的利益驱动机制做保障。企业无论是通过情感评价的方式还是通过绩效评价的方式来进行绩效分配，都是在发挥利益的驱动作用。企业只有科学分配利益才能激发团队持续创造价值。

3. 价值分配是绩效评价的验证

企业通过价值分配可以验证绩效评价是否公平合理。团队成员对价值分配没有意见，说明企业绩效评价具有科学性和准确性；团队成员对价值分配有意见，企业则要在绩效评价上下功夫。当然没有绝对的公平，但要努力做到原则和机制上的公平。

4. 绩效评价是价值分配的依据

绩效评价强调的是分钱的依据，价值分配强调的是分钱的结果和状态。确定“怎么分”比“分多少”要重要得多，前者是因，后者是果。

很多企业忽略了绩效评价，时常导致分配不公平、不合理。有的企业“按闹分配”，员工觉得分配不公就闹罢工或消极怠工，企业往往最终用钱息事宁人。建立合理的绩效评价体系是价值分配的核心。

5. 绩效评价是价值创造的反馈

有的企业从不进行系统的、科学的绩效评价。谁创造了价值？每位员工应该分得多少价值？这些全由老板、高管靠个人感觉决定。价值分配是有一定的间隔时效性的。员工每天都在创造价值，但企业不太可能每天都做价值分配，一般只能工资月结、奖金月发、绩效工资每季度末甚至年底再发。绩效评价是可以每天进行的，例如生产日报表、计件数量、业绩数据的日统计等，即使高层的年度经营数据也是逐日积累的。记录数据是绩效评价的基础，也是核心。每天记录绩效数据的过程，就是对价值创造者的行为进行反馈的过程。

6. 价值创造是绩效评价的基础

团队不断地创造价值是开展绩效评价工作的基础，评价是基于业绩的评价、基于数据的评价。如果团队不创造价值，绩效评价也就失去了意义。

二、激励方式匹配

通过绩效管理做好价值分配，是助推企业发展的有效手段。绩效管理问题是众多企业的共同难题。企业不做不行，做了难达到预期，甚至还会遭到很多员工的反感甚至抵制。比如，很多企业在推行绩效管理后普遍出现员工关系不和谐、企业效益无增长、关键人才流失率高、管理成本越来越高、企业利润不足以支撑绩效工资等问题。

为什么会出现这些问题呢？有可能是激励分配方式出了问题。处于不同发展阶段的企业可采用不同的激励方式，对于不同的激励对象也可采用不同的激励方式。

（一）针对处于不同发展阶段的企业

1. 初创期：以个人情感与创业梦想进行激励

初创期的企业更多的是靠个人情感和创业梦想去激励员工。企业在创业初期就跟员工谈怎么分钱是没有用的，因为只有在创造出价值后才能分配利益。在这一时期，老板、领头人通过个人情感去凝聚员工，目的就是统一员工行为，让员工努力工作共创价值，让企业能够生存下来。国内许多工厂都是靠亲戚朋友度过初创期，通过情感和梦想来进行激励。

2. 成长期：以利益获得感进行激励

企业在初创期通过老板的个人情感和创业梦想凝聚了一群志同道合的员工一起创业，当企业发展了，就得对这些员工进行实际利益的分配，通过形式多样的激励方式让员工有利益获得感。要考虑这些激励方式是否具备可见性、可衡量性、公平性、重要性。要让跟着企业一起成长的员工有实际利益的获得感，给他们一个回馈，同时也是给新加入团队的员工树立标杆。

3. 成熟期：建立绩效管理体系

企业在成熟期要建立相对完善的绩效管理体系。包括梳理企业的岗位职等职级、晋升机制、薪酬结构、绩效考核和价值分配方式等。

企业的绩效管理体系要体现“以奋斗者为本”，而不是大家做多做少一个样、做好做坏一个样。企业在成熟期建立绩效管理体系时一定不能贪大求全，不能为了绩效而做绩效，要从基础的绩效管理动作做起，扎扎实实地向上推进。

（二）针对不同激励对象

1. 高层用股权（关注经营业绩）

股权是和经营业绩挂钩的。前文已经分析了，我不太建议非上市公司开展团队的股权激励，对于别的行业我不敢武断地下这个结论，但中小型制造企业做全员股权激励必须要慎重。我们可以对工厂的一个或者几个核心高层进行股权激励，让高层从员工转变为经营者，共担企业的经营风险和共享企业的发展红利。

2. 中层用绩效（关注管理结果）

对中层管理者的考核要与日常事务的管理结果挂钩。中层管理者作为企业战略规划的执行者，在企业中起到“承上启下”的作用，既要对基层员工的行为进行管控，又要对高层领导负责。可以说，中层管理者的管理业绩达标情况，直接关系到公司战略是否能落地。所以，要以管理结果为基础对中层管理者的工作进行评价，考核的往往是管理结果数据：如订单准交率、生产周期、人均产值等与经营数据相关的核心管理数据。

3. 基层用考核（关注管理行为）

考核基层要与其日常的管理行为挂钩，关注的是具体动作。企业基层员工包括基层的管理人员和一线的操作岗员工，他们的工作行为直接影响订单的交期、产品的品质等，从而最终影响客户满意度和企业的效益。针对基层员工和基层管理者，考核的是他们的具体行为。比如，考核他们是否按照 SOP（标准作业程序）进行作业，是否按照质量标准进行生产，是否遵守车间相关管理制度等。通过关注管理行为，让员工严格遵守工作纪律，从根本上保证产品质量的稳定性。

有时，企业进行绩效激励的出发点是好的，但往往事与愿违，很大原因就是没有处理好绩效激励方式的匹配问题。企业绩效激励方式的设定，既要与企业所处的发展阶段相适应，又要与不同的激励对象相匹配。

（三）针对不同类型人才

1. 管理型人才

以组织效率提高与团队成长为标准考核和激励管理型人才。对管理型人才的激励要立足于组织效率，要有量化考核，企业要针对管理型人才梳理出完整的量化考核指标。

2. 技术型人才

技术人员的很多工作是不可测量的，技术人员的工作分为操作性工作和创新性工作。在很多传统企业，百分之六七十甚至更大比例的技术人员从事的是操作性工作，找到一个参考样板，然后稍微做下调整；或者客户已经给了“小样”，根据客户需求做下优化。对这类技术人员可进行量化考评，即考核其具体工作的完成情况。针对少数创造性技术人员，可以开展结果考核，结合其创新发明的市场效益进行激励。

3. 经营型人才

以经营业绩为标准考核和激励经营型人才。经营型人才属于稀缺性人才，对此类人才，企业必须加以重用，不能给其设置“天花板”。可以通过实行事业部制或者开分公司的形式，独立核算其经营业绩并进行相应激励。

三、针对不同类型的企业和不同的部门

企业里有很多部门，在生产销售的过程中，每一个部门都会承担相应的责任，都有贡献。企业在进行绩效价值分配的时候，需要顾及各个部门的利益。每一个部门都很重要，不同类型的企业可以通过调节各部门激励权重的方式进行适当的政策倾斜。

1. 以生产加工为主的企业

以生产加工为主的企业把价值分配权重向作业部门（与生产直接相关的部门）倾斜。比如，来料加工型企业要把价值分配权重向生产部门、仓库、PMC 部门倾斜，因为来料加工型企业基本上就靠生产系统来赢利。

2. 以研发为主的技术型企业

以研发为主的技术型企业把价值分配权重向技术部门倾斜。比如在化工厂，化学分子式的剔除、重组是技术活，也是产品研发的过程。产品研发出来以后，生产操作就相对比较简单，故此类企业重点在于研发，价值分配权重应该向研发部门、技术部门倾斜。

3. 以销售为主的企业

以销售为主的企业把价值分配权重向销售部门倾斜。这类企业的产品单一或者流程比较简单，但往往市场比较透明，利润率很低，需要靠大批量销售去提升业绩。比如在快速消费品和日用品行业，一条生产线只需要一套模具、一台机器，企业对销售的要求比较高，故价值分配权重应该向销售业务部门倾斜。

绩效管理的现状和误区

一、企业推行绩效管理的现状

（一）企业与员工“心理契约”缺失，公信力不足

朗欧团队给企业做驻厂辅导所推行的很多管理动作，在设计上是很科学、合理的，企业如果按照我们的方法不折不扣地执行，肯定能见到效益，最终受益的也是员工。但我们发现部分管理者不愿意去推动或者推不

动，部分员工也不愿意接受。经老师调研后得知，很大的原因就是企业跟员工之间的心理契约缺失了，企业的公信力不足。员工不知道也不相信企业推行这些动作后能否对他的工作绩效产生正面的效果。我见过更离谱的是老板给员工发奖金，员工都不敢要。因为员工心里认为："不知道老板又在玩什么花样!"这是一个很奇怪的现象。我们的老师就问员工："你为什么不要这个奖金?"员工说："要了也没用，后面他会两倍、三倍地罚回去……"

这就是为什么朗欧团队到企业后跟老板和高管的第一个约定就是制度一旦确定下来不能朝令夕改，要有契约精神。涉及员工利益的薪酬改革管理动作必须严谨，每一个不严谨的动作都有可能导致企业公信力的丧失。

（二）员工激励需求多元化并不断升级

对于新生代员工，如"90后""00后"，企业仅仅采用物质激励方式可能远远不够。现在工厂出去招人，很多应聘人员就会问："宿舍有WiFi吗？宿舍有空调吗?"要是宿舍没空调，还不能上网，企业可能很难招到人。员工的需求已经发生变化，特别是现在很多"90后""00后"对于金钱远没有"70后""80后"那么敏感，很多"90后""00后"的物质生活已经很富足了，他们的父母已经为他（她）们创造了相对比较优越的物质条件。

当员工的基本需求发生变化后，管理者还在用传统的方法去激励员工就不会有太理想的效果，企业必须根据员工需求的变化不断调整管理方式。

（三）员工做多做少、做好做坏一个样

企业出现越来越多的"60分先生"，他们不求有功，但求无过。因为他们认为有的时候做得多，可能会错得多，那还不如少做一点，只要做到

60 分就可以了。

（四）团队缺少工作激情，组织活力不够

团队没有活力，绩效管理就很难推动。很多员工都是“老人”，在企业干了很多年，相互之间也处得很和谐，整个团队没有激情，也没有创新，如温水煮青蛙，很多企业慢慢地就这么倒闭了。在如今竞争如此激烈的市场环境中，企业不进则退。

（五）绩效管理方式简单粗暴

企业要么采用底薪加提成的考核方式，要么施行单纯的奖罚，要么就是进行以结果为导向的年终考核，简单粗暴。

案例 5－1

有的企业推行“底薪（5000 元）＋提成（1%）”的绩效管理方式。在这种考核方式下，企业会出现以下几类员工。

1. 只想拿底薪混日子的业务员

不排除企业里面存在这样一类业务员，他们只追求拿到 5000 元钱的底薪，天天在企业混日子，不用心开拓业务。

2. 安于现状、“吃老本”的业务员

还有一些业务员甚至业务经理在企业里干了三五年以后，有了一定的客户资源，每年的业务业绩基本稳定，靠底薪和提成就能够保持稳定的收入，不愿意去跑市场开拓新的业务。甚至有的业务员还会认为给企业带来效益就行了，老板和企业管不了自己，哪怕不出勤也没有关系。

3. 不求精进的业务员

比如，一个业务员拿 1% 的提成，这个月他有 100 万元的销售业绩，能够拿到 1 万元的提成；有 300 万元的销售业绩，能够拿到 3 万

元的提成。这种提成方式看起来合理，却忽略了业务员取得300万元销售业绩的工作难度要比取得100万元的销售业绩的工作难度大很多，同样以1%的提成计算，会导致很多业务员失去挑战更高销售业绩的激情。

企业推行绩效管理的初衷都是好的，都希望能够激励团队，让优秀的人才、为企业创造价值的人才能够分享到企业发展的红利，但很多时候达不到预期效果。其实只要从人性的角度出发，我们把许多工作做得细致一点、考虑得周到一点，就能使工作更优化。

企业可以对“底薪+提成”的考核方式做如下优化。

1. 对业务员的底薪进行考核

考核业务员常规性业务动作的完成情况。比如，要求业务员一个月必须打100个业务电话；要求业务员一个月必须走访10家客户，并要及时统计和反馈拜访记录和客户情况。

2. 业务员提成要遵循增量递增原则

对销售业绩进行分段考核。比如，0到100万元的部分是1%的提成；100万元到200万元的部分是2%的提成；200万元到300万元的部分是3%的提成。

3. 业务提成的节点和数额要随着时间不断调整

为了避免业务员“吃老本”的情况发生，企业在设计绩效考核方式时要不断调整提成的节点。例如：新客户开拓出来以后，其实需要业务员和工厂内部的跟单员来共同维护，对于他们的销售提成：第一年业务开拓人员占比3%，跟单员占比为0，因为前期业务人员付出的精力要多一些；第二年业务开拓人员占比2%，跟单员占比1%，因为保持客户续单与跟单员的辛勤工作是分不开的；第三年业务开拓人员占比1%，跟单员占比2%，因为这个时候跟单员承担更多事务性的工作；第四年业务开拓人员、跟单员均占比 1%，因为这个时候客户选择和企业合作更多是基于对公司产品的认可、对公司平台的认可……这里只是简单举一个例子，各个企业的具体情况都不一样，还有大量的细节工作要做。这种管理方式表面上好像对业务员不太友好，但实际上是真正对业务员负责，能够激励他不断地开发新的客户，提升个人能力，实现更大的突破。

二、企业推行绩效管理的误区

绩效管理是由内而外激发员工动力的机制设计，目的在于激发组织活力。但很多企业在推行绩效管理时收效甚微，问题出在哪里？

（一）管理者要思考的两个问题

（1）为什么总会让“雷锋”吃亏？

（2）是先有激励机制去找人才还是先有人才再建立激励机制？

我在朗欧咨询一次年度大课现场组织讨论了这个问题。

企业为什么总会让“雷锋”吃亏？

学员 A：“我个人认为是企业没有建立相对公平公正的考核制度，通俗地讲就是没有将员工的日常行为和工作表现更好地体现出来，从而激发员工的工作积极性。企业没有建立公开、公平、透明的绩效评价机制，在这种情况下，雷锋就会吃亏。”

学员 B：“我就是企业的那个‘雷锋’，所以我有发言权。我为前一家企业贡献很大，但个人并没有得到相应的回报，所以我说我是一个吃亏的‘雷锋’。但从另一个角度来说，我也不吃亏，因为企业给了我一个成长的平台。”

现场学员分别从两个维度讨论了这个问题：一位从企业管理的角度，

认为企业没有建立公开、透明、公平的绩效评价机制；另一位从员工的角度，认为自己做了很多事，却没有得到相应的回报。

很多人都会认为自己是“雷锋”。从人性来讲，有人会觉得自己很差劲吗？当然除了自卑的人。大多数人都对自己的人格和能力持肯定态度，都觉得自己是“雷锋”，会觉得自己做的事就是最好的事。对于此，公司应该尽可能地设置公开、公平、透明的考核机制；员工应该积极地去做“雷锋”，不要觉得公司没有认定你是“雷锋”，没有认可你的业绩，自己就吃亏了，也许是你做得还不够，也许是你对自己的评价过高了。

科学研究表明，通常来说身边走得最近的5个人的平均水平就是自己的真实水平。我们通过审视和自己走得最近的5个人的工作水平，可以大概认定自己的真实水平。我们不要总觉得自己在企业吃了亏，关键看自己怎么在企业这个舞台上发挥个人能力。即使你在这家企业没有被重用，还会有第二家、第三家企业，自己真有能力是不会被埋没的。大多数人自以为的“怀才不遇”其实是“怀才不足”。

企业是先有激励机制去找人才还是先有人才再建立激励机制？

学员A：企业先有激励机制然后才有人才，因为只有建立了激励机制才能验证一个人是不是人才。

学员B：每个人情况都不一样，企业不可能为每个人都设置一个机制，而且真正的人才是需要综合考评的。

在朗欧团队为企业做管理变革的时候，企业老板和高管经常抱怨：“我的企业没有人才！”而普通管理者和员工则认为：“企业没有机制，没有吸纳人才的能力！”

这个问题其实给大家设置了一个陷阱。我们的重点首先不应该放在“机制”或者“找人才”上面，我们要跳出这个思维，把核心点放在“怎么样培养人才”上面。企业只要能够培养出人才，就会发现吸引人才的机制也建好了，也会发现源源不断地涌现出新的人才。

（二）企业建立绩效管理体系的误区

1. 用未来的收益激励当下的人才

很多培训老师经常给企业老板灌输一种思想：我们要用未来的收益激励当下的人才。老板听了当然很开心，不用花钱还能激励人；员工觉得也挺好，至少企业画了一个饼，又大又圆。这句话本身就是个伪命题，如果员工当下已经是人才了意味着就能创造价值，企业为何不用当下的收益去激励他呢？未来的收益是激励未来的人才的。如果员工当下不是人才，未来的收益从哪里来？收益都没有，又如何去激励呢？

未来是未知的，未来收益的不确定性注定了其激励效果不会很明显。

2. 绩效管理 = 目标管理 = 绩效考核 = 奖罚

很多企业把绩效管理做成了目标管理，认为绩效管理就是绩效考核，把绩效考核作为约束和控制员工的手段，通过绩效考核给员工增加压力，试图通过奖罚的方式约束员工。这种简单粗暴的绩效管理方式自然会受到员工的抵制。

事实上，绩效管理和绩效考核、目标管理是不同的，绩效考核只是绩效管理的一个环节。绩效管理是一个完整的循环，由绩效计划制订、绩效辅导沟通、绩效考核评价和绩效结果应用等环节构成。绩效管理的目的不是发绩效工资和奖金，不是涨工资，而是持续提升组织和个人的绩效，保证企业发展目标的实现。绩效考核的目的是正确评估组织或个人的绩效，以便有效进行激励。

国内许多管理者简单粗暴地把目标管理当成绩效考核。很多企业在推行目标管理的过程中有一种“吃快餐”的思维，认为只要把目标与员工的收益挂钩就可以了。这种方式是不可取的，目标管理背后还有大量的工作要做。彼得·德鲁克所提倡的目标管理，是需要管理者在前期将大量的工作任务进行细化、设定目标值、抓执行、持续改善的一种全流程、全方位的管理方法，不能简单粗暴地把目标管理理解为绩效考核和奖罚。

3. 在经营业绩不好的时候去激励人

激励机制一定是在企业经营状况相对稳定、相对良性循环的情况下建立的。如果企业经营状况不好，员工是不会有多高的积极性参与激励的，因为员工对企业的经营状况最清楚，会考虑企业是否具备兑现能力。

4. 认为股权激励“百事通”

很多老板非常迷恋股权激励，认为钱到位了，人就好管了，事情也就理顺了。简单粗暴用钱搞定人、摆平管理问题的思想不可取。物质激励不是万能的，物质激励也要建立在企业精细化管理的基础上。非上市或无上市计划的企业慎用股权激励。企业实行全员股权激励，机制建设成本很高，需要有很高的公信力。

公信力怎么体现？朗欧辅导许多上市公司进行了股权激励并达到预期的效果，这些公司的经营业绩和财务信息都是公开、透明的。大多数中小企业能做到这样吗？即便做到了，由于缺乏公信力，公众也不信。我个人建议非上市公司先把工作重点放在薪酬体系和绩效管理机制的建设上，不要执迷于股权激励。制造业工厂尤其要注意。

绩效分配价值的六项基本原则

朗欧咨询通过对两百多家工厂的绩效管理实战进行总结，认为企业推行绩效管理要把握以下六项基本原则，即绩效管理思想三原则和绩效管理动作三原则，如图 5－3 所示。

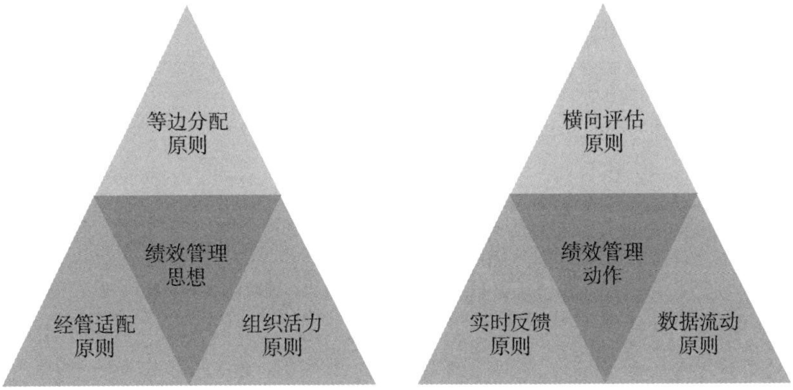

图5－3　绩效管理的六项基本原则

一、绩效管理思想三原则

1. 经管适配原则：管理为经营服务，良性互动

管理是为经营服务的，经营和管理一定要匹配。很多企业经营得很好，业务很不错，利润率还可以，但管理较粗放。时常有订单不敢接，因为管理的混乱常常导致交期延误或批量返工，这就是管理跟不上经营；也有些企业管理得非常好，经营却跟不上发展，表现为没有订单，车间停工停产。

企业的经营和管理一定是相互作用、相互成就的。管理为经营服务，经营为管理赋能。只有经营，没有管理不行；只注重管理，管得太死，经营上没有业绩也不行。经管要适配。前文讲的企业的绩效激励方式与企业所处的生命周期和发展阶段相适应，其实就是经管适配的问题。我们需要思考企业的绩效管理方式是否符合企业当下的发展要求，否则绩效管理就会产生偏差。比如，把绩效管理搞成了对员工的奖罚，或者在企业基础管理不完善、经营模式不稳定的情况下盲目推行绩效考核、股权激励等，这样无益于企业组织效率的提高。

2. 组织活力原则：明确组织规则，激发团队活力

绩效管理的目的是要激活或者保持组织活力。很多企业恰恰相反，在推动绩效管理后，团队反而失去了活力，因为员工认为分配不公。

“人不患寡而患不均”，如果企业分配机制不合理、激励机制不科学，推动结果往往会适得其反，达不到绩效管理的目的。企业要明确组织规则，呈现员工个人能力，激发团队活力，通过组织的不断发展，满足个人利益诉求，保证组织活力。

3. 等边分配原则：权力、责任和利益匹配

这是绩效管理非常核心的一个原则，强调权力、责任和利益匹配。

企业推行绩效管理的目的就是使每个岗位、每位员工的权、责、利关系形成一个等边三角形。怎么理解这个等边三角形呢？就是你给员工分配多大的权力，让他享受多少利益，就必须让其承担相应的责任。

如果权力越来越大，利益越来越高，而责任越来越小，就变成了等腰三角形。企业需要通过建立绩效机制来保证权、责、利处于等边三角形的状态。绩效分配价值表面上是分利益，背后其实是分责任和权力。

二、绩效管理动作三原则

1. 实时反馈原则：实时记录与评价

企业推行绩效管理需要实时反馈信息，管理者要实时地对员工行为进行评价，至少要缩短评价周期，不要等到年末才考虑对员工做年终的绩效考核。

员工的职等职级越低，对其记录与评价的周期越短；员工的职等职级越高，对其记录与评价的周期越长。

2. 数据流动原则：数据链、业绩流闭环滚动

绩效管理需要有明确的数据流和业绩流，而且绩效管理数据一定是保

持良性的、循环的流动，流动的背后说明每个数据都在被运用，相关方都在关注，只有环环相扣形成闭环才能避免数据造假和数据链断裂。

3. 横向评估原则：利益相关方评价

保证数据的真实性是推行绩效管理的基础。如何保证数据的真实性呢？需要利益相关方进行评价，也即进行“横向评估”。横向评估不是上级给下级打分，当然这种方式也不是一无是处，但不能作为主要的评估方式，应主要开展以利益相关方为主体的评价。

案例5－2

表5－2　某企业数据横向评估表

被评部门	评估数据	业务部门	统计方式和指标
PMC部	订单准交率	业务部及相关部门	(1) 业务部向PMC部下达《周生产任务》和《三天出货计划》，计划部则根据《周生产任务》和《三天出货计划》编制生产部的《周计划》和《三日滚动计划》，由计划员拿单时反馈计划交期，销售部用该交货期考核PMC部门 (2) 订单准交率按批次统计
	仓库账物卡准确率	财务部	(1) 财务部同稽查中心每个星期组织一次对仓库实物的抽查盘点 (2) 计算方式：准确率＝（账面数据－盘点数据）÷账面数据×100%
	备料不及时次数	生产部	按计划订单生产时没有物料或物料没有备齐的，计一次
插头车间	月/周总产值	PMC部	总产值＝每月/周插头车间生产出来的产品数量×单价
	月/周人均产值	PMC部	人均产值＝总产值÷车间生产人数
	一次交检合格率	品质部	合格率＝合格总数量÷总检验数量×100%

注：订单准交率是考核PMC部工作业绩的关键指标。订单准交率不是由PMC部自己统计，而是由业务部统计。因为业务部对订单准交率最为关心，订单准交率高，能够按时交货，业务部门才有业绩，业务员才能拿到提成。

计时薪酬和计件薪酬优劣势对比

计时薪酬和计件薪酬是工厂常采用的两种薪酬分配方式。朗欧团队曾帮助过许多工厂将计时薪酬方式改为计件薪酬方式，也帮助过许多工厂将计件薪酬方式改为计时薪酬方式。很难说哪种方式更好，这要结合具体情况综合考量。

一、计时薪酬模式

计时薪酬模式是按照单位时间的薪酬标准和劳动时间计算和支付员工薪酬的方式。

（一）计时薪酬模式的优势

1. 有利于品质管控

工资的核算不直接与数量挂钩，可以避免员工为了冲产量而忽略质量的问题。计时薪酬模式下，员工的工作量是相对稳定的，其工作任务标准一般由企业的IE（工业工程）部门经过科学的统计并结合实际情况设定，更有利于把控产品质量。

2. 可以减少劳资矛盾

在计时薪酬模式下，员工的收入是可预见的，企业根据考勤时间进行工资核算，在一定程度上可以避免因计件单价定得不合理、工资核算不准确而引发一系列劳资矛盾。

3. 薪酬核算的工作量比较小

计时工资的形式简单明确，根据考勤系统就能完成计时薪酬的核算。当然，一些企业实施计时薪酬模式会辅以产能激励，但比起计件薪酬模式，工作量仍要小得多。

4. 有利于按计划生产

计时薪酬模式下，员工的薪资结算与工时挂钩，与生产产品的难易程度、产品单价都没有直接的关系。员工基本能按照计划作业，企业安排做什么就做什么，但这对企业的计划管理能力要求比较高。

5. 有助于物资管控

计时薪酬模式下，员工不会因为盲目提升效率而想方设法占用物资，物资管控相对比较容易，有利于物料控制。

（二）计时薪酬模式的不足

1. 不利于个人效率的提高

计时工资与工时挂钩，不但不易激发员工工作的自觉性和积极性，而且会诱发部分勤奋员工产生消极的工作情绪，没有很好地发挥多劳多得的激励优势。

2. 对管理水平要求较高

计时薪酬是根据员工的工作时间来计算收入，所以对于管理团队的管理能力要求比较高，特别是对物料的齐套性管理、员工的积极性管理等要求高，容易出现停工待料、员工消极怠工等问题。一般实行计时薪酬模式的企业都设置 IE 部门，有 IE 工程师、IE 技术员。为了调动员工的工作积极性，企业往往要建立一套完善的产量激励体系。

3. 人力成本不可控

比如，两条生产线生产同种类型的产品，工时和人工成本都一样。A 生产线效率高，平摊到产品上的人力成本就会低一点；B 生产线效率低，平摊到产品上的人力成本就会高一点。不同产品线的效率不同，从而影响整体效率，单个产品的人力成本变得不可控。

4. 容易造成工时的浪费

计时薪酬容易导致员工窝工或消极怠工，以及异常不积极处理等问题，极易造成工时的浪费。

5. 容易滋生小团体

计时薪酬模式下，大家的薪酬标准都一样，但是同一条流水线上不同工种的劳动强度不一样。比如，五金工厂做冲压的工人的劳动强度高一点，工人要手脚并用，物件又重；做产品测试的工人的劳动强度相对小一点。这就容易形成小团体，会滋生权力寻租。

二、计件薪酬模式

计件薪酬是指按照员工生产的合格产品的数量或完成的作业量，根据预先规定的计件单价计算薪酬的方式。

（一）计件薪酬模式的优势

1. 按劳分配，优者多得，有助于个体效率的提升

计件薪酬模式类似于“包产到户”，能调动员工个体的工作积极性，能者多劳、多劳多得，有利于个体效率的提升。

2. 单个产品的人工成本可控

定好产品单价，也就意味着控制了单个产品的人工成本。生产多少产品，就支付多少人工工资。

3. 对现场管理的要求比较低

在计件制企业，很多基层的班组长几乎是不脱岗的，对管理的要求比较低，只要有物料，员工就会积极地开展生产；而在计时制企业，必须配备脱岗的班组长，同时还得设置助理岗协助班组长做好管理工作。

4. 员工积极性高

管理者不需要过多地关注员工的个体效率，员工为了挣得更高的工资

会积极主动做事。

（二）计件薪酬模式的不足

1. 对产品质量关注不够

计件薪酬模式下，员工往往只顾产量不顾质量。员工为了冲产量保证业绩，往往在执行产品质量标准时打折扣，从而造成产品质量出现缺陷。

2. 劳资矛盾风险增加

计件薪酬模式下，企业最头痛两个问题：一是单价难定；二是容易分配不均。很多企业只是通过简单的计算确定单价。比如，A 员工一小时做了 10 个产品，大概是 20 元的产值，20 除以 10，得出这个产品的单价是 2 元。但由于员工有勤快与懒惰之分，员工操作有快慢之分，确定计件单价时无法做到绝对的公平。一个月下来，有的员工拿到了七八千元的工资，有的员工却只有四五千元的工资，这种情况在理论上没有问题，因为计件制下员工多劳多得、少劳少得，理所当然。但实际上，很多员工抱怨管理者在任务分配上不公平，认为其把好做的产品都分给“关系户”，分到自己头上的都是不好做的产品，会抱怨“分配不均”和单价不合理进而消极怠工，甚至罢工，引发劳资矛盾。

3. 生产计划不可控

计件薪酬模式下，员工往往只关注自己的个体效率而不注重组织效率，秉承着“我干多少活拿多少钱”的思想，鲜有考虑生产任务与计划的相关性，在企业中表现为“挑单”生产，比如抢着做工艺简单、易冲产量、单价高的产品。

特别是在很多五金厂，大量半成品摆放在车间，其他工序跟不上，企业出不了货，但还是得根据单价给员工结算工资，老板对此非常头疼。

4. 物资难以控制

因为实行计件制，员工往往只关注本工序的产量，会导致生产现场积压大量的在制品。同时由于员工过度关注效率，对损耗、计划生产数量没那么关注，很多时候实际产出会超过计划数量，增加了物资管控的难度。

5. 组织效率难以得到保障

计件薪酬模式下，员工往往只关注本工序的效率，对于哪些货着急出、其他工序进展情况并不特别关心，容易出现整个工厂物料流转速度慢、资金周转周期长等问题，组织效率很难得到保障。

三、薪酬模式的选择与优化动作

1. 适合采用计时薪酬模式的企业（主要针对制造型企业生产作业岗位）

（1）设备型制造企业；

（2）对员工个人技能依赖程度不高的企业（如电子厂等流水线式生产企业）；

（3）可大批量生产的企业。

2. 适合采用计件薪酬模式的企业

（1）对员工的个人技能、经验依赖程度比较高的企业；

（2）生产个性化定制产品的企业。

需要注意的是，企业采用的薪酬模式并不是完全固定的。比如，可以采用单纯的计件工资模式，也可以采用“基本工资＋计件工资”模式；计时工资通常可以划分为固定工资和浮动工资，浮动工资即根据绩效考核结果确定的工资。

四、薪酬模式的优化——关注组织效率

企业无论是采用计件薪酬模式还是采用计时薪酬模式，都必须把组织效率放在首位，以此为原则，可以对这两种薪酬模式做如下优化。

针对计时薪酬模式：

（1）实行“计时工资+超产激励”，让员工的收入与其工作效率的高低挂钩，通过超产激励来提高员工个体效率；

（2）PMC部制订切实可行的生产计划，员工按照计划作业，减少工时浪费，提高组织效率；

（3）严控员工上班时间、加班时间，让人力成本受控。

针对计件薪酬模式：

（1）科学、合理地确定产品单价（根据历史经验和员工生产效率）；

（2）从生产质量上对员工进行考核，把产品质量的优劣与基层管理者的收入挂钩；

（3）遵循“先难后易”的生产原则，科学合理制订生产日计划，规避员工选择性生产，并且要以派工单的形式将任务下达到个人，避免挑单生产；

（4）薪酬日清，做到公开透明，并不是每天给员工发放计件工资，而是每天核算员工的计件工资，并公之于众，这是化解劳资矛盾的有效方式。

第六章
绩效分配价值的十个步骤

绩效分配价值的核心是打造绩效管理体系，打造绩效管理体系需要严谨慎行，需要做好顶层设计和基础管理，需要一步一步扎实推进才能取得相对理想的效果。以下是绩效分配价值的十个步骤。

第一步：抓好精细化管理

绩效分配价值的第一步工作绝不是直接分钱，而是要抓好企业的精细化管理。怎样做好精细化管理？即通过组织管好人，通过流程的方式理好事，通过绩效评价分配好价值。

核心要点：

1. 梳理整个企业的运作流程，找出控制要点，找准主要方向

梳理企业整体运作的流程，找到关键的流程节点即容易失控的节点，这是企业流程变革的重点，也是企业精细化管理的要求。它能够让我们明确管理的重点，找到工作的突破口。

2. 制定流程管事的细则，并逐步动作化、流程化

很多时候朗欧团队一进驻企业，老板就询问道：“能不能先教我们怎么通过分钱来提高员工的积极性？能不能先做绩效？”我们的建议是等一等。企业如果没有打好管理基础，没有做到精细化管理，贸然分钱是会分出问题的。

在朗欧驻厂咨询项目中，以 1 年合同期的项目为例，一般在项目运行

到第十个月左右的时候才正式导入绩效管理，如果企业规模大一点，甚至在第二年、第三年才全面导入绩效管理。因为在做绩效管理之前，需要完成大量的基础动作。比如，PMC 生产计划与物料控制系统的打造、稽查系统的打造、现场改善机制的设置、团队的培养……这些是绩效分配价值的基础性动作。

3. 将关键节点的管理动作的结果以数据呈现

案例 6－1

表 6－1 管理变革周小结（表头参考）

承诺部门	管理变革目标项	11 月第一周承诺值	11 月第一周实际值	差异	原因分析	行动措施	行动时间	下周承诺	责任人确认

表 6－1 是朗欧咨询为一家企业设计的管理变革周小结，对每个部门每周都设置了关键数据的考核指标，对如何统计这些指标、各部门达标情况和未达标应采取的对策等都要明确。每次周小结的数据来源于每天的数据，每天的数据就是每天的工作结果。企业真实地记录好这些数据后，就形成了组织记忆。这些一线数据是企业开展绩效管理所需的基础性信息。

比如，生产部门 11 月第一周实际总产值为 435.5 万元，承诺目标值是 460 万元，差异为 24.5 万元。是什么原因造成这个差异的？相关部门要在周例会上分析具体原因，提出改善措施。除此之外，还要对下周的业绩指标进行承诺，以周为单位保持管理频率。

做绩效管理不是一蹴而就的过程。很多老板问我，朗欧老师进驻企业以后能够给企业带来什么效果？有没有具体的数据指标？朗欧咨询从成立的第一天起就不给客户承诺数据指标，但是在朗欧老师进驻企业以后，企业每个星期、每个月肯定能看到实实在在的变化。如果一旦承诺数据指标，双方就会为了数据而努力，单纯把数据做得好看是相对比较容易的事情。比如，把生产周期稍微拉长一点，订单准交率就上去了，把任务排少一点，计划达成率就提高了，数据是好看了，但对提高企业的实际效率是无益的。

朗欧站在第三方的立场，客观公正地看待这些问题，每周进行数据分析，同时以 PPT 的方式进行项目汇报。比如，在管理变革周例会上，如果 PMC 部门的业绩不达标，PMC 部的负责人需要在周例会上进行原因分析并列举改善措施，其他包括本周工作总结、工作亮点及不足，下周工作计划，管理瓶颈问题以及需要其他部门协助的事项等，都是周例会上要讨论和确定的内容。

4. 建立高效的组织结构

企业在做绩效管理时，一定要做好组织架构的顶层设计，健全的企业组织结构是绩效管理的保障。

5. 打造高绩效团队

企业进行精细化管理的过程本质上是培养团队的过程。企业通过每天的细节管理，提高团队的管理能力和职业化水平。保证团队的协同性是精细化管理的基础，也是绩效管理的需求。如果绩效管理对象的基础能力有问题，绩效管理也会出问题。

第二步：设计好员工的职业晋升通道

每个人都有追求成长的需求，企业要为员工设计好职业晋升通道。比如，班组的晋升、部门内部的晋升、跨部门的晋升、工厂内部的晋升、集团内部的晋升，以及新事业部包括事业群的晋升。

“敬业、专注”，是在朗欧多年来辅导了一两百家企业后，企业老板、高管对朗欧老师的评价。朗欧咨询的驻厂项目遍布全国各地，这也让很多老板、高管非常不解：为什么朗欧老师在看似没有人管理的情况下如此敬业？其实，在朗欧老师进入朗欧的第一天，公司就已经为他设计好了职业晋升通道，上不封顶，只要老师自己有能力，想发挥多大的水平都可以。设计好职业晋升通道之后，公司只要在后面看，老师们往前跑，这就是赛马机制。不是每个人都想争第一，但绝不会有人愿意落到最后，这样组织就有活力了，才能够创造价值和分配价值。

在为员工设计职业晋升通道时，要注意几个要点：不设上限，不断裂变，业绩评价，实时调整。

你或许会问如何激励企业副总和总经理，针对核心高层，可以进行股权激励，也可以成立一个新的事业部由他负责，甚至可以让他开发企业上下游产业，公司投资并给予配套扶持。

人是有成长需求的，而且人的成长需求会随着个人能力的提升、经验的积累和环境的改变而不断地得到调整。美国学者库克提出“创造力曲线”，认为一个人在岗位上最具创造力的时间是前面四年。如果一名员工干了四年而没有得到职位的晋升，企业要意识到企业的职业晋升通道是有问题的。企业在进行组织建设、组织再造的时候要思考组织设计能不能满足员工发展的需要。

我喜欢在各种场景琢磨管理问题。出于工作原因，我有相当一部分时间在飞机上。有一次在飞往欧洲的航班上，看到乘务员我就在想：“她们持续工作的动力是什么？她们的职业晋升通道又是怎样的？”于是我就咨询乘务长和乘务员，了解她们的职业晋升通道。一位乘务长告诉我，她们分为见习乘务员、经济舱乘务员、公务舱乘务员、见习乘务长、乘务长、主任乘务长，然后再转地勤……对于每一次职务的晋升公司都有明确的工作要求：从见习乘务员升为经济舱乘务员至少要飞行两个月时间，完成带飞、检查；从经济舱乘务员升为公务舱乘务员至少要飞行一年，飞行时长为1000小时左右；从公务舱乘务员升为见习乘务长至少要飞行三年；从见习乘务长升为乘务长至少要飞行一年，飞行时长为800小时左右；从乘务长升为主任乘务长至少要飞行三年。最终算下来，如果每一次都达到考核要求顺利晋升，见习乘务员要想升为主任乘务长基本上需要8～10年的时间。这位乘务长笑着告诉我：“从见习乘务员到主任乘务长，这一路工作下来，基本上就从空姐熬成空嫂了。”任何组织、任何团体都要有职业晋升通道的设计，民营工厂在现阶段尤其要注意。

很多企业不注重职业晋升通道的设计，所以一方面经常为“招不到优秀人才”而发愁；另一方面又为“赶不走老员工”而苦恼。组织失去了活力，绩效分配价值也就没有意义。职业晋升通道设计的目标为：岗位能左能右，职位能上能下，人员能进能出，工资能高能低。良好的职业晋升通道设计是对优秀员工最好的激励和福利。

第三步：建立健全员工薪酬体系

许多老板为追求“短平快”而去做股权激励，却找不到合适的激励对象。其实，中小型制造企业的苦恼不在于舍不得分钱，而在于难以确定分配对象。究其本质，是因为在过往的管理过程中，企业没有建立健全的薪酬体系。

朗欧老师在辅导企业的过程中发现，许多企业的薪酬体系不规范。比如，企业招A岗位员工，谈的工资是每月1万元，招B岗位员工，谈的工资是每月1.2万元，最后将这些岗位的要求及对应的薪酬汇集所形成的文件作为企业的薪酬体系，或者根据管理者的经验结合员工提的薪资要求来设立各岗位的薪资标准，长此以往，形成一个大家都比较认同的、约定俗成的所谓的薪酬体系。

薪酬体系是指薪酬的构成和薪酬分配方式、分配原则的集合，即一个人的工作报酬由哪几部分构成。一般而言：员工的薪酬包括基本薪酬（即底薪）、奖金、津贴、福利四大部分。设计科学合理的薪酬体系对企业的发展至关重要，直接影响着员工的工作态度及工作行为。

企业应如何设计薪酬体系呢？

（1）薪酬管理规定：规定如何核算、发放、核查薪酬。

（2）薪酬总额控制：在做薪酬体系设计时，企业首先要根据经营情况、产品类型等做好企业薪酬总额的控制，即明确企业的工资产值比（工资产值比＝员工月工资总额÷企业月总产值×100%）。

针对不同行业和不同企业，老板和人力资源总监要了解企业大概的薪酬控制总额。在设计薪酬体系的时候，如果没有薪酬总额的概念，极易导致企业的人力成本不可控。现实中很多企业在发展多年后发现，企业的人力成本比同行竞争对手高了很多，于是采取降薪的方式平衡工资产值比，极大地打击了员工的积极性，结果员工流失严重。

做好薪酬总额控制，需要分析公司的管理费用、运营费用、财务费用、人工成本等方面的数据，从而有针对性地制定方案。

（3）各部门人员工资结构设定：工资结构是指员工工资的各构成项目及所占的比例。合理的工资结构应该既包括固定工资部分，如基本工资、岗位工资、技能或能力工资、工龄工资等；又包括浮动工资部分，如效益工资、业绩工资和奖金等。

（4）分级评定：设置每个岗位的职等职级。

（5）流程设定：设定薪酬核算、发放等流程。

案例6－2

某企业薪酬管理规定

1. 目的

1.1 为了保证公司薪酬设计、发放和管理的科学合理，稳定公司的劳资关系，激发员工工作积极性、主动性和创造性。

1.2 建立一种以岗位为基础，以工作绩效考核为核心的正向激励机制。

1.3 把员工的薪资收入与岗位责任、工作绩效密切结合起来。

1.4 实现薪酬管理与分配的制度化、规范化。

1.5 充分发挥薪酬的激励作用，进一步拓展员工职业上升通道，依据《中华人民共和国劳动法》及其他相关法律法规，结合公司具体情况，特制定本规定。

2. 制定原则

本制度本着公平、竞争、激励、经济、合法的原则制定。

2.1 公平：是指相同岗位的不同员工享受同等级的薪酬待遇；同时根据员工工作技能、绩效、服务年限、工作态度等方面的表现不同，对职级薪级进行动态调整，可上可下，同时享受或承担不同的工资差异。

2.2 竞争：使公司的薪酬体系在同行业和同区域有一定的竞争优势。

2.3 激励：是指制定包括上升和下降的动态管理，对相同职级的薪酬实行区域管理，充分调动员工的积极性和责任心。

2.4 经济：在考虑公司承受能力大小、利润和合理积累的情况下，合理制定薪酬，使员工与企业能够利益共享。

2.5 合法：方案建立在遵守国家相关政策、法律法规和公司管理制度基础上。

3. 适用范围

适用××有限公司全体人员。

4. 管理机构及职责

4.1 薪酬改革委员会

会长：××董事长、××总经理

副会长：××副总、××厂长

顾问：朗欧驻厂项目组老师

执行委员：人事行政部××主任

委员：××总监、各部门主管/经理

4.2 薪酬委员会的职责及评定方法按照《薪酬改革委员会管理办法》执行

4.2.1 调研同行业公司薪资待遇情况，调研本地区薪资水平及人力资源状况，并做成报告。

4.2.2 制定薪酬调整、变革方案及福利政策，并推行落实。

4.2.3 主导公司职员履行职责审查和年度绩效考评；制订和监督职员薪酬计划、利润分享等收益计划。

4.2.4 主导公司人才测评，对公司薪酬制度执行情况进行监督，制定奖励和惩罚的主要方案和制度等。

4.2.5 主导公司人员等级评定，制定和实施《公司员工成长计划及人才梯队建设方案》。

4.3 组织运作与会议

4.3.1 每年至少召开6次会议，会议召开前7日要通知全体委员；会议由主任主持，主任不能出席时由副主任主持；会议至少有80%以上的委员出席方可举行（不允许他人代替），每名委员有一票的表决权。

4.3.2 会议做出的决议，必须经全体委员的60%以上通过，临时会议则可以采取通讯表决的方式召开。

4.3.3 会议在必要时可以邀请公司董事、监事及高级管理人员列席会议，如会议是讨论有关委员会成员的议题时，当事人应回避。另外，会议的召开程序、表决方式和会议通过的薪酬政策与分配方案必须遵循有关法律、法规、公司章程及本办法的规定。会后应当有记录，出席会议的委员应当在会议记录上签名；会议记录由委员会指定人员保存。

4.3.4 出席会议的委员对会议所议事项有保密义务，不得擅自披露有关信息；如有泄露，由委员会主任拟定并由全体委员表决处理方式。

5. 制定依据

本制度制定的依据为内外部劳动力市场状况、地区及行业差异、员工岗位价值（对企业的影响、解决问题、责任范围、监督、知识经验、沟通、环境风险等要素）及员工职业发展生涯等因素。

6. 薪资结构

6.1 年度工资预算：年度工资总额主要依据上一年度经营业绩和本年度经营计划确定。

6.2 工资总额控制：工资、奖金发放应严格控制在工资总额预算内。

6.3 临时人员和兼职人员的工资由各部门拟定，报人事行政部审核，总经理批准后方可执行。

6.4 薪酬结构。

薪酬总额													
基本底薪	职务薪资	岗位津贴	绩效奖	工龄奖	全勤奖	加班费	通勤补助	其他补助	负激励	代扣个税	代扣社保	其他扣款	应发工资

6.4.1 薪酬总额：

6.4.1.1 计时薪酬总额 = 底薪 + 职务薪资 + 岗位津贴 + 绩效奖 + 工龄奖 + 全勤奖 + 加班费 + 通勤补助 + 其他应扣款；

6.4.1.2 计件薪酬总额＝底薪＋计件工资＋岗位津贴＋绩效奖＋工龄奖＋全勤奖＋加班费＋通勤补助＋其他应扣款。

6.4.2 基本底薪：指依××省××市劳动法底薪标准制定（××元）。

6.4.3 职务工资：按照公司的组织架构，根据不同的管理级别所承担的责任、配合度和协调能力、管理能力、组织能力、学习能力及职务难度系数制定。

6.4.4 岗位津贴：依据岗位技能不同、岗位所承担的责任、工作量、工作效率、工作质量、部门技能、个人学历及岗位难度系数制定。

6.4.5 绩效奖：绩效考评由人事组统一进行，与公司经营状况、各部门工作任务、关键数据指标、员工职责履行状况等相联系。

6.4.6 工龄奖：按员工为企业服务的年限长短来确定，每满一年，月工资比上一年度增加100元。依此类推，最高累计6年为上限。

6.4.7 全勤奖：出满勤则获全勤奖，请假一日扣一半，请假两日以上（含两日）取消当月全勤奖。

6.4.8 加班费：根据工作要求需加班的，加班费一律参照《劳动法》规定的核算方式计算，因节假日放假导致休息时间不足的天数计入年假。

6.4.9 其他：未列入以上几点的其他项目。

6.4.10 扣款：负激励＋银行代缴个税＋个人社保＋其他。

7. 岗位职等职级划分

7.1 公司职务共分三大类（管理类、技术类和行政类），每大类各有12个职等，每个职等又细分为5个职级。各职务试用期统一为1～3个月，试用期满由部门负责人提出，薪酬委员会根据岗位定级评价表评定职等工资等级（对于引进的特殊、高端人才，由薪资改革委员会组织评定，下一个评定年度再参加等级评定）。

7.2 职务与职级具体划分：

职等职级划分及工资标准（具体数值皆为虚拟）

职等	职务分类			各部门职等对照											底薪（元）	职等工资（元）	职级工资（元）					绩效基数（元）	加班	全勤（元）	工龄奖		合计	
	管理类	技能类	行政类	稽查部	计划部	品质部	生产部	技术部	模具部	成型部	采购部	行政部	销售部	财务部			1	2	3	4	5				低（元）	高（元）	低（元）	高（元）
12	总经理														1620	2500	2380	2580	2780	2980	3180	2000		100	0	200	8600	9600
11	副总	总工程师													1620	2200	2280	2480	2680	2880	3080	1000		100	0	200	7200	8200
10	总监														1620	1900	2180	2380	2580	2780	2980	800		100	0	200	6600	7600
9	副总监	项目工程师													1620	1700	2080	2280	2480	2680	2880	800		100	0	200	6300	7300
8	经理														1620	1400	1980	2180	2380	2580	2780	600		100	0	200	5700	6700
7	副经理	高级工程师													1620	1200	1880	2080	2280	2480	2680	600		100	0	200	5400	6400
6	主管		高级专员												1620	1100	1780	1980	2180	2380	2580	500		100	0	200	5100	6100
5	副主管	中级工程师													1620	900	1680	1880	2080	2280	2480	500		100	0	200	4800	5800
4	班组长	初级工程师	专员	稽查员											1620	800	1580	1780	1980	2180	2380	400		100	0	200	4500	5500
3	副班组长														1620	600	1480	1680	1880	2080	2280	400		100	0	200	4200	5200
2	职员	技术员	文员				文员/储备干部					司机			1620	500	1380	1580	1780	1980	2180	400		100	0	200	4000	5000
1	作业员				包装员	检查员	作业员			作业员		保洁员			1620	计件体系				0	200							

8. 计时工资

8.1　公司除生产一线员工实行计件制外，其他员工实行计时制，其薪酬按计时工资计算。

8.2　计时制工资总额：具体参见6.4.1.1。

8.3　岗位工资和绩效奖金的确定方法：根据工作岗位及工作绩效确定。

8.4　薪酬与员工绩效考核的关系：员工薪酬与员工的绩效奖挂钩。

9. 计件工资

9.1　为提高生产的质量、产量和效率，实现按劳分配和对员工的有效激励，生产部一线员工实行计件工资制。

9.2　计件员工的计件工资来源于计件总工资，计件部门经理、主管、师傅等人员的工资按计时工资计算。领班、拉长、助拉的工资由公司发放。

9.3　计件制工资总额：具体参见6.4.1.2。

9.4　计件员工实行保底工资制，当计件工资低于保底工资时，则发放保底工资。

9.5　计件车间拉长/领班工资总额：具体参见6.4.1.1。（注：其中绩效奖的计算方式为该计件车间员工平均工资的25%）

9.6　计件车间助拉工资总额：具体参见6.4.1.1。（注：其中绩效奖的计算方式为该计件车间员工平均工资的12.5%）

9.7　实行计件的员工的计件工资要与劳动定额、产品合格率、损耗率挂钩，达不到标准要补偿，超额进行奖励。

各生产部门计件单价标准

车间	劳动定额标准	劳动定额（产量）（每人/小时）	正常单价	超额单价	不足单价	品质合格率定额	损耗率
总装部							
注塑部							
引线组							
冲压部							
冲压							
抛光							
氩弧焊							
钎焊							

9.8 因产品型号不同，实行劳动定额的各生产部门以年度最大产量的型号为标准件计算，其他型号按难易程度乘以相应系数折算。

9.9 计件员工在国家法定节假日上班给予一定的补助。

9.10 实行小组计件的员工的计件工资按小组整体计件方式分配，然后由小组按个人岗位系数和工时进行二次分配，计算个人工资。

9.11 实行个人计件的员工的计件工资按个人产量计算。

10. 薪资待遇构成的补充规定

10.1 激励工资金额与具体分配方法，按照各部门绩效考核方案执行；

10.2 对于居住地距公司10公里以上且在外面租房居住的员工，公司将对其给予“房补”，“房补”金额为300元/月（需要提供租房协议或房租缴纳收据等证明材料）；

10.3 对于××省以外员工，公司将给予“省外补贴”，金额为500元/月；

10.4 中国重要节日时，由公司行政部统一派发节日金或礼品；

10.5 加班补贴只适用于普通层级人员，普通层级以上职等人员不计算加班，加班的确认与申请遵守《考勤管理制度》。

11. 薪资调整及相关考核说明

11.1 职务工资晋升/降级机制。

11.1.1 经理、副经理、经理助理、主任、副主任的职务工资考核评定为12个月一次；组长的职务工资考核评定为6个月一次；员工的职务工资考核评定为3个月一次。

11.1.2 依据个人工作能力的考核确认提升/下降的，将对相应人员的工作或工资在下月做相应的调整。

11.1.3 经理、副经理、经理助理、主任、副主任、班长的职务工资晋升/降级，参考标准如下表：

参考项目	绩效考核分数（月均）	学习积分	人员表现测评分数								
			不服从安排（累计）	个人乐捐（月均）	部门拒签（月均）	个人拒签（月均）	个人罢工（累计）	部门罢工（累计）	作假（累计）	旷工（累计）	打架（累计）
晋升考核指标	≥90	3个月≥35；6个月≥70；12个月≥120	≤1	≤5	≤2	≤0	≤0	≤0	≤0	≤0	≤0
降级考核指标	<60	3个月≤20；6个月≤40；12个月≤60	≥2	≥10	≥5	≥2	≥2	≥2	≥2	≥2	≥1

11.2 岗位津贴晋升/降级机制。

生产车间（印刷/总装/成品检）的岗位津贴晋升/降级机制。

11.2.1 以现有生产车间管理人员的基本岗位津贴为参照，每增加一项技能或证书，增加相应的个人积分（具体积分及相对应的等级见附表）。车间主任的基本津贴为1000元，车间厂长的基本津贴为

1000 元。

11.2.2 以 5 分为一个阶段，印刷车间主任和制造部经理每增加 5 分，岗位津贴上升一个等级。

11.2.3 主任技能等级的评定以薪酬改革委员会方式评定考核，委员应包括副总、经理、稽查部主管，并以会签的考核表为准；厂长技能等级的评定以薪酬改革委员会方式评定考核，委员应包括总经理、副总、稽查部经理，并以会签的考核表为准。证书的评定以国家认可的为准，证书须在有效期内，超出有效期作废，重新考试合格后再行认证，交由副总和人事部判定给予加分。

11.2.4 经理、副经理、经理助理主任技能考核的范围和内容见《技能考核总表》。

11.2.5 生产系统经理、副经理、经理助理、主任每 12 个月进行一次岗位津贴等级评估考核。

11.2.6 考核后相关资料交由管理部更新个人档案，再交给财务存档。

11.2.7 评定分数对应的岗位津贴等级标准见《岗位津贴等级表》。

11.3 办公室所有职能部门的岗位津贴晋升/降级机制。

11.3.1 职能部门的岗位津贴以技能考核得分和绩效考核得分为准。

11.3.2 绩效考核参照绩效考核方案和标准；绩效考核以上次津贴考核时间至本次津贴考核时间为一个周期，取此周期内的平均绩效得分；未有绩效考核人员，由部门最高主管出技能试卷进行考核。

11.3.3 技能考核是以各职能部门技能考核表上面的内容进行现场考核，由考核人员根据实际情况进行打分，得分以各考核人员的平均分为准。

11.3.4 职能部门技能考核的范围和内容见《技能考核总表》。

11.3.5 3个月考核的人员：绩效考核分（月均）≥90分，方可晋升下一级；6个月考核的人员：绩效考核分（月均）≥85分，技能考核分同时能达标相应津贴等级，方可晋升一级；绩效考核分（月均）≥95分，技能考核分同时能达标相应津贴等级，则可晋升二级；12个月考核的人员绩效考核分（月均）≥85分，方可晋升一级；绩效考核分（月均）≥95分，技能考核分同时能达标相应津贴等级，则可晋升二级；绩效考核分（月均）≥98分，技能考核分同时能达标相应津贴等级，则可晋升三级。

11.3.6 技能等级的考核人员为副总、相应部门最高主管、稽查部主管。

11.3.7 职员每3个月、班组长每6个月、主任及以上每12个月进行一次岗位津贴等级的评估考核。

11.3.8 考核后相关资料交由人事更新个人档案，再交给财务存档。

11.3.9 评定分数对应的岗位津贴等级标准见《岗位津贴等级表》。

12. 工资确定与调整

12.1 试用期员工工资由工资、津贴和奖金组成。由人事行政部参考其聘用岗位的相应岗位职等职级提出工资级别的建议，其中级别工资按应聘岗位职级级别最低工资标准确定，经其隔级上级审核同意，由财务部执行。试用期间要接受绩效考核，但绩效考核结果只作为转正参考用，绩效奖系数为1（若员工试用期内自愿选择将绩效系数与本人工资挂钩，则须与公司签订《绩效考核合约》并经人事行政部及员工所在部门经理同意后也可执行），绩效奖转正后正式如实执行。

12.2　试用员工在转正时，转正加薪只加级别工资。依据岗位职责及个人表现，由直接上级给出评分，人事行政部依据《绩效考核办法》进行考核，分为合格、良好、优异三个层次。被评为合格的员工只转正不加工资（即拿原来的最低级别工资），被评为良好的员工转正并加同级别工资数额的中间数（即最高工资和最低工资之和除以二），被评为优异的员工转正并加同级别工资数额最高金额或加一定的岗位津贴，上报总经理批准，由财务部执行。

12.3　员工试用期一般为三个月，若三个月表现未达到公司要求而确因公司需要的情况下可延长至六个月，在延长试用期表现良好可办理转正。

12.4　员工在三个月试用期内表现突出可提前转正，如员工绩效考核得分达到110分以上，能在较短时间扭转不利工作局面提高士气，或者给公司创造增值价值超出5万元，等等。但员工试用期不应低于两个月。

12.5　正式员工工资。

12.5.1　正式员工的工资级别，在执行本制度之初，由人事行政部根据各岗位现行工资进行确定，报生产副总及总经理批准后执行。

12.5.2　正式员工的工资级别，由人事行政部每年组织各部门负责人审核一次，审核时间原则上为每年的4月至5月。

12.6　工资调整。

12.6.1　进行工资审核后，各部门负责人可以对所属员工的工资级别提出调整建议，并说明调整的理由。各部门/系统负责人的工资由副总/总经理提出调整建议。

12.6.2　薪酬改革委员会根据绩效考核结果、期间的考勤、奖惩状况的汇总情况，对调整建议做出审核意见。

12.6.3 员工级别的调整建议，由人事行政部经理汇总后，上报薪酬改革委员会批准。

12.7 工资级别争议的处理。

12.7.1 员工对工资级别有争议的，可向薪酬改革委员会说明理由，由委员会专员进行调查。

12.7.2 薪酬改革委员会根据调查结果做出处理方案，经争议人及其隔级上级协商同意后，上报总经理批准。

12.7.3 若确需对工资级别进行调整，只能在下月执行；已经发放的工资，不再进行补发。

12.8 员工无论在试用期还是已经转正，表现特别突出可获晋升，如连续三个月绩效考核得分均超过120分可晋升职级，连续六个月绩效考核得分均超过120分可晋升职等。

12.9 绩效奖金基数确定：一职等绩效奖金基数为其总工资的40%，二职等绩效奖金基数为其总工资的30%，三职等、四职等绩效奖金基数为其总工资的25%，五职等、六职等、七职等、八职等绩效奖金基数为其总工资的20%。特殊情况由人事行政部提出调整意见报总经理批准。

12.10 绩效奖金基数在员工入职、转正、晋升、调薪时由人事行政部提出，由副总经理以上领导审核批准执行，一经确定不得随意更改。

12.11 绩效奖金确定：绩效奖金金额 = 岗位绩效奖金基数 × 员工月度绩效考核得分系数。

12.12 提成工资按当月销售实际回款额做基数计算。

12.13 津贴确定：依据各项津贴标准，参照员工个人实际情况确定。

12.14 年终奖金依据公司经济效益和个人年度绩效考核成绩确

定，其他项目根据具体情况，由部门经理提出申请，交人事行政部汇总，经总经办讨论后由总经理批准。

12.15 MC部仓管员/物料员、品保部文员/品管员、工程部工艺员、开发部测试员、生产部统计员、注塑部统计员加班时以3.00元/小时计算加班费。

12.16 员工工资结合公司经济效益情况可进行年度加薪。由部门经理对员工进行年度考评，合格者名单报薪酬改革委员会复核后报生产副总并经总经理签核加薪。

12.17 因公司生产经营需要，员工应满负荷工作，个别工作量不满的岗位，员工应兼职工作，兼岗不兼薪，基本工资按较高岗位标准执行。

12.18 当月新进和离职员工的工资按实际工作天数计算和支付。

12.19 请假计算问题。全部由当月总工资按30天折算日工资，请事假、病假日薪的计算统一按当月绩效系数为1时的总工资除以30来计算。

12.20 工伤假的计算。计件员工按××元/月来摊算，计时员工则按照基础工资来摊算（如不足则按照××市最低工资标准来摊算），工伤期间的生活津贴、学历津贴、工龄津贴同样给予摊算。

12.21 员工个人所得税按国家有关规定执行。

12.22 员工全勤总工资经核算不足××市最低工资标准的，按××市最低工资标准执行，若没有出全勤则根据实际出勤天数折算。

13. 保险和福利

13.1 公司依法为员工办理相关保险，保险的种类和费用依××省有关规定办理。

13.2　公司目前参保的险种有两类：①商业意外保险：公司负担××元，其余个人负担。商业意外保险的办理对象包括特殊工种的普通员工：注塑工、冲压工、电焊工、司机等。②社会保险：具体负担办法按国家法律规定执行。

13.3　公司为需要住宿的员工提供集体宿舍。

13.4　公司配备员工食堂，为员工提供中餐及晚餐，对基层员工及部分岗位人员提供生活津贴。

13.5　开展各种培训活动，增加员工的工作技能和工作技巧。

13.6　公司争创良好的企业文化，努力为员工提供康乐、娱乐场所；组织管理干部及优秀员工旅游；开展文体活动、举办员工生日晚会等，提高员工对企业的认同感，增强企业自身的吸引力。

13.7　开展每月优秀员工的评选，并奖励100元/人；被评为年度优秀员工者，给予奖励300元；被评为年度劳动模范者，给予奖励500元。

13.8　员工本人结婚，向该员工赠送价值××元的礼品或按照公司的有关规定给予有薪假期。

13.9　根据公司实际情况，设立员工基金，扶助有困难或患病的员工。福利基金的来源有：①公司内部员工的捐助；②公司拨款；③组织募捐活动；④行政/稽查乐捐款。员工基金实行专款专用，接受员工代表监督，主要用于举办员工业余活动和对因伤病、家庭特殊困难员工的救助。

13.10　其他情况按国家有关福利政策执行。

14. 工资核算与发放

14.1　考勤月以自然月为周期，每月28天工作制，具体上班时间参见《考勤管理制度》。加班费和请假每月基数时间按30天计算。

14.2　工资实行隔月发放制，下月15日发放上月工资，遇节假日视情况提前或顺延发放。

14.2.1 考勤月结束后，由薪酬专员根据员工考勤情况，以及员工绩效考核结果进行工资核算，编制工资清单，经人事行政部经理审核，交财务部复核并报总经理审批后，由财务部发放。

14.2.2 工资以现金或银行转账的形式支付，公司统一代扣代缴个人所得税和社会保险费中个人应缴纳的部分及其他应扣费用。

14.2.3 支付工资时，财务部打印工资明细清单并负责发放，详列各项应发、应扣项目及金额，由员工本人亲自领取，非经员工本人授权，他人不得代领。

14.2.4 公司工资标准公开，绩效考核办法公开，但员工工资保密，员工间不得相互透露工资金额。

14.2.5 员工对工资明细清单中的项目或金额产生异议时，可在三日内以书面形式向薪酬专员咨询，以便及时解决。

15. 附则

15.1 本规定由薪酬改革委员会负责制定，由副总经理审核后报总经理/董事长批准后执行，修改或终止时亦同。

15.2 本规定由薪酬改革委员会负责解释并贯彻落实。

15.3 本规定实施后，凡既有的类似规定自行终止，与本规定有抵触的以本规定为准。

15.4 本规定计时制、计件制的执行起始日期参见《薪酬绩效推行进程表》。

16. 相关附件（略）

第四步：设置职等、职级、职责

职等是针对岗位的等级划分，职级则是同一职等系列岗位下薪资幅度在级别上的区分。比如，从总经理、副总、经理到主管、班组长、一线员工划分为6个职等。每个职等下再细分3个职级，一个经理岗位的职等是3，其对应的职级是3.1、3.2、3.3，每个职级对应不同的级别工资、津贴、绩效等薪酬结构。职责是指一个岗位需要完成的工作内容和应当承担的责任范围。企业建立了基本的薪酬框架及管理制度，就可以根据测评的分值确定员工所属的职等、职级、职责。

如何设置职等、职级、职责？

1. 设定岗位晋升级别

许多企业连岗位晋升级别都还没有设置好，就盲目地推行股权激励、阿米巴经营，这样的方案是落不了地的。企业只有设置基础的岗位晋升级别，在外招“高人”时才能明确其处在哪个职级，拥有哪些职责及享受什么薪资待遇。

2. 设定薪酬晋升阶梯

在许多规范的企业，员工与员工之间基本上不互相询问工资的具体数额，而是问这个月“你到哪一级了”。企业有非常完善的薪酬晋升阶梯，每一级对应着不同的薪资待遇。“你这个月拿了多少钱”和“你到哪一级了”这两种不同的语境暴露了企业薪酬体系建设的差异，反映了企业绩效管理体系健全与否。前者引导员工关注的是收入的多少，后者引导员工关注的是能力的提升。相应职等、职级和薪酬级别的背后是对该岗位人员工作能力和业绩的要求，能促使员工从对利益的关注转向对工作能力和业绩的关注。

3. 设定岗位职能职责

企业设定好每个岗位的职能职责，可为后续推行绩效考核做好基础工作。

案例6－3

表6－3－1　某企业PMC部职能说明书

部门名称	PMC部	上级部门	总经理	上级主管	总经理
下属部门	无	主管岗位	部长	部门编号	
所属岗位	仓库主管、计划员、物控员、仓管员、搬运工			岗位编制	15人
部门目标	1. 有效组织各部门资源，合理安排生产计划，达成客户交期 2. 建立、完善仓库管理制度，准确统计库存，做到账物卡相符				
部门主要职能	1. 负责组织对销售预测及订单进行评审，并结合库存情况及各生产单位的产能，整合生产能力，合理安排生产 2. 组织编制月、周生产计划，并跟进各生产车间的生产作业计划执行情况，确保交期满足销售需求 3. 收集各生产车间的产能信息并进行分析、预测及促进提升 4. 组织协调各相关单位解决生产过程中的各类异常情况，确保生产顺畅，负责参加生产协调会 5. 物料需求计划的审核、跟踪及采购作业的监控 6. 建立、完善仓库管理制度，准确统计库存，做到账物卡相符 7. 贯彻与维护公司有关工作的方针、政策 8. 完成上级安排的其他工作				
管理权限	1. 产品生产计划及物料计划的制订、执行、监督与解释权 2. 物料管理的监控权 3. 各生产单位生产进度监督权 4. 相关信息、资源的获取权及其他部门的协同权				
执行标准	《订单评审流程卡》《PMC与生产横向流程卡》《日冷冻生产计划形成流程卡》《生产计划达成流程卡》《生产异常处理动作流程卡》《备料制作业流程卡》《仓库收发退补流程卡》《仓库5S行为流程卡》《呆滞物料处理流程卡》《成品收发退补流程卡》				
管理责任	1. 对生产计划的合理性负责 2. 对物料需求计划及时性负责 3. 对订单准交率负责 4. 对仓库账、物、卡准确率负责 5. 对仓库呆滞品库存形成原因分析负责				

表 6－3－2　某企业 PMC 部岗位职责说明书

岗位名称	部长	直接上级	总经理	直接下级	仓库主管、计划员、物控员
岗位职责	1. 全面统筹本部门管理工作 2. 组织相关部门对销售预测及订单进行评审 3. 每月 28 日前召开产销协调会 4. 每日 15：30 组织各部门召开生产协调会 5. 负责审核生产用物料的需求计划 6. 每日监督各环节物料进度情况并组织、协调异常处理 7. 每日 17：00 前监督备料工作的及时性 8. 主导呆滞物料的处理、原因分析及跟踪改善措施的执行 9. 对生产部及各车间的生产计划完成情况进行审核、统计和考核 10. 贯彻与维护公司有关工作的方针、政策 11. 对下属工作的安排和督导 12. 对下属各项工作技能的教育培训 13. 完成上级交办的其他临时事项				
岗位权限	1. 对本部门工作的管理权 2. 对所属下级的工作有监督、检查权 3. 对计划执行的监督权、问责权 4. 对本部门员工的考核权、奖惩权、加薪及晋升的建议权				
任职要求	1. 大专以上学历，三年以上 PMC 部门负责人工作经验 2. 熟练运用电脑办公软件 3. 较强的组织、协调、规划、沟通能力，能够承受一定的工作压力 4. 熟悉制造型企业的工艺流程及生产运作体系				
执行标准	《订单评审流程卡》《日冷冻生产计划形成流程卡》《生产计划达成流程卡》《生产异常处理动作流程卡》《备料制作业流程卡》《呆滞物料处理流程卡》				
考核指标	1. 订单准交率 2. 仓库账、物、卡准确率 3. 仓库呆滞品金额 4. 备料不及时次数				

第五步：做好人才胜任力测评

许多企业都希望让员工分享企业发展的红利，以此作为对员工的激励，但却不知道具体怎么实施；还有的企业希望设置人力资源的职等、职级、职责，但却不知道具体怎么操作。

之所以产生以上两个问题，归根结底是因为企业没有建立与员工相匹配的人才测评体系，即人才胜任力测评体系。通俗地讲就是，从核心能力、职业意识、专业技能等多个维度对员工进行综合评价。

什么是胜任力？戴维·麦克利兰认为，胜任力是指在特定工作岗位、组织环境和文化氛围中绩优者所具备的可以客观衡量的个体特征及由此产生的可预测的、指向绩效的行为特征。

胜任力有三个特征，分别为个体特征、行为特征和情景条件。

（1）个体特征：知识、技能、自我认知、特质、动机/需要；

（2）行为特征：特定情景下对知识、技能、态度、动机等的具体运用；

（3）情景条件：胜任力是在一定的工作情景中体现出来的。

一套完善的人才测评体系可以帮助企业匹配适合岗位的人才，企业如何构建人才测评体系？

一、成立测评委员会

成立测评委员会是开展人才胜任力测评的第一步，企业可以成立形式多样的测评委员会，如研发技术创新委员会、安全生产委员会、薪酬改革委员会等。测评委员会的成员是非全职的。比如技术创新委员会可以由企业老板、研发部负责人、技术部负责人、厂长等组成。

案例 6 -4

××有限公司研发技术创新委员会管理章程

1. 目的

为企业技术人员及有技术方面兴趣爱好的员工建立一个学习平台、机制，同时健全企业现有的技术培训模式，帮助企业培养内部技术人才，完成企业技术人员的“造血”功能，让企业的技术经验得到传承，从而达到技术持续创新、工艺持续完善。

2. 范围

适用于研发技术创新委员会全体成员。

3. 内容

3.1　研发技术创新委员会成员

会　长：×××　　副会长：×××　　执行组长：×××

会员等级：注册会员、正式会员、原木会员、黑铁会员、青铜会员、白银会员、黄金会员、钻石会员（技术委员会所有成员包括会长、执行组长都需按积分标准晋升会员等级）

3.2　积分标准及福利待遇

表 6 -4 -1　积分标准及福利待遇

会员等级	晋级标准	福利待遇
注册会员	对技术感兴趣、喜欢研究的员工注册即可	享受公司组织的技术培训及一系列的技术相关活动
正式会员	通过会长、副会长、执行组长及黄金会员以上审核合格	享受年底分红奖金比同职位员工多加 10% 奖金（最低保证有 500 元），如同职位员工没有奖金时可享受 500 元奖金
原木会员	贡献分达 100 分晋升	享受年假来回报销车路费，享受超目标奖，奖励积分 50 分
黑铁会员	贡献分达 500 分晋升	享受公司法定节假日统一发放的所有福利，享受超目标奖，奖励积分 60 分
青铜会员	贡献分达 1000 分晋升	享受公司外出学习的机会（参观优秀的工厂及公司）并算上班，享受超目标奖，奖励积分 70 分

续表

会员等级	晋级标准	福利待遇
白银会员	贡献分达 1500 分晋升	享受父母生日时公司发放各 1000 元的生日祝福金，享受超目标奖，奖励积分 80 分
黄金会员	贡献分达 2000 分晋升	享受公司出资去专业技术机构深造的机会（需签订深造回来为公司服务的合同，公司保证薪资待遇比同行业同岗位高出 10%，学习期间工资不减，但需作为学习保证金暂存，按合同服务年限比例分别在每年年底发放），享受超目标奖，奖励积分 90 分
钻石会员	贡献分达 2500 分晋升	享受公司入股资格，入股金额不得超出在公司的年收入，享受超目标奖，奖励积分 100 分

会员福利按累计式叠加享受。举例：当等级达到青铜会员时可享受青铜会员及之前所获得的会员所有福利。

3.3 积分规则

表 6－4－2 积分标准及福利待遇

1. 提出工艺改善点的思路被采用的
提出工艺改善点的具体纸质版方案被采用的
提出工艺改善点被采用的，通过实施反复验证后节省成本每年达五千元以上
提出工艺改善点被采用的，通过实施反复验证后节省成本每年达一万元以上
提出工艺改善点被采用的，通过实施反复验证后节省成本每年达两万元以上
以上工艺改善类，节省成本按每年达两万元以上每增加五千元多加 5 分计算，被采用的工艺改善点没有做具体纸质版方案的需要在总分内减掉 2 分
2. 提出技术创新思路被采用的
提出技术创新具体纸质版方案被采用的
提出技术创新被采用的，通过实施反复验证后节省成本每年达五千元以上
提出技术创新被采用的，通过实施反复验证后节省成本每年达一万元以上
提出技术创新被采用的，通过实施反复验证后节省成本每年达两万元以上
以上技术创新类，节省成本按每年达两万元以上每增加五千元多加 10 分计算，被采用的技术创新没有做具体纸质版方案的需要在总分内减掉 5 分

3.3.1 以上工艺改善方案及技术创新方案必须通过会长、副会长、执行组长审核通过后方可实施。

3.3.2　以上工艺改善方案及技术创新方案审核通过后，按最高得分积分，不做累计叠加。

3.3.3　以上工艺改善方案及技术创新方案多个会员参与完成时，所得分数由组长、副组长及黄金会员、钻石会员共同商议后按比例进行分配。

3.4　研发技术创新委员会规定

3.4.1　所有会员必须以公司利益为准则，不能做有损公司利益的事情、不能不服从工作安排、不能打架斗殴、不能参与赌博、不能罢工、不能贪污受贿，一经发现开除研发技术创新委员会，情节严重者予以辞退。

3.4.2　研发技术创新委员会所有日常事务及活动，所有会员可本着自愿原则，不做任何稽查、不定任何指标、不追究任何责任、不强制性要求参与。所组织的会议及活动不做任何约束，大家自由发挥，提倡言论自由。研发技术创新委员会没有上下级之分，提倡人人平等，是一个供大家专心研究技术、创新技术的组织。

4. 本方案经相关人员共同商议，确定内容后正式实施，如有其他未尽事宜再依实际情况进行修正。公司有最终解释权和调整权。

二、设定评价规则

测评方式包括互评和上下级评价，具体包括以下四个方面。

1. 基本条件的测评

学历。设置与高中、大专、本科、硕士、博士等学历相对应的测评分值，学历越高，分值越高。

工作经验。企业若外聘一名管理者，了解其之前任职企业的知名度、规模、任职岗位级别、取得的业绩等，都属于对其基础条件的测评。

年龄、工龄。互联网企业对员工年龄的要求比较高，假如你 50 岁了，可能测评的分数就比较低；如果你正当而立之年，可能测评的分数相对来讲会高一些。在有的企业，这项测评分数会随着员工年龄和工龄的增长而降低；而在有的企业，反而会增长。各企业可根据自身的行业特性进行划定。

基本条件的测评包括但不局限于上述内容，每个企业应结合企业性质、产品特性等灵活应用。

2. 岗位技能的测评

岗位技能测评的对象不仅包括员工，也包括管理者。比如 PMC 经理能否胜任品质部门的管理工作、生产经理能否胜任 PMC 经理的工作、A 岗位的员工能否胜任 B 岗位的工作及 B 岗位的员工能否胜任 A 岗位甚至 C 岗位的工作等。

一个员工掌握的岗位技能越多，岗位技能测评的得分就越高。

3. 业绩的测评

业绩的测评是指要把每个员工的过往工作业绩以数据量化的方式呈现出来。

员工把工作做得怎么样？好还是不好？员工的工作能力在团队中处于什么水平？要力争以量化的方式呈现。企业通过业绩测评，自然就比较清楚员工处在哪个职等职级，该拿什么样的薪酬。

4. 员工成长性的测评

这个测评是很多企业最容易忽略的一个项目。我们不仅要关注员工当下的技能和业绩，还要从成长性上去考量一名员工，尽可能地采用相对量化的方式，而非靠感觉、凭经验对员工的成长性进行评估。

很多时候，关注员工的成长性要比关注员工当下拥有的能力和取得的业绩更重要。一名员工用一年的时间掌握了五种技能，而另外一名员工仅用了三个月的时间同样掌握了这五种技能，第二名员工的成长性肯定比第一名员工的成长性要好。

5. 要弱化老板、领导在测评体系中的作用

前四个测评很多时候都是以分数、指标去衡量，如果由领导进行评价，无论他评价得客观与否，这个测评都不具备公信力。弱化领导在测评体系中的作用，并不是说老板评价在人才测评体系中就失去了意义，而是要求领导的评价分值在人才测评中所占的权重较小。朗欧在企业构建人才测评体系的时候，领导的评价分值只占15%～20%的权重；岗位互评、技能测评、基本条件测评、业绩测评、员工成长性测评等占80%～85%的权重。企业要运用组织规则而不是单纯依靠领导进行人才测评。

三、固定测评周期

职等职级越低，测评的周期就越短；职等职级越高，相应数据的采集周期就越长，测评周期就越长。企业不可能每个月都测算总经理的经营业绩，虽然每个月的经营业绩都会有所呈现，但市场有淡季、旺季之分，需要平衡淡季和旺季的绩效落差，所以对总经理的测评周期稍微长一些。

案例6－5

某企业岗位人才测评表

表6－5－1　抄纸车间技能考核表

部门：　　　　职务：　　　　职务等级：　　　　津贴等级：

编号	技能分类	技能明细	标准分值	实际得分
1	数据制度类	会制定本部门的流程制度	10	
2		会对本部门的数据进行统计分析	10	
3		熟悉本部门的流程制度并能培训部门员工	10	

续表

编号	技能分类	技能明细	标准分值	实际得分
4	证书类	初中毕业证	1	
5		高中/中专	2	
6		大专毕业证	3	
7		一般本科	4	
8		重点本科	5	
9		技师	8	
10		工程师	9	
11		高级技师	10	
12		高级工程师	10	
13	设备技能类（操作/维修/保养）	稀油站	3.75	
14		液压站	3	
15		变速箱	3	
16		烘缸	3	
17		压力塞	3	
18		压榨辊	3	
19		真空泵	3	
20		浆泵	2.25	
21		导辊	2.25	
22		水泵	2.25	
23		真空箱	2.25	
24		推进器	2.25	
25		张紧器	2.25	
26		抽风机	2.25	
27		传动轴	2.25	
28		空压机	2.25	
29		卷纸机	2.25	
30		复卷机	2.25	
31		跳筛	2.25	
32		刹车	2.25	
33		变频器	2.25	

续表

编号	技能分类	技能明细	标准分值	实际得分
34	设备技能类（操作/维修/保养）	行吊	2.25	
35		旋转气头	2.25	
36		缩水气缸	2.25	
37	技改类	懂工艺改善和设备改良	20	

被考核人：　　　　　　　　　　考核人：　　　　　　　　　总得分：

表6-5-2　锅炉车间技能考核表

部门：　　　　　　　职务：　　　　　　职务等级：　　　　　　津贴等级：

编号	技能分类	技能明细	标准分值	实际得分
1	数据制度类	会制定本部门的流程制度	10	
2		会对本部门的数据进行统计分析	10	
3		熟悉本部门的流程制度并能培训部门员工	10	
4	证书类	初中毕业证	1	
5		高中/中专	2	
6		大专毕业证	3	
7		一般本科	4	
8		重点本科	5	
9		技师	8	
10		工程师	9	
11		高级技师	10	
12		高级工程师	10	
13	设备技能类（操作/维修/保养）	给水泵	7.2	
14		鼓风机	7.2	
15		引风机	7.2	
16		炉排变速箱	7.2	
17		除尘泵	4.5	
18		胶硫泵	4.5	
19		炉排	4.5	
20		上煤变速箱	4.5	
21		上煤斗	4.5	
22		蒸汽截止阀	4.5	
23		锅炉电器类	4.5	

续表

编号	技能分类	技能明细	标准分值	实际得分
24	技改类	懂工艺改善和设备改良	20	

被考核人： 考核人： 总得分：

表 6－5－3 PMC 部技能考核表

部门： 职务： 职务等级： 津贴等级：

编号	技能分类	技能明细	标准分值	实际得分
1	数据制度类	会制定本部门的流程制度	10	
2		会对本部门的数据进行统计分析	15	
3		熟悉本部门的流程制度并能培训部门员工	15	
4	证书类	初中毕业证	2	
5		高中/中专毕业证	4	
6		大专毕业证	6	
7		一般本科	8	
8		重点本科	10	
9		管理师（人力/行政/物流/采购/会计/市场营销）	10	
10	岗位技能类（计划员）	会做欠料表	5	
11		懂订单评审	5	
12		会做纸板 /原纸生产计划	10	
13		会统计纸板/原纸计划达成率	5	
14	岗位技能类（计划员）	会分析订单准交率	5	
15		能够跟进好生产进度，协调处理相关异常	5	
16		懂得召开生产协调会，控制会议进程和纪律	5	
17		懂产能负荷评估	10	
18	岗位技能类（物控员）	会排查原纸库存	10	
19		会做欠料表	10	
20		懂下原纸采购单	5	
21		懂跟进物料进度，协调处理相关异常	10	
22		会统计纸板/原纸计划达成率	10	
23		会抽盘仓库库存	5	
24	改善类	懂工作方法改善/降低成本方案	20	

被考核人： 考核人： 总得分：

表 6-5-4　品质部技能考核表

部门：　　　　　　　　职务：　　　　　　　职务等级：　　　　　　　津贴等级：

编号	技能分类	技能明细	标准分值	实际得分
1	数据制度类	会制定本部门的流程制度	10	
2		会对本部门的数据进行统计分析	10	
3		熟悉本部门相关的流程制度并能对相关内容做培训	10	
4	证书类	初中毕业证	1	
5		高中/中专毕业证	3	
6		大专毕业证	6	
7		一般本科	8	
8		重点本科	10	
9		技师	8	
10		工程师	9	
11		高级技师	10	
12		高级工程师	10	
13	岗位技能类	懂得分析造成纸板各缺陷的因素和能提出有效的改善措施	10	
14		会制作品质检测标准	5	
15		熟练掌握各实验仪器的使用方法	5	
16		了解实验仪器的保养方法	5	
17		精通 6 西格玛质量管理体系	5	
18		精通 QC 七大手法	5	
19		会处理客户投诉	8	
20		掌握检验原纸来料质量的方法	5	
21		坑棍	0.5	
22		糊棍	0.5	
23		油压站	0.5	
24		液压站	0.5	
25		压力棍	0.5	
26		泵	0.5	
27		搅拌器	0.5	
28		上纸架	0.5	

续表

编号	技能分类	技能明细	标准分值	实际得分
29	岗位技能类	自动接纸机	0.5	
30		油缸	0.5	
31		气缸	0.5	
32		空压机	0.5	
33		旋转气头	0.5	
34		热板	0.5	
35		同步带	0.5	
36		牵纸皮带	0.5	
37		传动轴	0.5	
38		传动棍	0.5	
39		分纸刀	0.5	
40		分纸机	0.5	
41		坑纸刀	0.5	
42		砍纸刀	0.5	
43		纸边抽风机	0.5	
44		太阳轮	0.5	
45	改善类	各车间的工艺改善	20	

被考核人： 考核人： 总得分：

表6－5－5 采购部技能考核表

部门： 职务： 职务等级： 津贴等级：

编号	技能分类	技能明细	标准分值	实际得分
1	数据制度类	会制定本部门的流程制度	10	
2		会对本部门的数据进行统计分析	10	
3		熟悉本部门相关的流程制度并能对相关内容做培训	10	
4	证书类	初中毕业证	1	
5		高中/中专毕业证	3	
6		大专毕业证	6	
7		一般本科	8	
8		重点本科	10	
9		采购管理师	10	

续表

编号	技能分类	技能明细	标准分值	实际得分
10	岗位技能类	会做采购成本数据分析	15	
11		会做采购管制表	10	
12		会做采购欠料表	5	
13		会制定采购合同	5	
14		能做好废纸使用计划和部门质量异常反馈处理	5	
15		懂跟进处理吨耗异常	10	
16		能做好本厂重要设备需要更换、修磨、保养时与原厂的对接工作	5	
17		开发和考核新供应商，做好供应商的评审工作	5	
18	改善类	部门改善（工作方法改善/降低成本方案）	20	

被考核人：　　　　　　　　考核人：　　　　　　　　总得分：

每个部门、每个岗位都有对应的技能考核表，在对员工进行测评的时候，只需按照对应的测评表对员工打分。这样的测评结果非常真实，也会减少员工的很多抵触。员工绩效和测评结果直接相关，测评客观、公开、透明，员工通过测评也能了解到自己的真实工作能力和组织对个人的评价。

企业可以参照以上技能测评表为每个岗位、每个员工制定相应的测评标准。

案例6－6

人才测评加分项

除了对每个岗位进行技能测评之外，企业还可开展一些弹性的测评，设置额外的测评加分项目。比如培训积分测评、学习积分测评、兼职稽查积分测评和周例会积分测评等。

表 6-6-1　培训积分测评

序号	姓名	积分							总分	备注
		1月20日	3月3日	3月7日	3月12日	3月18日	3月22日	3月23日		
1	小张									
2	小王									
3	小李									

注：朗欧在每个驻厂咨询项目中，都会成立内部管理学院，《管理学院章程》规定员工每参加一次培训加2分，每主导一次培训加3分，如若不参加管理学院的培训则扣1.5分。

表 6-6-2　学习积分测评

序号	姓名	积分					总分
		4月10日	4月17日	4月19日	4月22日	5月18日	
1	小张						
2	小王						
3	小李						

注：学习半小时加0.5分，学习1小时加1分。

表 6-6-3　兼职稽查积分测评

序号	姓名	积分								总分
		4月1日	4月2日	4月3日	4月4日	4月5日	4月6日	4月7日	4月8日	
1	小张									
2	小王									
3	小李									

注：开1张乐捐单加2分，参加1次兼职稽查加1分，每周未开够3张乐捐单，少1张扣2分。

表 6-6-4　周例会积分测评

序号	姓名	积分					总分
		6月5日	6月12日	6月20日	6月26日	总分	
1	小张						
2	小王						

续表

序号	姓名	积分					总分
		6月5日	6月12日	6月20日	6月26日	总分	
3	小李						

注：在周例会上，主管的点评时间为3分钟，最少要下达一个会议决议，未达标者扣2分，每增加1个会议决议累加2分。同时，最少要提出3个问题，少一个扣1分，达到5个则加1分，超出5个每个加2分（各主管的问题可以重复，但是会议决议不得重复）。

统计以上各表的分值后进行累加，形成每个员工的测评总值，从而对员工进行测评。

表6-6-5　积分汇总

序号	姓名	积分				总分	备注
		学习积分	稽查积分	培训积分	周例会		
1	小张						
2	小王						
3	小李						

以上的测评方式简单又不失合理性，也可以应急为一些粗放式管理企业开展年终分配提供一个相对可靠的分配依据。通常此类企业没有基础数据，但通过以上方法给每位员工打分，并以此为基础对员工进行绩效测评，员工的心态相对会平衡一些。

第六步：确定绩效激励方式

建立了人才测评体系，设置了职等、职级、职责，接下来是确定具体的激励方式。

1. 股权激励（高层）：用钱投票

不入“银股”的股权激励都是不可靠的。所谓的“银股”是指股东以资金的形式参股，用真金白银投资，没必要搞太多的概念。这里主要是针对高层的激励。

前段时间有位创业者问我："我才创业，现在在招揽人才，计划给他30%的干股。"我说："你给了没用，你这个生意肯定做不长远。"我的观点很明确，员工要入股就要投真金白银。如果这名员工是技术大牛，也可以采取技术入股的方式，但技术入股只能占很小比例。

以上是我多年的经验总结。很多企业盲目地推行股权激励，最后搞得厂不像厂、同事不像同事、老板不像老板，有关系恶化的、有打官司的……教训深刻。

2. 月度绩效（中层）：对投方式

什么是月度绩效对投？比如，员工 A 的月薪为 1 万元，下个月起，公司开始做绩效考核，从员工 A 的 1 万元月薪中抽取 1000 元，公司层面也拿出 1000 元。如果下个月员工 A 的业绩达标，他就可以拿 1.2 万元的工资；相反，如果业绩不达标，他只能拿 9000 元的工资。

3. 实时考核（基层）：公司奖励

对于基层员工，企业可以采取月度或实时考核的方式。通俗理解就是对员工进行奖惩。朗欧主张奖要大于惩，主要目的是给员工惊喜，实时激励。原则就是多给惊喜，少给承诺。

给惊喜和给承诺的效果是不一样的。一旦给员工承诺以后，员工心理上就会有"损失效应"，员工认为承诺没兑现就是公司和领导信用有问题，认为兑现承诺是应该的，企业兑现承诺也不会产生太多激励作用。对基层的实时考核具有即时性和偶然性的特点。

4. 年终奖励/分红：按效分配

年终奖励/分红就是以一年为周期，按绩效数据对员工进行奖励。

第七步：设置考核指标

绩效考核需要设置具体的指标，这些指标直接导向被考核人员的行为。企业在设置考核指标时容易陷入两个误区。

1. 贪大求全

一谈到绩效考核，很多企业就试图将所有相关指标都与管理者挂钩，认为如果指标跟利益相关，管理者就会关心每一个指标，以此倒逼管理者全方位地努力完成各项工作任务。事实上，设置过多的考核指标最后几乎就变成形式主义，导致被考核者要么“一考就跑”，要么就在数据上弄虚作假。

2. 以偏概全

很多企业试图以片面的考核指标去规范员工的全部工作，在考核的时候没有考虑关键指标间的关联性。比如，只考核员工的效率，员工就可能忽略质量；只考核订单准确率，没有配套考核生产周期、人均产值，虽然订单准交率高，然而生产周期过长、效率过低。

案例 6－7

表 6－7－1　品质部经理绩效指标（1）

被考核岗位：品质经理		考核周期：　月（每月 1 日至当月月底）			绩效奖金基数：1000 元		
项目	指标值	计算公式/方法	权重	计分规则	数据提供部门	提供人	数据报表
纸板客户质量投诉次数	20	客诉单累计	30%	每超过一次扣 2 分	业务部	客服主管	客诉单
纸板客户退货次数	3	退货报表累计（离层、压线、起泡除外）	35%	每超一次扣 2 分	审计组	审计员	退货报表
××安监检查不合格次数	0	当月检查不合格次数累计	10%	一项扣 2 分，扣完为止	人事部	人事文员	安全生产检查记录表

续表

被考核岗位：品质经理	考核周期：	月（每月1日至当月月底）			绩效奖金基数：1000元		
项目	指标值	计算公式/方法	权重	计分规则	数据提供部门	提供人	数据报表
部门执行率	90%	部门稽查合格次数÷部门稽查总次数	20%	以90%为基准，每低1%，扣2分，扣完为止	稽查部	稽查经理	部门执行单统计表
上司的评价	0	评价表合格项累计	5%	跟进绩效评价表扣分	相应部门	部门最高主管	绩效评价表

备注说明：

1. 每项指标分值扣完为止，指标之间的分值不互相抵扣；
2. 数据提供人员必须在考核周期结束后的2个工作日之内将考核指标所要求的相关报表提交给人事部，如需要复核数据的，人事部需整理好交给复核部门签字确认；
3. 各部门主管的《绩效考核表》由人事部负责填报，当事人签字确认后，每月6日前提交到稽查部；
4. 其余事项依照《绩效考核管理制度》执行。

被考核人签字：		人事部初核：	
稽查部复核：		总经理审批：	

表6－7－2　品质部经理绩效指标（2）

被考核岗位：品质经理	考核周期：	月（每月1日至当月月底）			绩效奖金基数：1000元		
项目	指标值	计算公式/方法	权重	计分规则	数据提供部门	提供人	数据报表
纸板客户质量投诉次数	20	客诉单累计	20%	每超一次扣2分	业务部	客服主管	客诉单
纸板客户退货次数	3	退货报表累计（离层、压线、起泡除外）	20%	每超一次扣2分	审计组	审计员	退货报表
××安监检查不合格次数	0	当月检查不合格次数累计	10%	一项扣2分，扣完为止	人事部	人事文员	安全生产检查记录表

续表

被考核岗位：品质经理		考核周期：月（每月1日至当月月底）			绩效奖金基数：1000元		
项目	指标值	计算公式/方法	权重	计分规则	数据提供部门	提供人	数据报表
工伤次数	0	不合格次数累计	10%	—	—	—	—
6S	90分	人事实际分	10%	—	—	—	—
车间异常次数	2	不合格次数累计	10%	—	—	—	—
部门执行率	90%	部门稽查合格次数÷部门稽查总次数	15%	以90%为基准，每低1%，扣2分，扣完为止	稽查部	稽查经理	部门执行率统计表
上司的评价	0	评价表合格项累计	5%	跟进绩效评价表扣分	相应部门	部门最高主管	绩效评价表

备注说明：
1. 每项指标分值扣完为止，指标之间的分值不互相抵扣；
2. 数据提供人员必须在考核周期结束后的2个工作日之内将考核指标所要求的相关报表提交给人事部，如需要复核数据的，人事部需整理好交给复核部门签字确认；
3. 各部门主管的《绩效考核表》由人事部负责填报，当事人签字确认后，每月6日前提交到稽查部；
4. 其余事项依照《绩效考核管理制度》执行。

被考核人签字：		人事部初核：	
稽查部复核：		总经理审批：	

表6－7－1为相对有效的绩效考核表，针对品质部经理的绩效考核指标只有5个；表6－7－2为不合格的绩效考核表，针对品质部经理的绩效考核指标高达8个。企业在设计绩效考核指标的时候，不能以偏概全，也不能贪大求全。针对一个岗位，核心的管理指标就那么几个。实际上一个管理者的精力是有限的，要抓主要矛盾，抓核心指标，这也是最有效、最节省成本的管理方式。

第八步：设定考核指标值

设定考核指标值是企业推行绩效管理非常核心的一步，涉及考核能不能落地、被激励对象能不能拿到奖励以及绩效成本能否受控。企业具体应如何设定考核指标值？

1. 通过历史实际数据进行演算

对被考核人的历史工作业绩进行演算。可以 3 个月、半年和一年为周期，必须拉长每月波动较大的数据指标的演算周期，要进行同比和环比的演算。

既要避免目标定得太高失去了激励的意义，也要避免目标定得太低起不到激励的效果。比如针对品质合格率和人均产量这两个指标，要把被考核人过往几个月的工作业绩与该岗位上年同期相对应的实际业绩进行对比演算，同时结合当下的业绩情况，在此基础上确定一个相对合理、科学的考核指标值。

2. 绩效成本效益整体核算

企业在推行绩效管理时，需要对绩效总额进行控制和预算。需要核算出增加的绩效成本和进行激励后预计产生的效益，从而把控激励的幅度。

企业如果不做好绩效成本效益整体演算，便无法确认绩效工资产值比，同时会打乱整个薪酬体系。虽然我们希望员工工资和福利越来越好，但是绩效考核和激励必须科学、合理，否则不仅起不到激励的效果，还会增加人工成本。

3. 设定调整周期及调整方案

朗欧团队在制作任何一个流程文件时一定会明确“试运行”时间，试运行后会重新核定、评估方案的合理性。

很多企业老是做不好管理，不是因为不会做，而是因为懒；不想前期勤快，必定后面“救火”。特别是绩效管理的相关方案与每位员工的实际利益相关，企业在确定相关方案时必须严谨和慎重，在开始推行绩效方案时就要宣导试运行时间，以便对运行过程中出现的问题进行调整。

第九步：制定绩效管理制度和确定绩效考核方案

当扎实完成前期的基础性管理动作后，确定可执行的绩效管理制度和绩效考核方案也就顺理成章了。

1. 制定绩效管理制度

案例6－8

××××有限公司绩效管理考核方案

1. 目的

为进一步建立和完善××有限公司绩效考核体系和激励约束机制，对中高层干部的管理效能、价值创造过程及结果进行客观、公正的评价，并通过此评价客观地进行利益分配，促进中高层干部与××有限公司事业共同发展，特制定本方案。

2. 原则

管理干部考核必须坚持公平、公正、公开的原则，严格依据管理效能与业绩和价值创造过程中的表现，来实现干部的薪资、年终奖金和职位升降。

3. 考评周期

试运行期：××××年××月××日至××××年××月××日；试运行期无修订，本方案将延期至××××年××月××日止。

本方案月度考核周期：每月1日至月末，以自然月为准。

本方案年度考核周期：每年3月至翌年2月末，以阳历年为准。

4. 考核机构与权限

公司成立绩效考核委员会，主要成员有3人。绩效考核委员会是公司最高考核机构，负责各分厂和部门经营管理目标、管理绩效的考核与审核工作，是所有考核结果的负责人。

李××（组长）：负责副总、总监级别及直属下级管理人员的绩效考核与审核。

王××、张××（成员）：负责部门经理、部门/车间主管、分厂厂长和区域经理/主管的绩效考核。

人力资源部：考核工作的具体执行部门，参与绩效考核工作，负责公司各级经理、主管等级别干部考核体系的构建、考核制度的制定、考核工作的组织实施，并综合协调、指导与监督职能部门的考核工作，以及考核结果的管理与归档。

5. 适用范围

本方案包含竞争上岗的见习主管/经理和转岗、晋升、降职等特殊阶段管理者，以及正常履职的各级部门/车间主管、部门经理和各分系总监/副总的考评考核。

新入职处于试用期管理人员、未被正式录用的主管或主管级以上管理人员不适用此方案。新入职试用期主管/经理在试用期内，适用于特殊期内员工考评方案，以《试用期员工转正考核表》进行考评。

6. 考核内容、标准及权重

本考核方案以业绩和能力为导向，根据各部门岗位特征，选取关键的KPI指标，对具体的KPI设定考核权重，每个KPI值设定具体的绩效额度和上下浮动空间标准。当次月KPI实际达成值核算出结果后，人力资源部将以KPI实际值对应考核标准项，以该对应项的绩效工资额计算工资。具体见《××××年××绩效考核标准》。

考核指标以一个年度为周期，每年1—2月确定翌年新的考核指标和权重。

7. 考核程序

生产总监、销售总监、各分厂厂长、部门/区域经理、部门/车间主管绩效考核指标是公司年度经营管理目标的分解，公司年度经营计划每年需于12月15日前确定，并于12月25日前完成各部门目标分解，次年1月20日前完成所有主管和主管级以上经营管理人员的考核指标和《绩效管理考核方案》。

每年更新确定的《绩效管理考核方案》和《××××年××绩效考核标准》的指标在制定过程中，须与考核对象座谈，议定考核项目、数据和统计方式等，并经考核对象签字确认。

各考核数据统计岗位于每月5日前，将经自己核准签字的考核数据提交人力资源部，由人力资源部于15日前完成数据核实工作。生产部工资产值比在经人力资源部核算后，于每月22日移交财务部审核，再反馈人力资源部。人力资源部将各项考核KPI整理成《××月绩效考核表》，经人力资源部经理核准签字后，于每月24日前交给考核对象签字确认。

被考核人对考核数据有异议的，在收到《××月绩效考核表》后1天内提出异议，并填写《绩效考核面谈/申述表》到人力资源部或绩效考核委员会申请复核，人力资源部或绩效考核委员会需在1日内作出回复。被考核人1日内未提出异议的，视为同意。

人力资源部将经被考核人签字的《××月绩效考核表》汇总成《××月绩效考核总表》，于每月26日前报送绩效考核委员会组长审批。

总监级管理人员直接由总经理审批，直属总经理管辖的部门经理由总经理审批；各分厂部门经理级别由生产总监初审，分厂经理和厂长级别由副总经理初审，销售部区域经理由销售总监初审，再由总经理复审后生效。

部门主管级别由人力资源部初审，总监级别复审后生效。

人力资源部负责所有考核基础数据和重要表单的归档管理工作。

人力资源部于每月26日前将《××月绩效考核总表》移交财务部，财务部根据《××××年××绩效考核标准》结算工资。

8. 考核结果的运用

绩效考核结果不仅关系到薪资水平，还与上级是否能达成年度经营管理目标息息相关。被考核人在任意连续三个月里，月度指标达成状况在60%或以下时，直接上级有权考虑是否对直属下级的责任人采取降级、降薪、降职、调岗、劝退、留岗查看或培训措施。

直属下级出现下列情况时，可破格降级、降薪和调岗。

（1）因本人过错，给公司造成重大经济损失或损害公司形象信誉者；

（2）多次或重复违反公司规章制度，触犯公司红线者；

（3）利用公司名义和资源，进行个人技术与经贸活动者；

（4）唆使或操纵罢工、怠工、造谣生事、破坏正常工作和生产秩序者；

（5）在外兼职，或泄露公司商业机密、重大决策者；

（6）被证明能力不济，须采取降级或调岗处理者；

（7）因个人身体或家庭原因，长期无法胜任或实际未行使本职务职权者。

在一段时间内，被考核人的绩效数据进步或提升快速、稳健的，公司将优先考虑提供晋升机会或物质奖励。

9. 考核结果与年终收益

自××××年起，公司对部门主管或以上级设年终奖，该奖项在被考核人年薪中抽取一部分作为基数，参考额度为：总监级2万元起，经理级 8000 元起，主管级 4000 元起（特别注明：此额度仅作为参考值）。公司另外支出一部分作为该管理人全年的价值贡献奖，参考额度为被考核人抽取的基数的 0.21 倍。

年终奖的给付标准以全年数据平均值为依据（一般取 3—12 月数据的平均值，如果 1 月或 2 月未受春节假期的影响，出勤满 28 天的，公司会将出勤满 28 天的月份的数据加入年终奖的计算中）。如果全年数据平均值等于《××××年××部门绩效考核标准》中绩效系数值 1 的标准时，则给予发放全额年终奖。

如果全年数据平均值高于《××××年××部门绩效考核标准》中绩效系数值 1.2 的标准时，则为超出基础目标值，公司对该管理效能突出贡献者给予奖励，奖金幅度为被考核人抽取的年终奖基数乘以倍率（0.2~1 倍），具体倍率由绩效考核委员会根据超出幅度和签订的《××××年××部门绩效考核标准》决定。

达标的年终奖计算公式：

被考核人年终奖 =（本年度抽取的被考核人的绩效基数 × 出勤月份数 ÷ 12）+（本年度抽取的被考核人的绩效基数 × 出勤月份数 ÷ 12）× 超额达成倍率。

注：被考核人工作满 11 个月或超出 11 个月，按 12 个月计算年终奖。如未满 11 个月则按实际出勤的整月数占 12 月的比例计算年终奖。

如果全年数据平均值低于签订的《××××年××部门绩效考核标准》中绩效系数值 1 的标准时，则视为未达成工作目标，年终奖则按实际达成率计算（具体以签订的《××××年××部门绩效考核标准》为准）。

未达标的年终奖计算公式如下：

被考核人年终奖 = ∑［本年度抽取的被考核人的绩效基数 × 达成

百分率（单项计算）] ×出勤月份数÷12

上述计算公式为通用计算公式，具体以签订的《××××年××部门绩效考核标准》为准。

10. 月度绩效工资

公司根据职位特征将被考核人的薪资分解为基本工资、绩效工资和年终奖三个部分，再将绩效考核权重项分成10份，依各绩效权重比例设定对应的绩效工资额度（详见《××××年××绩效考核标准》）。公司对每个绩效指标设定上下浮动空间（即绩效系数）。

公司根据月绩效指标实际达成值，在《××××年××绩效考核标准》中找考核值的对应项和对应系数，以该单项绩效金额乘以绩效系数，即得出当月单项的绩效工资，再将各单项绩效工资相加，即是被考核人当月的总绩效工资。

计算公式如下：

被考核人月薪=底薪+∑（月度各指标绩效工资额度×月绩效考核系数）

11. 月度考评执行步骤

各部门数据统计员每月5日前，将上月管理数据结果通过OA系统报人力资源部，由人力资源部核实数据。

每月23日前，人力资源部将已核实的数据整理成《××月绩效考核表》，并通知被考核人确认。被考核人对数据有异议的，在1日内提出，并填写《绩效考核面谈/申述表》到人力资源部或绩效考核委员会申请复核，人力资源部或绩效考核委员会在1日内作出回复。被考核人1日内未提出异议，视为同意。

人力资源部将经被考核人签字的《××月绩效考核表》汇总成《××月绩效考核总表》，于每月26日前报送绩效考核委员会审批后，转财务部结算工资。

12. 人力资源部权责

12.1　人力资源部负责制定统一的绩效考核方案和实施细则；

12.2　人力资源部负责绩效考核方案的解读、宣传与绩效管理工作；

12.3　人力资源部负责实施月度和年度绩效考评工作，对绩效考核结果的真实有效性负主要责任，并落实考评结果的兑现；

12.4　人力资源部为被考核对象提供绩效考核的专业培训与指导，发放考评所需资料；

12.5　人力资源部负责收集各项考评原始资料信息，为制定新的绩效考核方案提供充分的数据依据或事实依据；

12.6　人力资源部负责收集考评意见，进行绩效管理评估和诊断，整理绩效考评资料并进行归档、保存；

12.7　负责对绩效欠佳的管理人员进行绩效面谈，提出处理意见；

12.8　按时完成绩效考核流程工作，跟进相关责任人绩效考核工作进度。

13. 考核制度

13.1　绩效考核人员务必如实做好考核的相关工作，保证所有绩效考核数据的真实性、严肃性、权威性，如发现弄虚作假，谋取私利，将处责任人500元/次的罚款，主管或以上级管理人员参与作假，至少承担1000元经济责任，并不排除提交司法机关查办的可能。

13.2　试用期内，管理人员均不参与绩效考核，具体考核按《试用期转正绩效考核表》执行，如被考核人在当月10日（含）以前转正的，按当月上班天数核发绩效奖，20日（含）以前转正的，按1/2的标准计算绩效奖，如在21日以后转正的，绩效从下月1日起计算。

13.3　被考核人当月累计请事假超过7天（不含7天）的，当月不计绩效工资，病假超过15天（含15天）的，当月不计绩效工资，病假时间在15天以内的，按实际出勤比例发放。

13.4　被考核人1个月内累计请假2天以内（含2天）的，仅扣底薪，不扣请假期间绩效工资。

13.5　被考核人月中离职，当月绩效工资不予计算，也不予发放。

13.6　新入职的主管或以上级管理人员工作未满6个月（含试用期在内）因故离职的，年终奖不予计算。

13.7　被考核人因故降级、降职、调岗的，年终奖一部分按原岗位标准计算，另一部分按新岗位标准计算。

13.8　被考核人因故降薪的，在降薪的洽谈中，如未作特别说明，降薪即默认为降低底薪。

13.9　被考核人因出现本方案第八条中第1~5项规定之情形，被降薪、调岗、降职、劝退的，当年年终奖将不予计算。问题严重的，公司保留依法追究刑事责任的权利。

13.10　被考核人因出现本方案第八条中第6~7项规定之情形，出现降级、降薪、降职、调岗、劝退或离职情况时，年终奖按原岗位工作时间比例和在岗的实际达成率给予计算。

13.11　因被考核人职务晋升，在新岗位的试用期内，绩效工资额度按原岗位标准计算，试用期满，被证明符合新岗位条件的，自转正之日起，按新岗位的绩效额度标准计算。否则，原绩效额度不变。

13.12　被考核人出现平级调动时，或者降级、降职的情况时，底薪和绩效工资额度从职务变更日起，同时按新岗位标准计算。

13.13　法定节假日，正常公休日和公司行政性短假（指2天内休息），不扣绩效。

13.14　春节放假期间和公司行政性长假（指3天或以上的休息），按当月实际出勤比例计算绩效。该数据不参与年终奖的平均值计算。

13.15　各主管/经理绩效工资属公司机密，严禁外泄或在公开场合谈论。如有违反，责任人承担由此带来的全部后果，不排除使用行政制裁和经济制裁手段。

14. 绩效改进

被考核人绩效不佳时，人力资源部应至少组织一次相关管理人员和被考核人员面谈，与被考核者就绩效改进与能力提升做正式的全面沟通，且应做到以下3点：

（1）让被考核者了解自身工作的优点和缺点；

（2）对下一阶段工作的期望达成一致性的意见；

（3）讨论制订双方都能接受的书面绩效改进和培训计划。

15. 附则

15.1　本《绩效管理考核方案》试行版自××××年×月×日起开始试行，其他类似或有冲突的规定，自××××年×月×日起按本方案执行。

15.2　本方案修订、解释权归公司人力资源部所有。

16. 各种附表（略）

人力资源部

××××年××月××日

2. 制定个人（部门）绩效考核方案

公司确定总的绩效考核制度后，还要制定具体的个人（部门）绩效考核方案。

案例 6－9

××××年 PMC 部经理绩效考核标准
(案例中的数值皆为虚拟)

1. 目的

为充分激发管理效能，提升生产效益，达成公司各项经营管理目标，根据相应岗位的薪酬水平，结合生产实际，以公平公正为原则、以正面激励为宗旨，特制定本方案。

2. 适用范围

适用于生产中心 PMC 经理的薪酬。

3. 薪酬结构

全年薪酬＝月薪（基本工资＋绩效工资）＋年终奖

月薪＝底薪＋Σ（月各指标绩效工资额度×绩效考核系数）

年终奖（达标）：

年终奖＝（本年度抽取的被考核人的绩效基数×出勤月份数÷12）＋（本年度抽取的被考核人的绩效基数×出勤月份数÷12）×超额达成倍率

年终奖（未达标）：

年终奖＝Σ［本年度抽取的被考核人的绩效基数×达成百分率（单项计算）］×出勤月份数÷12

4. 薪酬及考核标准

4.1 薪酬标准

职位	岗位级别	月度薪酬标准（元/月）		年终奖金标准（元/年）	合计（元）
		底薪	绩效工资额度		
PMC 经理	3.2	3500	3500	12000	96000

4.2　绩效考核指标及月度目标值、考核权重

考核项目	月度目标值	考核权重	绩效工资额度（元）	年度目标值	指标对应年终奖额度（元）
订单批次准交率	85%	30%	1050	85%	3600
月总产值	1900 万元	30%	1050	1900 万元	3600
五金配件包准确率	99.7%	20%	700	99.7%	2400
账物卡准确率	98%	20%	700	98%	2400

备注：1. 订单批次准交率 = 安包装入库总批次 ÷ 销售计划下达月总批次 ×100%；此数据以销售部统计的数据为准，按平均 20 天的生产周期计算。

2. 月总产值是指在自然月内，由生产部出货交仓库的总产值；该产值按 28 天的出勤时间计算，正常出勤不满 28 天的则按比例扣减，超出 28 天的按 28 天计算。

3. 五金配件准确率 = 月度五金配件包检验准确总数量 ÷ 总检查数量；此数据以品质部统计数据为准。

4. 账物卡准确率 = ［1 – （账面数据 – 盘点数据）］ ÷ 账面数据 ×100%；此数据以财务部统计数据为准，可以将不定时抽检数据作为考核数据，但抽检不得少于 20 款，或以财务盘点数据为考核数据。此两种方式均可，但只可选其中一种。

4.3　各绩效考核标准及计算标准

4.3.1　订单批次准交率考核标准及计算方式（一律以四舍五入法精确到 1 位小数）

订单准交率	绩效系数	绩效工资额（元）	绩效计算方式与范围
≥85%	1.5	1575	1. 月薪 = 底薪 + ∑（月度各指标绩效工资额度 × 月绩效考核系数） 2. 订单准交率以 60% ~64.9% 为中间值，每上升或下降 5 个百分点，参照绩效系数发放绩效工资；最低绩效工资额度为 180 元 3. 生产周期会因生产的实际情况逐渐缩短，最短为平均 20 天；压缩过程中的数据不影响考核的执行
80% ~84.9%	1.4	1470	
75% ~79.9%	1.3	1365	
70% ~74.9%	1.2	1260	
65% ~69.9%	1.1	1155	
60% ~64.9%	1.0	1050	
50% ~59.9%	0.8	840	
45% ~49.9%	0.6	630	
≤44.9%	0.4	420	

4.3.2 月总产值绩效考核标准及计算方式（一律以四舍五入法精确到整数）

<table>
<tr><th>月总产值（元）</th><th>绩效系数</th><th>绩效工资额（元）</th><th>绩效计算方式与范围</th></tr>
<tr><td>≥2100 万</td><td>1.5</td><td>1575</td><td rowspan="8">1. 月薪 = 底薪 + Σ（月度各指标绩效工资额度 × 月绩效考核系数）
2. 月总产值以 1701 万 ~ 1800 万元为中间值，每上升或下降 100 万元产值，绩效系数随产值发生变化，参照绩效系数给发绩效工资；最低绩效工资额度为 120 元
3. 试运行期间，绩效系数上下限封顶值为 0.2 ~ 1.5</td></tr>
<tr><td>2001 万 ~ 2099 万</td><td>1.4</td><td>1470</td></tr>
<tr><td>1901 万 ~ 2000 万</td><td>1.2</td><td>1260</td></tr>
<tr><td>1801 万 ~ 1900 万</td><td>1.1</td><td>1155</td></tr>
<tr><td>1701 万 ~ 1800 万</td><td>1.0</td><td>1050</td></tr>
<tr><td>1601 万 ~ 1700 万</td><td>0.8</td><td>840</td></tr>
<tr><td>1501 万 ~ 1600 万</td><td>0.6</td><td>630</td></tr>
<tr><td>≤1500 万</td><td>0.4</td><td>240</td></tr>
</table>

4.3.3 五金配件包准确率绩效考核标准及计算方式（一律以去尾法精确到 2 位小数）

<table>
<tr><th>配件包准确率</th><th>绩效系数</th><th>绩效工资额（元）</th><th>绩效计算方式与范围</th></tr>
<tr><td>≥99.95%</td><td>1.5</td><td>1050</td><td rowspan="8">1. 月薪 = 底薪 + Σ（月度各指标绩效工资额度 × 月绩效考核系数）
2. 配件包准确率以 99.70% ~ 99.79% 为中间值，每上升或下降 0.1 个百分点，绩效系数随之发生变化，参照绩效系数给发绩效工资</td></tr>
<tr><td>99.90% ~ 99.94%</td><td>1.3</td><td>910</td></tr>
<tr><td>99.80% ~ 99.89%</td><td>1.1</td><td>770</td></tr>
<tr><td>99.70% ~ 99.79%</td><td>1</td><td>700</td></tr>
<tr><td>99.60% ~ 99.69%</td><td>0.9</td><td>630</td></tr>
<tr><td>99.50% ~ 99.59%</td><td>0.8</td><td>626</td></tr>
<tr><td>99.40% ~ 99.49%</td><td>0.7</td><td>462</td></tr>
<tr><td>≤99.39%</td><td>0.5</td><td>385</td></tr>
</table>

4.3.4　物料仓账物卡准确率绩效考核标准及计算方式（一律以去尾法精确到1位小数）

账物卡准确率	绩效系数	绩效工资额（元）	绩效计算方式与范围
>99.5%	1.5	1050	1. 月薪=底薪+∑（月度各指标绩效工资额度×月绩效考核系数） 2. 账物卡准确率以98%～98.4%为中间值，每上升或下降0.5个百分点，绩效系数随之发生变化，参照绩效系数给发绩效工资
99%～99.5%	1.3	910	
98.5%～98.9%	1.1	770	
98%～98.4%	1.0	700	
97.5%～97.9%	0.9	630	
97%～97.4%	0.8	560	
96%～96.9%	0.6	420	
≤95.9%	0.4	280	

5. 绩效考核周期

××××年××月××日至××××年××月××日（试运行），试运行期间，人力资源部有权对不合理值作出修订、调整，但修订与调整需事前与被考核人协商确定。

如在试运行期内无须修订，本方案可延期执行至××××年××月××日截止。

6. 年终奖金

PMC经理年终奖为12000元，按全年实际达成数据的平均值计算。

××××年KPI数据平均值（有些数据是总值）分3个级别，分别是达标、超标、未达标，年终奖按下表标准计算。

6.1　年终奖发放标准与权重

年终奖（元）	项目	全额年终奖发放条件	考核权重	指标对应年终奖额度（元）
12000	订单批次准交率	70%～74.9%	30%	3600
	月均总产值	1750万～1850万元	30%	3600
	五金配件包准确率	99.70%～99.79%	20%	2400
	账物卡准确率	98.5%～98.9%	20%	2400

6.2　年终价值贡献奖发放标准与权重

年终奖（元）	项目	价值贡献奖发放条件	考核权重	年终价值贡献奖额度（元）
12000	订单批次准交率	75%	35%	4200
	月均总产值	≥1851万元	35%	4200
	五金配件包准确率	≥99.8%	25%	3000
	账物卡准确率	≥99.0%	25%	3000

如××××年数据平均值低于6.1条中年终奖的标准，则按实际达成率计算年终奖金。

6.3　未达标项的年终绩效的发放标准与权重

年终绩效额（元）	项目	考核权重	达成率	指标对应年终奖额度（元）
12000	订单批次准交率	30%	实际达成值÷70×95%	3600×达成率
	月均总产值	30%	实际达成值÷1750×95%	3600×达成率
	五金配件包准确率	20%	实际达成值÷99.7×90%	2400×达成率
	账物卡准确率	20%	实际达成值÷98.5×90%	2400×达成率

注：达成率一律按去尾法精确到2位小数。

7. 其他

7.1　本绩效考核方案操作细则按《××绩效管理考核方案》执行。

7.2　本方案最终解释权和修订权归人力资源部。

3. 研讨、试点、试运行必须严谨

企业一般以一两个部门做试点推行绩效考核方案，以便以点带面。很多企业与员工之间的心理契约是缺失的，要想建立起企业和员工之间的信任关系，就必须保证方案严谨、注重细节。尤其在利益考核上，企业要做到稳步推进，否则有可能引发负面效果。不可避免的是，无论前期准备工作做得多么充足，企业在实际推行绩效考核方案的过程中还是会遇到很多问题，所以必须保证有一个试运行的时间，从而能够及时纠错和调整方案。

第十步：绩效管理方案实施过程中的注意要点

1. 充分培训，打造认知

企业组织团队相关成员开展培训，可以与绩效考核管理制度的研讨同时进行。企业在培训过程中要明确绩效考核的目的，提供有说服力的案例，传达“以奋斗者为本、保证优秀员工利益”的绩效管理思想。绩效方案培训的过程就是打造团队认知的过程，也是让员工认同绩效方案的过程。

2. 过程高度关注，不断宣导

企业在推行方案前期需每天通报数据，每周召开总结会，实时关注各个被考核人的数据达成情况，考核奖金实得情况，以案例来说话。企业只有做到过程高度关注，才能了解绩效推行的实际情况，才能有的放矢地进行方案调整，从而保证绩效管理措施的落地。

有的企业计划把计时薪酬模式调整为计件薪酬模式，如何调整呢？有些管理者就是简单地定个计件单价，这样是行不通的。管理者必须对过程高度关注，注重前期宣导。可先以一个班组为试点，统计个别员工从计时改为计件的工资变化，原来每小时计价 20 元，员工做 800 个产品，一天工作8小时能挣160元工资；现在计件，员工同样一天工作8小时，可以生产800~1200个产品，每个产品计件单价为0.2元，能挣超过160元的工资。企业将这个结果对员工进行公示，这就是宣导的作用。通过数据让员工明白计时薪酬改为计件薪酬并不会影响他们的收入，甚至还可以增加他们的收入，如此更有信服力。

3. 数据稽查，高压打假

禁止数据作假是企业管理的底线和红线，企业要保持“高压打假”的态势，要做好数据稽查，既包括对财务结果和过程数据的核查，也包括稽查部的日常检查和专项检查。最重要的是要做好数据链上各个部门、各个相关环节的横向检查和监督，这既是成本低、效果明显的监督方式，也是公平、公正、透明的管理手段。

总结绩效管理的要点，即三十五字要诀：

晋升通道是基础，
人才测评是关键，
机制设计是要诀，
过程关注是核心，
严谨慎行是宗旨。

第七章
生产组织管理的十六个核心动作

工厂生产管理现状分析

一、工厂生产运作管理体系

从产品生产的过程来看，一个产品的优劣主要由原材料、生产工艺技术和生产管理技术三方面决定。在信息化技术高度发达的今天，同行业间可以模仿甚至复制设备、工艺、技术、原料，唯独无法复制生产过程中的管理技术。每家企业都有各自的特点和难处，生产管理问题是传统制造型企业面临的最大问题，如交期问题、品质问题、效率问题、成本问题等，一直困扰着企业的发展。

工厂生产运作管理体系主要包括四个方面：生产作业管理、现场管理、成本管理和品质管理（见图7－1）。

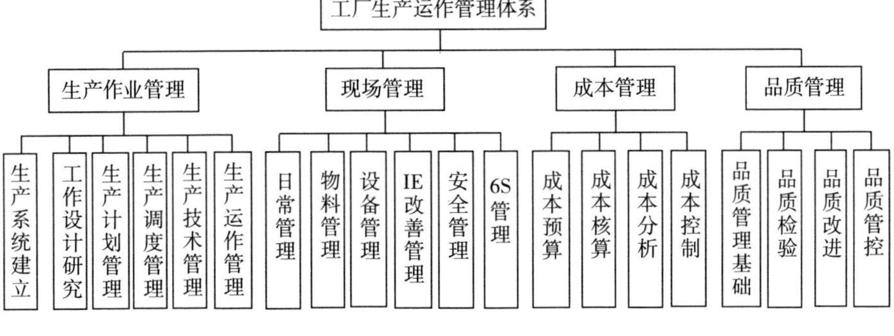

图7－1　工厂生产运作管理体系

一家生产型企业要完成从订单接入到成品出货的主流程梳理和设计，主要涉及研发部、业务部、PMC 部、生产部、品质部、采购部、仓库和供应商。企业需要梳理一个总的管理框架，做任何管理动作都应该在这个框架下进行。在这个基础上，细化和分解生产作业管理、现场管理、成本管理和品质管理等模块的具体管理动作，从而保障生产运作体系的执行效果。

二、工厂管理普遍面临“一多三高”问题

（一）一多

定制需求多：生产订单多批次少批量，个性化需求越来越多。

随着人们消费需求的升级，包括对产品的需求、服务的需求等不断升级，出现了“服装个性化中心”“玩具个性化中心”“手机个性化中心”“汽车个性化中心”……这就对工厂的生产管理提出了更高的要求。原来靠一个车间的规模生产就能满足绝大部分的客户需求，现在可能需要多个车间的协同合作才能完成产品的定制生产。从生产线批量化生产，到模块选择性订制，再到个性化订制，工厂的生产方式正在一步步发生转变。

（二）三高

1. 交期要求高

随着信息化技术的发展，消费者对产品的交货期要求越来越高。“快速交货”成为很多消费者的需求，很多客户甚至希望今天下单明天就可以拿到货。很多人喜欢购买京东自营的商品，很大原因就在于京东自营高效的物流配送体系。

生产交货期缩短，客户对交期要求高，这已经是制造型企业要面临的现实问题。对于生产工厂尤其是定制型企业，保证交期是客户的基本需求。

2. 成本要求高

原料成本：在过去的几年，原料成本的上涨蚕食着制造业的利润，有的企业感叹压力空前，成本涨了接近 30%。

人力成本：现在越来越多的年轻人不愿意进工厂，基础劳动力资源的短缺势必倒逼人力成本的上涨。企业招不到人，只能不断提高用人成本。特别是在新《劳动法》等政策法规实施以后，制造业的人力成本负担更加沉重。

除了最直观的原料成本和人力成本以外，企业的环保成本、土地使用成本、规范化成本等都越来越高，制造型企业的利润空间不断被压缩。

3. 质量要求高

对产品品质高要求已经成为消费者的基本需求。以前消费者买东西追求性价比，讲究的是经济实用；现在越来越多的消费者更注重产品的性能比，不再是简单地比较产品价格，而是比较产品的个性、功能和质量。拥有好的品质、实用功能和精美外观的产品才有市场。

面对“一多三高”的现状，工厂的各种管理问题日益凸显：订单积压严重，生产周期长，交期不稳定；生产异常居高不下，管理人员忙于“救火”；生产欠料不断，员工士气低落，无效工时多；仓库库存量大，账物卡准确率低，呆滞品多；产品品质问题多，返工不断，客户投诉多；工厂人均产值不高，生产效率低下……

很多时候造成这种现状的原因不是员工不尽心、管理者不尽责，而是生产管理体系建设出了问题。此时我们需要静下心来，从细节抓起，练好内功。

工厂生产运作管理的六项基本原则

制造型企业是一个庞大的群体，中小型制造企业占99%以上。除了面对日益严酷的外部大环境外，很多中小型制造企业还面临管理落后的严峻挑战。接下来将从管理精细化的角度，剖析企业应该如何开展生产运作管理。管理者需要首先思考两个问题：

（1）为什么大家都在忙，工厂最后仍出不了货？

（2）为什么出了问题，深究起来好像每个人都有责任，却又解决不了问题？

带着这两个问题，以下从管理思想和管理动作两个维度总结生产运作管理的六项基本原则（见图7－2），即：

管理思想三原则：组织高效原则、系统知情原则和三权分置原则。

管理动作三原则：工作前置原则、单位化小原则和量化管理原则。

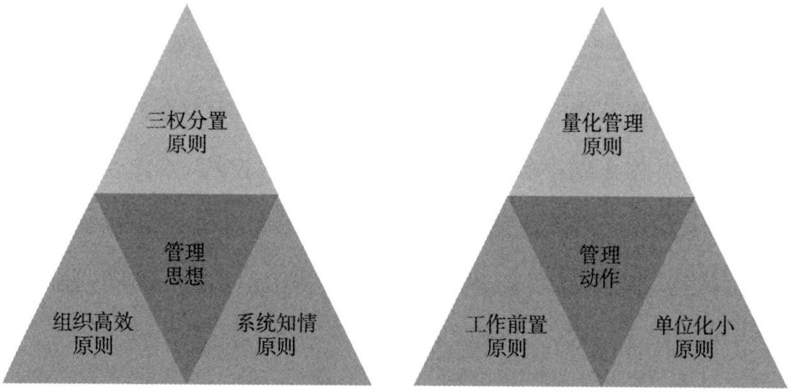

图7－2　生产运作管理的六项基本原则

一、生产运作管理思想三原则

1. 组织高效原则

企业中每个部门、每位员工都在忙，但往往还是出不了货，为什么呢？因为很多时候大家强调的是个体效率，没有形成高效的组织效益。当企业在只有三五十人规模的时候，通过“各自为政”“人盯人”的管理模式还能够维持经营，但达到几百人、上千人以上规模的时候，这种管理模式势必阻碍企业的发展。

企业只有保证组织目标的个体高效才能最终实现组织高效，否则就是在打乱仗、做无用功。我们经常可以看到很多工厂的仓库积压了非常多的半成品、呆滞品，根源就在于组织效率不高，或者说个体行为没有围绕组织目标而行。

当企业发展到一定规模的时候，个体效率之和未必等于组织效率，“1 + 1”有时未必等于 2，甚至有可能小于 2，更严重者，会小于 1，所以企业一定要关注组织效率。在企业里我们经常看到这种情况，本想为了提高效率给主管配一个副手，但两人经常消极对抗，甚至搞内讧，这样不仅不利于开展工作，反而还会严重影响组织效率。

2. 系统知情原则

系统知情原则就是要求企业形成组织记忆，让生产管理问题得以自动呈现。

关于组织记忆，前文已有详细的讲解。企业组织记忆表现为各种数据、流程制度和员工履历等。

企业针对每位员工的工作状况，进行每周小结和每月评价，做好这些动作是形成企业组织记忆的保障。企业通过每天的工作日报、工序的交接、小时产量看板、生产进度的跟进记录、条码系统、MES 系统、ERP 系统等组织记忆工具形成强大的组织记忆能力，从而做到系统知情，让生产异常自动呈现，而不是依赖某一位管理者的个人经验或某一位员工的责任心。

3. 三权分置原则

“三权”即决策权、执行权和监督权。如果没有对这“三权”进行分置，每个部门、每个个体都会优先考虑自身利益，这样不利于组织效率的提升。

朗欧团队辅导的每个企业都会成立 PMC 部，就是根据“三权分置”的原则将生产活动的决策权、执行权和监督权分离开来，PMC 部行使生产计划的决策权，生产部行使生产任务的执行权，业务部、仓储部和财务部等行使生产活动的监督权。

二、生产运作管理动作三原则

1. 工作前置原则

工作前置要求把生产管理活动从生产中提到生产前。

很多管理者认为“无生产不管理”，导致自己就像“救火队员”一样天天忙于在生产现场“救火”，企业内物料异常、设备异常、人员异常等频繁发生。

生产管理做得好的企业，会把生产中的问题移到生产前去解决，“从产中提到产前，从内部车间扩展到外部供应链”。在生产活动开始之前，管理者就要做很多管理动作，如订单的评审、物料和人员的排查、工装夹具的准备……同时要求“从内到外”扩大管理范围。比如，对于物料没有准交的问题，相关人员要到供应商那里了解具体原因，一起商定对策。

2. 单位化小原则

单位化小是指将管理的时间单位和空间单位最小化，在最短时间里、最小范围内控制和解决问题，使经济损失降到最低，这也是管理精细化的表现。

空间单位化小，要求我们把管理对象从整个工厂细化到车间、从车间细化到班组、从班组细化到机台；

时间单位化小，要求我们把管理周期由月、周、日尽可能细化到小时。

很多企业接到订单就把它扔到车间，至于什么时候能够出货，完全“听天由命”，这种管理不够细化。

有些人可能会问，强调单位化小原则会不会造成管理过剩？其实管理过剩的企业很少，更多的是管理不足。一些先进制造型企业已经做到了准时生产，以小时甚至以分钟为单位开展精准管理。很多时候所谓的管理过剩只不过是懒惰的托词而已。

3. 量化管理原则

做到数据流动、流程顺畅是保证生产管理有序进行的核心要求。

为什么生产出了问题，深究起来都有原因，却没有明确的责任人？不深究，好像每个人都有责任，却又解决不了问题？原因就在于没以量化的思维来看待问题。企业只有通过量化管理才能分清责任并落实到个人；只有通过量化管理才能做到整改有目标、考核有依据、评价有标准，促进员工作业的标准化。企业要建立完整的数据系统，培养员工用数据说话、用数据管理、用数据决策的习惯。

工厂管理的十六个落地核心动作

工厂如何打造生产组织和开展生产精细化管理？结合朗欧多年的驻厂辅导实战经验，我总结了以下工厂生产管理的十六个落地核心动作。

一、业务接单管理

很多企业容易忽略业务接单管理这个环节，甚至还质疑："有订单接就不错了，还要管理接单，岂不是管理浪费吗?"业务接单管理是生产运作管理的基础，需要从以下几个方面进行考量。

（一）经营上的考量

1. 初创期的企业

企业在业务接单时应重点考量回款率和生产能力。"接了这个订单，客户能不能按时付款?""接了这个订单后，企业能不能按时生产出来?"因为企业处于生存阶段，如果客户回款率不好，企业的现金流会受到影响，危及企业的生存；如果企业接了单但生产能力跟不上，客户也会拒绝付款。

2. 成长期的企业

企业在业务接单时应重点考量产品结构和订单量。企业在高速成长的过程中，一定要注重产品结构是否有利于提高效率，是否有利于降低成本，是否有利于企业按时保质地交付订单。同时，还要考虑订单量的大小。有时小单可能会影响其他大单的生产，进而影响企业整体效率，此时要慎重考虑是否接单。

3. 成熟期的企业

企业在业务接单时应重点考量客户结构、经营风险和业务稳定性。在创业时可能一两个主要客户支撑了企业的整个经营，但企业发展到成熟期，还靠一两家客户维系的话，经营风险是非常高的，哪天这一两家客户突然撤单，工厂马上面临停产。

（二）管理上的考量

1. 客户管理：客户需求

企业在接单时要弄清楚客户需求，包括品质要求、技术要求、交期要求、包装要求等。有时候可能就是业务员没有弄清楚客户的需求导致客户投诉和产品批量返工，这个需求是非常细化的。在某家企业，一个业务员因为笔误在产品型号上多写了一个数字导致货不对板，产生了大批量的退货，给企业造成了巨大的损失。

2. 计划管理：订单工序结构、季节性、偶发性

企业接单时需要从计划的角度分析订单工序结构、季节性、偶发性。

比如，有的产品的大部分生产工序都集中在五金车间，但问题是五金车间的产能已经达到饱和状态。从计划的角度看，企业接这个订单就不利于企业各车间、各个工序的产能平衡和整体效率的提升。

有些订单是季节性的。比如，圣诞节前的两三个月甚至半年前，相关产品生产企业的业务量非常大，但是圣诞节一过，订单马上萎缩，这个时候就要考虑因为季节性订单减少所造成的产线停产的风险。

偶发性针对的是我们经常说的价值比较高，但交期很短的订单，通俗叫“洪水单”。管理者要综合评估这种偶发性的订单，决定值不值得插单生产。

3. 生产管理：工序平衡性、交货周期

企业在接单时需要考虑生产的平衡性和交货周期。比如，企业的各工序产量不平衡，有的机台产量高，有的机台产量低。产量高的机台很早就把活做完了，员工闲着没事做；产量低的机台直接导致员工劳作时间被拉长，生产不协调，工人也有意见。

接到订单后，管理者要评估每个车间的生产能力，平衡各个工序的生产能力，进而评估整个订单的交货周期。

二、产能负荷分析

很多管理者不重视产能负荷分析，做多做少凭借自己的经验，认为自己天天在车间，对车间的产能了然于胸。但当其因交期延误被究责时，就

心生抱怨：这个老板太苛刻了，太不近人情！我都这么用心、这么卖力了，还觉得我做得不好！

我们有没有系统地、常态化地分析车间延误交期的原因呢？实践证明，在生产之前，我们要做好产能负荷分析。

1. 劳动密集型企业：可从人力负荷和工时需求的角度进行产能分析

人员需求核算：

$\sum$产品加工所需工时 = 产品标准工时 × 当月计划数量

$\sum$月需求工时 = $\sum$A 产品需求工时 + $\sum$B 产品需求工时 + ……

$$人员数量 = \frac{\sum 月需求工时}{每人每天工作时间 \times 出勤天数} \times (1 + 宽放率)$$

单个产品工时与产能核算（见图 7－3）：

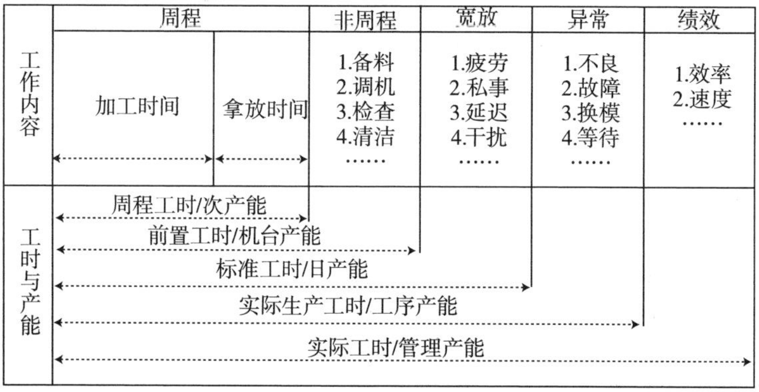

图 7－3　单个产品工时与产能核算

很多企业做产能负荷分析，只是简单粗暴地让 IE 拿个秒表到现场去测量，如某个工序做一个产品耗时 20 秒，由此便计算出一分钟能做 3 个产品，一小时能做 180 个产品，员工每天上班 10 小时，可以做 1800 个产品。这样的产能负荷分析只能作为参考，因为忽略了周程工时（加工时间、拿放时间）、非周程工时（备料、调机、检查、清洁）、宽放工时（员工疲劳、私事、延迟、干扰等）、异常工时（不良、故障、换模等）和绩效工时等。

企业在完成产能负荷分析初步测算以后，还需要记录每天各工序实际的产能，并与测试产能进行复核。切实可行的标准工时和产能是统计出来的，不是计算出来的。

2. 非标产品和行业：根据工艺流程和订单情况分析实际生产工序标准工时和岗位的产能负荷，指导 PMC 部门制订生产计划

非劳动密集型企业如设备型企业需要从岗位和设备负荷的角度去做产能分析，需要根据具体的岗位、不同的工序进行产能分析。有些企业的各个岗位不是流水线式的，一个工序可以独立完成一个工件的生产，但需要设备，此时要从单台设备的产能出发评估设备需求，从设备操作维护的难易度出发评估人员需求，从而做好产能负荷分析。

三、订单评审管理

1. 订单评审的目的

理性判断风险，预防或提前发现异常，确定解决方案，合理安排生产，明确交期。很多企业接了单，就交由车间自主安排生产，忽略了订单评审这个管理动作。订单评审是业务部门和生产部门一个非常重要的对接动作。

2. 订单评审的方式

业务评审：业务部门根据市场预测、客户诚信度、订单量大小、利润、收款周期等进行订单评审。

特别强调的是要确定客户的需求是否明确、包装资料是否明确，如果做外单，还要确认船期等涉外工作。

朗欧老师发现很多企业都要出货了，业务部门还在跟生产部门说这里要改一下、那里要改一下。更有甚者，都要出货走柜了，客户的箱唛信息

还没确认。

PMC 部评审：PMC 部根据公司的生产人员情况、机器设备、生产工艺、采购周期等进行订单评审。

特别需要指出的是，很多企业都存在一个乱象：客户跟业务人员、业务人员跟生产人员都在玩心理游戏。客户心里想："这个企业每次都不准时交货，实际上公司的交期要求是 15 日，但我不能说实话，一定跟他们说要 10 日交货。"业务人员也想："我天天跟生产部说要按时出货，可总是延误交期，最后害得我被客户骂，所以，客户跟我讲要 10 日交货，我就告诉生产部门 5 日必须要交货。"结果生产部加班加点把货做出来了，但要等 15 日才能走柜，只能把货先放在仓库了。一两次"狼来了"的游戏之后，生产部的人也变"聪明"了：你告诉我要 5 日出货，那客户的交期应该是 15 日。于是，业务部门、生产部门互不信任，当真的"狼来了"的时候，生产部也不重视，最后交期延误，企业光产品空运费就花了几十万元，损失不小。

3. 订单评审的步骤

（1）业务部初审订单并转化为内部资料，防患于未然，做好第一次排查。

（2）PMC 部组织技术部、品质部、工程部、生产部、采购部和业务部等相关人员，会审工艺技术难易、质量要求、设备模具精度，排查各类异常，评估或预判生产风险，确定生产周期和交期。

（3）常规订单依据《生产周期表》等资料进行评审。

（4）填写《订单评审表》，分解生产周期，各部门确认工作时间节点。

（5）将《订单评审表》下发给业务部门，明确生产周期和交货期。

案例7－1

企业相关业务评审表

表7－1－1 常规订单评审表

客户名称： 业务员：

客户合同号：				接单日期：	
货号描述	品名	数量	成品厚度	利口/牙/凹点	客户要求交期

材料要求：

加工工艺要求：

质量要求：

包装要求：

业务员：

评审方式：	简单评审		正常评审		样品评审	

参评部门	评审意见	
外贸部	1. 订单信息是否完善：	
	2. 客户特殊要求是否明确：	
	3. 客供品提供日期：	业务员：
工程、品质部	1. 生产工艺是否具备：	
	2. 模具完成时间：	
	3. 品质检验相关要求：	
	4. 其他相关资料提供完成时间：	经理：
采购部	1. 物料清单完成时间：	
	2. 原材料回厂时间：	
	3. 铸件回厂时间：	
	4. 包材回厂时间：	经理：
生产部	1. 包装前各车间工序生产完成时间：	
	2. 包装车间完成时间：	
	3. 车间半成品库存提交PMC时间：	
	4. 其他相关要求：	经理：
仓库	1. 提供铸件库存数时间：	
	2. 提供成品库存时间：	
	3. 其他相关要求：	主任：
PMC部	以上面回复的时间为依据：	
	1. PMC部门进行生产计划安排，并对相关部门进行检查跟进：	
	2. 确认交期：	经理：
外贸审核判定	□接受 □不接受□ 待定（请说明原因）：	签名：

表7-1-2　非常规订单评审表

□初次评审

□修订第　次　　　　　　　　　　　　　　　　评审日期：

<table>
<tr><td>订单编号</td><td></td><td>客户名称</td><td colspan="3"></td><td>交货地点</td><td></td></tr>
<tr><td>序号</td><td>物料编码</td><td colspan="2">型号规格</td><td>单位</td><td>数量</td><td>交货日期</td><td></td></tr>
<tr><td>1</td><td></td><td colspan="2"></td><td></td><td></td><td></td><td></td></tr>
<tr><td>2</td><td></td><td colspan="2"></td><td></td><td></td><td></td><td></td></tr>
<tr><td>3</td><td></td><td colspan="2"></td><td></td><td></td><td></td><td></td></tr>
<tr><td>4</td><td></td><td colspan="2"></td><td></td><td></td><td></td><td></td></tr>
<tr><td colspan="8">客户要求说明（销售部填写）</td></tr>
<tr><td>质量要求</td><td colspan="7"></td></tr>
<tr><td>工艺要求</td><td colspan="7"></td></tr>
<tr><td>注意事项</td><td colspan="7"></td></tr>
<tr><td>其他特殊要求</td><td colspan="7"></td></tr>
<tr><td colspan="8">□ 客供图纸/资料完全提供时间：</td></tr>
<tr><td colspan="8"></td></tr>
</table>

<table>
<tr><td>评审单位</td><td>评审内容</td><td>评审意见</td><td>负责人签名</td></tr>
<tr><td rowspan="3">PMC部</td><td>生产图纸/料单是否充分、准确和完整</td><td></td><td></td></tr>
<tr><td>生产能力能否满足货期要求</td><td></td><td></td></tr>
<tr><td>所欠主要物料</td><td></td><td></td></tr>
<tr><td>采购部</td><td>物料周期是否满足</td><td></td><td></td></tr>
<tr><td>生产部</td><td>能否满足订单交期要求</td><td></td><td></td></tr>
<tr><td rowspan="4">技术部</td><td>BOM表绘制完成时间</td><td></td><td></td></tr>
<tr><td>客供BOM表是否充分、准确和完整</td><td></td><td></td></tr>
<tr><td>技术问题是否解决</td><td></td><td></td></tr>
<tr><td>工艺能否达到客户要求</td><td></td><td></td></tr>
<tr><td>品质部</td><td>品质能否达到要求</td><td></td><td></td></tr>
</table>

PMC部评审意见：

表 7－1－3　意向订单评审表

单号：　　　　　　　　　　国家：　　　　　　　　　　客户名称：

意向订单资料： 产品配置及出货明细：		
特殊要求：		
包装要求：		业务员：
交期要求：	验货日期：	经理审核：
工艺技术审核（产品结构、工艺及装柜数量）： 模夹具（工模夹具）：		技术审核： 工程审核： 经理确认：
品管部：		签名：
采购部：		签名：
生产部：		签名：
PMC 部：		签名：
总经理（副总）批准：		签名：

注：1. 此单由营销部门发出，组织评审主导部门为 PMC 部，评审流程按《订单评审作业流程卡》进行。

2. 稽查部监督订单评审的流程作业。

3. 未按订单评审要求作业的，按流程卡规定条例进行乐捐。

表 7－1－4　订单评审管理动作流程卡

流程要点	标准	责任人	制约	责任
接单	业务部销售内勤人员在接到客户订单后对订单做初步评审，无误后下达《销售订单》，同时备注好客户要求、包装资料信息、是否有客供料、测试及验货要求等信息，然后递交 PMC 部	市场部销售内勤人员	PMC	未能提供完整的信息，PMC 对业务部销售内勤人员开出《乐捐单》（10 元/次）
常规订单评审	PMC 部部长接到《销售订单》后进行分析并确定订单类型： 1. 如为翻单且为常规订单，则根据订单交期要求组织各部门会签，会签在 1 个工作日完成；参考《订单交期分解标准一览表》（略） 2. 特殊订单及新订单，则组织研发部、五金模具部、销售部、品质部、车间主管、采购部对订单进行评审；评审要求在 2 个工作日内完成；各部门将评审结果填写在《订单评审表》上，对于新订单研发部必须带上初板 3. 评审后回复业务部；评审后 1 个工作日内将会签的《销售订单》下发至各部门	PMC 部部长	销售内勤人员	未组织订单评审，对 PMC 部部长开出《乐捐单》（10 元/次）
非常规订单评审	特殊订单及新订单评审要求： 1. 业务部：明确包装资料完成时间、客户目的地、包装资料信息、是否有客供料、测试及验货要求 2. 研发部：检查厂内制程能力能否达标，明确签板及 BOM 表、包装资料完成时间，以及产品特点和注意事项 3. 品质部：确认品质控制是否可行，列明品质控制重点和注意事项；检验标准 4. 采购部：确认物料采购的可行性和交期；排查瓶颈物料 5. 生产部：确认加工条件或者操作的可行性 6. PMC 部：确认能否按期交货，并确认最终交货时间	各部门	PMC 部部长	1. 各部门未能按期达成，PMC 对相关责任人开出《乐捐单》（5 元/次） 2. 评审时未发现问题，而生产过程中发现责任部门未核查到，对责任人开出《乐捐单》（5 元/次）

续表

流程要点	标准	责任人	制约	责任
销售预计划及常备库存评审	销售预计划及常备库存要求： 1. 业务部：明确预计划，与 PMC 部共同确认常备库存标准 2. 研发部：检查厂内制程能力能否达标，明确签板及 BOM 表、包装资料完成时间，以及产品特点或者注意事项 3. 品质部：确认品质控制是否可行，列明品质控制重点和注意事项，检验标准 4. 采购部：确认物料采购的可行性和交期 5. 生产部：确认加工条件或者操作的可行性 6. PMC 部：确认能否按期交货，并确认最终交货时间	各部门	PMC 部部长	1. 各部门未能按期达成，PMC 部对相关责任人开出《乐捐单》（5 元/次） 2. 评审时未发现问题，而生产过程中发现责任部门未核查到，对责任人开出《乐捐单》（5 元/次）
	PMC 部在评审完成的次日将各环节的完成时间更新在《订单交期分解表》上	PMC	PMC 部部长	PMC 未能按期更新，对责任人开出《乐捐单》（5 元/次）

四、订单交期分解

1. 订单交期分解的目的

将订单评审确定的总体需求分解成各个部门的目标，准确回复客户交期，可以为各个部门之间的合作打下基础，为后续的订单结案分清责任。

2. 订单交期分解的依据

常规订单根据《生产周期表》《采购周期表》等进行分解，非常规订单根据《产能负荷分析》等进行分解，还要根据具体的订单情况、生产情况等进行交期分解。交期分解，分的是工作任务，清的是问题责任，先“分”才能后“清”。企业通过交期分解，让各个部门围绕具体的生产目标协同工作，这也是开展生产组织管理的基础。

3. 交期分解的动作

交期分解表是交期分解动作完成的体现。企业通过交期分解表明确交期分解过程中各个部门的任务完成时间，各个部门负责人签字确认并由业务部准确回复客户交期。

案例 7-2

表 7-2-1 产品采购周期表

序号	物料类型	最小订购量	经济采购量	单位	正常采购周期（天）	特殊采购周期（天）	来料合格率	生产耗损比例	备注
1	硅胶封水圈	3000	10 万	只	10	5	99%	0	若有不良，供方会补数
2	硅胶皮套	3000	3 万	只	15	7	95%	0	若有不良，供方会补数
3	硅胶吊绳	3000	3 万	只	15	7	98%	0	若有不良，供方会补数
4	不锈钢内胆底	3000	3 万	只	7	5	98%	0	若有不良，供方会补数
5	不锈钢外底钢盖	3000	3 万	只	10	7	97%	0	若有不良，供方会补数
6	不锈钢拉升内胆、外壳	3000	10 万	只	20	15	88.30%	0	依据《余量申请表》
7	PP、tx 吸管	20000	10 万	只	20	15	100%	0	若有不良，供方会补数
8	弹簧、焊接线圈、销钉	3000	10 万	只	15	10	100%	0	若有不良，供方会补数

制表： 审核： 核准：

表 7－2－2　常规订单交期分解表

部门				外贸部	PMC部	采购部			品质部	采购部	仓务部	采购部	仓务/采购	采购部		品质部	装配部	生产部
计划单号	客户	款数	交期	外贸下单1天	物料需求3天	采购下单1天	五金交坯8天	外协粗坯8天	检验发坯1天	外协送货6天	备料报欠1天	补坯及清完3天	异常处理1.5天	玻璃交期15天	其他辅料交期15天	装灯0.5天	总装3天	清尾2天

制表：　　　　　　　　　　审核：　　　　　　　　　　核准：

表 7－2－3　订单交期分解动作流程卡

××××有限公司 订单交期分解动作流程卡		文件编号	
		文件版本	
		出文部门	PMC 部
		主导人	×××
		生效日期	
		页　　次	
问题点	未按照《订单交期分解表》上回复的时间完成本部门工作，导致不能按客户要求交货		
项目	操作流程	流程卡要点	

续表

交期分解	接收订单 ↓ 订单清单的制定 ↓ 订单评审 ↓ 交期分解的拟定 ↓ 工艺技术资料的确定 ↓ 物料需求的制定 ↓ 仓库的报欠 ↓ 生产的执行	标准	1. 客服部在接到客户订单后，在1个工作日内将《订单清单》下达给PMC部 2. PMC部负责最迟在第二天的生产协调会议上进行订单评审，并初步明确各环节完成时间要求 3. PMC部接到工艺技术资料后，24小时内完成《物料需求计划》 4. 《物料需求计划》完成后，采购部负责在24小时内完成采购订单的下达 5. PMC部根据物料采购周期表，将各物料的采购时间明确地记录在《订单交期分解表》中，交采购部确认 6. 采购员根据物料实际交期，回复PMC部，由PMC部将修改后的时间记录在《订单交期分解表》中，并负责每周三修正《订单交期分解表》，并经相关部门人员签字后发放给相关部门负责人和采购员 7. 若出现异常导致物料不能按期返回时，采购员至少提前24小时通知PMC计划员 8. 仓库收到货后，在24小时内完成报欠工作 9. 齐料标准为：所有品种都已按要求进料，尾数和异常情况除外
		制约	1. 后一工序对前一工序的完成情况进行跟催 2. PMC部负责所有的进度跟进 3. 部门负责人对本部门的工作进度进行检查 4. 稽查中心负责稽查
		责任	1. 各个已确认的环节未按时间要求达成的，每延迟1天要求乐捐5元 2. 采购员未按时间完成交货的，每单每天乐捐5元

会签： 批准：

五、主生产计划及进度管制

1. 制订主生产计划的目的

（1）使工厂的生产活动受生产计划的控制，优化生产，预防异常情况的发生，确保按质、按量、按期完成生产；

（2）规划和指导企业生产活动及物料运作，以充分利用及平衡生产资源，确保年/月度经营目标的实现；

（3）各部门的需求要通过 PMC 部来平衡协调，组织效率通过 PMC 部得到保障。

2. 主生产计划推行的要点

（1）要分解至各个部门、车间；

（2）订单生产计划资料要齐备；

（3）系统要实时更新并跟进进度。

案例 7－3

表 7－3－1 主生产计划表（篇幅原因，节选部分）

序号	生产指令单号	合同编号	客户代码	产品名称	产品类别	订单数量	客户原始交期	生管收单时间	评审交货时间	验货日期	发货明细	颜色与要求	订单要求	完成量	未完成量	包装开工	包装完成时间	注塑开工	注塑完工	注塑	注塑实际开工	注塑完成状态	金工开工	金工完成
1																								
2																								

《主生产计划表》相当于企业总体运作情况一览表，是生产进度跟进的依据。要控制好《主生产计划表》的各个节点，否则就无法分清责任，也做不好订单结案。

六、制订滚动冷冻日计划

制订滚动冷冻日计划是基于“工作前置原则”而设计的管理动作。

1. 什么是滚动、冷冻

滚动，就是要求我们把生产管理动作前移，打好排查的提前量。冷冻，就是要求每一天的生产任务是确定的、不变的，准备工作是充分的、可完成的。

图 7－4 为滚动周排查示意图。

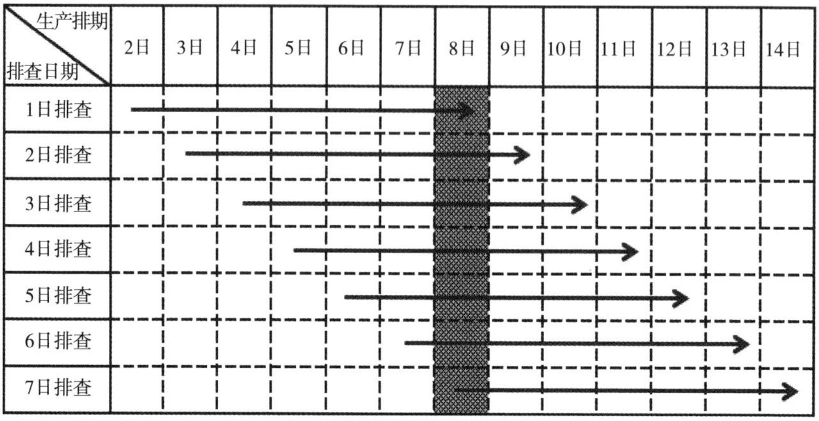

图 7 –4　滚动周排查示意图

如图 7 –4 所示，每月 1 日就要排查当月 2 日到 8 日的生产任务，确认物料是否到位、计划能否完成。此外排查的内容涉及与生产相关的人员、机器、物料、环境、工艺等情况。

每月 2 日就要排查当月 3 日到 9 日的物料情况；

每月 3 日就要排查当月 4 日到 10 日的物料情况；

每月 4 日就要排查当月 5 日到 11 日的物料情况；

……

以此类推，以一周为时间周期，第一天排查后面 7 天的物料情况，第二天又排查后面 7 天的物料情况。很多人会质疑排查工作会不会增加管理人员的工作量。当车间出现异常了，你去救火，辛不辛苦？也辛苦！实际上企业从订单接入到出货的工作总量是相对守恒的，当我们把许多工作进行时间往前移的时候，就能做好前期准备工作，可以排除掉生产过程中许多易出现的问题，实际的生产过程就会很顺畅。

2. 滚动冷冻日计划推行要点

（1）实现以天为单位的生产管理。

做到事事有计划，事前有准备，过程有跟进，结果有数据。

（2）物料跟着计划走而不是计划跟着物料走。

很多企业也做生产计划，但是是根据物料情况制订生产计划。比如，仓库有什么物料，就做什么计划。这样做出来的计划不是真正意义上的计划，只是保证了车间不停产，但实际的组织效率并不高，会导致车间在制品大量积压。

"物料跟着计划走"，是指物料情况跟计划任务是同步统一的，做到物料齐套是保证计划有效执行的前提条件。如果物料不配套，说明这个计划是个假计划，是个欺上瞒下的计划。看起来大家都有活干、都有事做，生产部每天都忙得团团转，但是满足不了业务交期要求，生产出来的货并不是客户急需的。

（3）不断排查，逐步冷冻，不应一步到位。

朗欧提倡的周排查不是说企业要把后面 7 天的生产计划都一次性全部冷冻，应是逐步冷冻。比如，第一天制订第二天到第八天的计划（周计划），其中第二天的生产任务是 100% 冷冻的，第三天的计划可能只需要做到 80% 的冷冻，第四天的计划可能只需做到 60% 的冷冻。

排查的目的是做到知情。下达采购单后，有没有跟进？很多企业的采购员准确讲只是下单员，他们把订单发给供应商后就完事了，没有跟单。

（4）冷冻日计划要细化到最小单位。

很多人总想着借助一套体系、一个管理专家，一次性地解决企业的所有管理问题。其实工厂管理没有高招，如果每个机台、每个班组、每位员工都能保证如期完成生产任务，工厂的生产管理问题就会少很多。

生产任务要细化到最小单位。当生产部收到 PMC 部门的日计划以后，要把这个计划派到机台和生产线，这就是《派工单》的作用。

案例7－4

表7－4－1　生产派工单

车间：　　　　工序名称：　　　　接单人：　　　　　　　　线别/机台编号：

序号	生产订单号	产品名称	计件（个）	派单数量（个）	实际完成（个）	实际用时（小时）	工资小计（元）	备注
1								
2								
3								
4								
合计								

派单人：　　　　　　　　　　确认：　　　　　　　　　　日期：

表7－4－2　开关车间滚动冷冻日计划

订单信息													标准产能		冷冻计划			一周滚动预产计划						
排配产线	订单分类	制令单号	订单号	产品名称	规格型号	客户性质	单位	订单数量	接单日期	订单交期	产品类别	产品系列	8.5H产能	11.5H产能	7/20	7/21	7/22	7/23	7/24	7/25	7/26	7/27	7/28	7/29
															（生产任务100%冷冻，不可调整）	（生产任务冷冻80%，可微量调整）	（物料排查确认中，生产任务冷冻20%~50%，可调整）							

表 7-4-3 车间日冷冻生产计划形成流程卡

××××电子有限公司 车间日冷冻生产计划形成流程卡	文件编号	
	文件版本	
	出文部门	
	生效日期	
	页　　次	

日冷冻生产计划形成流程

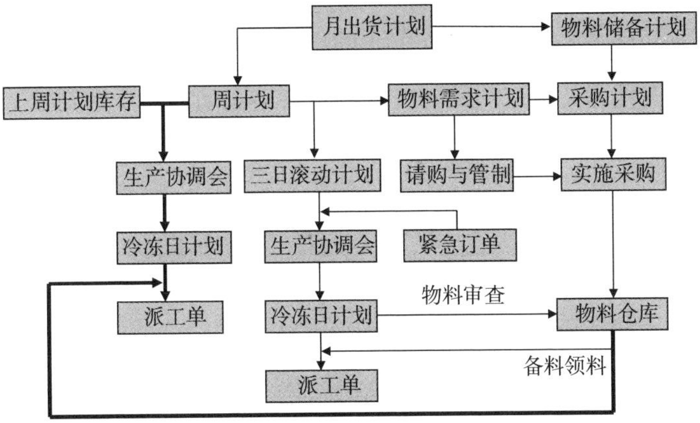

注：粗线部分为电线车间日冷冻计划的形成方式；细线部分为插头车间和线束车间日冷冻计划的形成方式

标准：

1. PMC 计划员根据确定交期的《月出货计划》结合每周订单评审表生成《周生产计划》
2. 电线车间：PMC 计划员根据《周生产计划》及上周生产结存状况，通过每日生产协调会形成电线车间生产日计划，于每日 16：30 以邮件形式发给相关部门
3. 插头、线束车间：PMC 计划员根据《周生产计划》及三日订单评审情况生成一日冷冻、两日滚动日计划，通过每日生产协调会形成车间生产日计划，于每日 12：00 以邮件形式发给相关部门，各相关部门提前检讨，最终冷冻日计划以生产协调会后发出的冷冻生产日计划为准（16：30 之前以邮件的形式发出）
4. PMC 物控员根据《月出货计划》做成《物料储备计划》，提前做好物料排查
5. PMC 计划员根据《滚动冷冻日生产计划》跟进车间生产进度，对物料结案情况进行考核

制约：

1. 生产部检查《滚动冷冻日生产计划》是否在每日 12：00 和 16：30 之前发出
2. 稽查中心对日冷冻生产计划形成过程不间断检查

责任：未按规定时间提供滚动冷冻日计划，PMC 部计划员乐捐（5 元/次）；PMC 部没有按时提交滚动冷冻日计划而生产部没有制约或没有发现，车间主任乐捐（5 元/次）

七、工序交接管控

对于生产工艺流程很长的企业，工序交接尤为重要。工序交接其实就是上下工序或车间通过 MES 系统或人工复核来明确物的动向，搞清各个工序的生产状态，保证生产计划的执行动作落地。

1. 工序交接的目的和作用

企业通过订单呈现生产部各个车间的实际工作完成状态，从而有利于生产计划的安排和订单交期的排查，以及各个车间的对单和交接。

2. 工序交接的要点

（1）划定物理空间：设置交接区域；

（2）制定交接标准（交货数量、质量）；

（3）设定交接表单和方式（送或拉）。

一家组装型企业曾经出现一次交期延误的状况，调查后发现问题出在没做好工序间的交接。这家企业有两个工序分属于不同的车间，上工序车间做好产品后把一卡板货放置到上、下两个工序车间的中央，下工序车间说上工序车间没把货交给自己，上工序车间抱怨下工序车间没有及时把货取走，一个没交、一个没取，最后导致交期延误了 3 天。

八、物料需求计划的制订

1. 什么是物料需求计划

物料需求计划即主生产计划中所有制造部件的“数量需求计划”和“回厂时间需求计划”，其支撑主计划的运行。制订物料需求计划是保证生产顺利进行的前置条件。

2. 物料需求计划制订的要点

（1）要有各个产品的《BOM 清单》。

（2）每个物料要有唯一和统一的物料编码。

（3）要核算损耗。

（4）每个订单要生成《套料单》。

（5）长交期的物料要提前下达采购计划。

（6）重视配套辅料需求计划单：很多企业经常遇到这样的情况，主物料都齐了，但是因为没有备好胶纸、包装袋、锡条等辅料而生产延误。

（7）通用物料可做安全库存。

案例7－5

表7－5－1　物料需求计划表

日期	公司生产单号	单据编号	规格型号	物料名称	单位	摘要	数量	入库数量	未入库数量	含税单价	金额	物料长代码	关闭标志	关闭时间	交货日期	审核标志	审核人	一级审核人	二级审核人	三级审核人	一审日期	二审日期	三审日期	制单	审核日期	关闭人

表7-5-2　物料需求计划执行流程卡

物料需求计划执行流程卡		文件编号		生效日期	××××年××月×日
		编制部门	PMC部	版本/次	A/0
针对问题：随意采购，造成物料堆积 主导人：			控制目的：统一请购职能，有计划实施采购		
控制要点	标准（如何做）	使用表单	制约（谁检查）	责任（担何责）	
主物料申请	1. 生产主料统一由物控员请购 2. 物控员根据订单的需求制订物料需求计划 3. 采购员根据物料需求计划制定采购订单	《物料需求计划》	1. 物控员检查采购部是否按照采购订单进行五金板材的采购 2. PMC检查物料需求计划是否按照订单进行申购 3. 采购主管监督采购员是否按照物料需求计划制定采购订单	1. 采购员未按需求计划进行采购时，对责任人开出《乐捐单》(10元/次) 2. 未按规定制订物料需求计划，对责任人开出《乐捐单》(5元/次) 3. 未按规定进行，对责任人开出《乐捐单》(5元/次)	
非生产主料申请	1. 由相关部门填写《物料请购单》交PMC部申请物料采购 2. 非生产主料按照物料采购审批权限规定，经PMC主管或总经理审批后方可进行采购	《物料请购单》	1. PMC主管检查《物料请购单》是否经过相关审批 2. 采购主管监督采购员是否按照物料采购审批权限规定采购物料	1. 相关部门未按要求填写《物料请购单》，造成物料堆积的，处罚责任人(10元/次) 2. 采购员未按审批后的《物料请购单》制作《物料采购单》的，处罚责任人（10元/次）	
物料检查	1. 仓管员根据采购订单进行收货 2. 板材到厂时由仓管员通知品管员检验	《报检单》	1. PMC主管检查仓管员是否按单收料 2. 品管员监督仓管员是否通知验货	1. 未按规定进行收料，对责任人开出《乐捐单》(5元/次) 2. 未及时通知品管员验货，对责任人开出《乐捐单》(5元/次)	
进度追踪	1. 物控员根据物料需求计划与采购交期跟催采购员物料的进度 2. 生产部按照生产计划每月分三次向PMC部提供五金板材进度及库存数量（每月1日、11日、21日）	《物料进度追踪表》	1. 物控监督采购是否按采购周期进行采购 2. 生产部每月准时准确提交板材库存数据	1. 物料超过采购周期时，对采购员开出《乐捐单》(5元/次) 2. 未准时提交库存数据，对责任人开出《乐捐单》(5元/次)	
计划结案	物控员根据物料需求计划跟进物料入仓	《物料需求计划》	计划员监督物控员是否了解物料入仓的状况	物料员对物料需求计划不明确时，PMC主管对其开出《乐捐单》(5元/次)	

编制：　　　　　　　　审核：　　　　　　　　批准：

九、物料的排查与备料

做好物料的排查与备料是工厂生产运作管理的核心动作，也是企业有效达成日计划的前提条件。

因欠料导致计划不能按时完成或工序积压严重的情况时常在工厂里发生，排查是解决这些问题的最佳方法。排查就是打提前量，把生产管理的重心从生产中提到生产前，提前发现和解决物料相关问题。

案例7－6

表7－6列举了工厂六重排查法，每一重排查的主导部门、排查重点、依据的重点表单、需要达到的目的和指导思想都不同。

表7－6　物料的六重排查

序号	主导部门	排查重点	依据的重点表单	需达到的目的	指导思想
第一重排查	PMC部 业务部	技术资料、客户交期、品质标准、生产组织	《订单评审表》 《订单交期分解表》	提前发现问题，确认长周期物料、各个环节时间节点	整体推动
第二重排查	PMC部	物料需求计划、采购管制计划、产能负荷、瓶颈工序	《生产主/月计划》 《物料需求计划》 《物料套料单》	明确生产任务和生产顺序，明确长周期物料，开始供应商管理	内外结合，前后联动
第三重排查	PMC部	账面备料、实物追欠、备料排查、安全库存	《生产周计划表》 《欠料追踪表》	确定物料到料时间，跟进与处理前工序尾数，准确排查库存	内外结合，前推后拉
第四重排查	PMC部 仓库	日计划排查、实物备料排查	《日计划表》 《欠料追踪表》	确保日计划执行，及时跟进欠料尾数和齐套性	内部为主，实物明确
第五重排查	仓库 生产部	实物领料排查、工序派工交接排查	《派工单》 《领料套料单》 《工序交接单》	检讨任务完成情况，将物料备料细化到机台或生产线	工序为主，细化跟进

续表

序号	主导部门	排查重点	依据的重点表单	需达到的目的	指导思想
第六重排查	品质部 生产部	各工序产品品质排查、品质尾数排查	《工序交接单》 《品质检验标准》 《品质合格标签》	确保内部工序交接的配套性及清理完成因品质影响的尾数	品质为主，配套交接

企业通过六重排查做到层层把关，及时排除因数量和质量问题而欠料的异常情况，系统性解决生产物料相关问题，保障生产计划落地执行。

十、仓库管理

仓库管理对于工厂物料链的打造至关重要。物料本身的成本也许不高，但是因为没有管控好物料耗费的管理成本可能要比物料本身的成本高得多。

仓库管理的要点：

（1）建立账物卡（提高账物卡相符率）。

（2）仓库规划（大件、小件、辅料、备料区域等）。

（3）物料分类摆放（上架、分区、分类）。

（4）货架地址码（对应、统一、入系统）。

（5）建立收发退补流程（先进先出）。

（6）安全管理、常规物料安全库存管理。

（7）规范长效盘点流程动作（呆滞物料的清理）：很多企业的问题出在没有建立一个长效的盘点机制。很多企业到年终盘点的时候才来算总账，但往往这个时候管理已经很混乱了，难以分清责任，更难追究责任，问题得不到解决。

（8）辅助物料管理及物料成本核算。

案例7－7

××公司仓库账物卡相符率提升攻关方案

1. 攻关目的

规范××仓库区域、改善原材料仓库物料摆放混乱及管理混乱的局面，规范收、发、领、退、补流程，完善ERP系统账，确保物料供应，提升账物卡相符率。

2. 攻关背景

原材料仓库区域规划不规范、摆放随意、无台账及无仓储位置，全凭个人记忆在管理，寻找物料花费时间长，经常发生有物料找不到的情况。经调研，账物卡相符率为0%。

3. 攻关大仓库物料范围

3.1　PE板生态木：PE/PC板、HPL板、立柱（木/铝）、边条、脚盘、扣件、喷塑部件、部分木制品；

3.2　金工仓：镀锌管、不锈钢管、铁板、不锈钢板、外购配件、自制标准配件；

3.3　所有无缝管、呆滞品、残次品、生产余料除外。

4. 小组名单

总指挥：××　总顾问：朗欧项目组老师　稽查部、财务部：抽盘

组　长：胡××　　　副组长：胡××、李××

组　员：××仓库全体人员（樊××、石××、金××、陈××）

攻关小组工作职责：

总指挥：负责指挥小组工作开展和所需资源的提供与决策，对本次攻关活动负全责；

组　长：负责统筹人员问题与工作协调问题，确保任务按质按量完成，对本次攻关活动负直接责任；

副组长：负责执行仓库整顿、整理工作，并建立账物卡数据；

组　员：执行上级安排的工作，积极参加仓库整理、整顿工作；

稽查部：负责监督整个方案实施过程中是否按要求完成各项工作；

顾问：负责攻关小组运行过程中一切动作运行、方案的指导。

5. 攻关时间及目标

第一阶段：2020 年 8 月 3 日—2020 年 8 月 21 日，账物卡相符率达 60%；

第二阶段：2020 年 8 月 22 日—2020 年 9 月 4 日，账物卡相符率达 90%。

6. 具体动作

表 7－7　具体动作分解

项次	现状问题	实施动作	责任人	监督人	责任追究
1	物料摆放不规范	1.1　对现有物料进行分类，并对分类的物料依据现有库存量占比进行分析（8 月 7 日下班前完成）； 1.2　按物料的分类进行区域规划并组织攻关小组成员研讨原料仓库摆放规划图（包含不良品区）（8 月 7 日22：00前完成）； 1.3　绘制《原料仓库区域规划图》（8 月 7 日22：00前完成）	樊××	稽查部	未按规定操作的责任人乐捐（2 元/次）
2	物料分类摆放	2.1　组织人员按照《原料仓库区域规划图》完成物料分类摆放工作（由生产部安排人员及其他岗位闲置人员协助配合原料仓库共同完成）（8 月 19 日 22：00 前完成）； 2.2　组织人员划定区域（包含货架区域划分）（8 月 19 日 22：00 前完成）； 2.3　组织人员对划好线的区域进行区域编号（8 月 20 日 22：00 前完成）； 2.4　制作每个货架的目视看板（一览表）（物料编码、物料名称、物料规格、存放区域）（8 月 20 日 22：00 前完成）； 2.5　组织对原料仓进行全数盘点，盘点期间所有进出单据单独存放，核对并更新盘点数据（8 月 20 日 22：00 前完成）； 2.6　制定来料包装标准，要求供应商按包装要求送货	李××及组员	稽查部	未按规定操作的责任人乐捐（2 元/次）

续表

项次	现状问题	实施动作	责任人	监督人	责任追究
3	仓库系统账出现大的数据差异	3.1　所有物料必须建立存料卡，物料收、发时必须按要求同时更新存料卡，确保账物卡一致（8月16日22：00前完成）； 3.2　依据盘点的数据更新金蝶系统（提前确认信息系统是否能够体现区域编号和调整库存数据）（8月18日22：00前完成）； 3.3　规范仓库收、发、领、退、补流程（先进先出原则）（8月20日17：30前完成）； 3.4　宣传KT板张贴（8月31日17：30前完成）； 3.5　入库、出库要有相应单据才能办理手续，数据在次日11：30前完成更新	樊××	稽查部	未按规定操作的责任人乐捐（2元/次）
4	呆滞料未及时清理	4.1　对所有超过1年或以上年限未使用过的呆滞料进行分类整理并登记造册； 4.2　每月1日，仓库提报上月的呆滞料汇总表至计划物控部； 4.3　由计划物控部、工程部每月提出呆滞料初步处理意见，提交给总经理确定处理方式； 4.4　制定推行《仓库呆滞物料预防处理办法》（8月28日前完成）	樊××	稽查部	未按规定操作的责任人乐捐（2元/次）
5	报废随意，数据管理失控	5.1　现场规划报废区域并将各物料分类摆放（××车间）； 5.2　每月5日由仓库提供报废品种类、数量至财务和部门主管； 5.3　制定《报废处理流程卡》，规范报废动作（8月31日前完成）	金工车间/仓库	稽查部	未按规定操作的责任人乐捐（2元/次）
6	人员进出没有管控，所有人员均可随意进出仓库	6.1　成立备料组，规划备料区，确定领料人员，只有备料组的领料人员才有权进入仓库，其他人员一律不得进入仓库； 6.2　各车间只有固定的领料人员才能到仓库进行入库作业，并与仓管员做好交接； 6.3　仓管员按照日计划，提前两天备料； 6.4　备料组人员根据日计划将备好的物料运送至各拉线生产并做好交接； 6.5　如果备料过程中发现物料不齐，由仓管员填写欠料单，经仓库主管审核后交给PMC部； 6.6　制定《仓库门禁管理制度》，落实仓库人员出入管理动作 以上六条在8月31日前完成执行	李××	稽查部	未按规定操作的责任人乐捐（2元/次）

续表

项次	现状问题	实施动作	责任人	监督人	责任追究
7	盘点动作未及时落实	由仓库主管制定并组织相关人员研讨后推行《仓库盘点动作流程卡》；制定《盘点盈亏调账申请表》，落实调账动作（8月23日22：00前完成）	樊××	稽查部	未按规定操作的责任人乐捐（2元/次）
8	攻关日小结	8.1　攻关期间攻关小组成员每天晚上现场进行日总结（主要检讨攻关进度及问题点）（至攻关结束日截止）； 8.2　攻关过程中提出可采纳的合理化建议及临时抽调表现突出的人员，由攻关小组评定奖励（每次20~50元）； 8.3　阶段结束后2个工作日内进行攻关小结	李××	稽查部	未按规定操作的责任人乐捐（2元/次）
9	动作固化	9.1　每周二、周五15：00与物控员、成本会计、稽查员制定仓库抽盘表（每人各随机抽5项进行盘点）对原料仓进行抽盘工作，当天17：30前将抽盘结果公布于管理变革工作群； 9.2　每月25—30日，财务部、PMC部、生产部、仓库主管、采购部、物控员、稽查员、仓库全体人员于8：30开始对仓库进行全盘； 9.3　攻关完成后5个工作日内编制《××原材料仓管理作业流程卡》	仓管员	稽查部	未按规定操作的责任人乐捐（2元/次）
10	为了持续仓库账物卡相符率的监督和考核	制定《仓库账物卡相符率考核标准》： 相符率≥98%，奖励仓库人员各500元； 95%≤相符率<98%，奖励仓库人员各300元； 90%≤相符率<95%，不奖励； 相符率低于85%，仓库主管乐捐50元、仓管员乐捐20元	原料仓全体成员	稽查部	未按规定操作的责任人乐捐（2元/次）

7. 奖惩措施

7.1　达成第一阶段目标，奖励攻关小组组员1000元，奖金由组长负责分配；

达成第二阶段目标，奖励攻关小组组员1500元，奖金由组长负责分配；

未达成阶段性目标，每位组员（不含协助人）乐捐50元，组长乐捐100元。

7.2　攻关过程监督：项目攻关过程中产生的所有决议需将责任明确到个人，由稽查员对各项工作的完成情况进行稽查。

8. 附则

8.1　本方案经相关人员共同商议和确定后正式实施。初步确定实施周期为 29 天，如因客观因素需要对内容进行调整时，则另行议定。

8.2　如此次仓库账物卡相符率提升攻关达到公司要求，对全体参与人员按照阶段分享达成奖励，具体分配方式由组长全权确定。

编制：　　　　　　　　　　　　审核：

批准：　　　　　　　　　　　　会签：

十一、采购管制

1. 什么是采购管制

采购管制是供应链管理的核心点，目的在于对所有外采物料进行管控，提高采购准交率，从而保证企业生产计划的达成。

很多人认为采购工作就是分解物料需求，然后找供应商购买，这是对采购管理的肤浅理解。

2. 采购管制的要点

（1）规范企业内部采购流程（需求、购买、时效等）。

这里尤其要强调时效性。我们发现企业的采购准交率普遍都很低，深入调研后发现采购员在制订物料需求计划和下达采购单的过程中容易产生异常点，如漏下单和下错单等。

（2）建立供应商审核标准、准入标准。

（3）建立供应链体系（备选供应商、供货周期、供应商评级与分类等）。

（4）规范供应商合作流程（供货合同、验收方式、品质标准等）。

（5）管理供应商（主计划审核、日计划确认、日报表回传等）。

很多企业把采购单的下达理解为采购管理的终结，其实正好相反，这仅仅是采购过程管理的开始。

美的、格力要求供应商做到“恰时供货”，即物料只能提前四小时送到企业仓库；但如果供应商延误交期，也要追究其责任。如一条生产线上有200个工人，要根据计件单价和延误工时计算赔偿损失。中小企业很难做到“恰时供货”，但至少要做到对供应商的精细化管理。比如，每天追踪供应商的工作进度，对供应商的生产进度保持知情，在此基础上对供应商进行有针对性的帮扶和管理。

（6）帮扶供应商（提升技术、质量把控、优化管理方式）。

（7）考核供应商（采购准交率、停工待料工时、品质合格率）。

案例7－8

表7－8　××××有限公司采购交期管制表（原材料）

序号	需求单号	采购单号	物料编码	物料规格描述	单位	供应商	采购数量	单价（元）	总价（元）	采购下单日期	需要回厂日期	实际回厂日期	第一次交货		第二次交货		第三次交货		总数	退货情况		退货原因描述	采购周期	延误天数	备注
													日期	交货数	日期	交货数	日期	交货数		日期	退货数				
1																									
2																									
3																									

案例 7-9

表 7-9　××××科技有限公司物料请购作业流程卡

<table>
<tr><td rowspan="4">××××科技有限公司
物料请购作业流程卡</td><td>文件编号</td><td></td></tr>
<tr><td>文件版本</td><td>A/0</td></tr>
<tr><td>生效日期</td><td>××××/××/××</td></tr>
<tr><td>页码</td><td>第×页共×页</td></tr>
<tr><td colspan="3">注：(1) PMC 部负责流程的制定、检查及问题处理
(2) 管理变革前规定与本文件有冲突部分，一律依本文件执行</td></tr>
</table>

文件更改一览表

版本	更改内容	更改日期	更改人

<table>
<tr><td rowspan="2">评审栏</td><td>部门</td><td>销售部</td><td>PMC 部</td><td>品管部</td><td>研发部</td><td>财务部</td><td>采购科</td><td>仓储科</td><td>稽查部</td><td>人力资源部</td><td>生产部</td></tr>
<tr><td>会签</td><td colspan="10"></td></tr>
<tr><td colspan="2">编制</td><td colspan="4"></td><td colspan="3">审批</td><td colspan="3"></td></tr>
</table>

<table>
<tr><th>序号</th><th>流程</th><th>责任人</th><th>表单</th><th>作业内容</th></tr>
<tr><td>1</td><td rowspan="7">分析物料需求
↓
编制《物料需求计划表》
↓
采购准备
↓
下达《采购订单》
↓
建立《物料交货排期表》
↓
跟进物料交期
↓
物料需求结案</td><td>物控员</td><td>《生产主计划》
《物料清单》</td><td>物控员依据《生产主计划》《物料清单》、库存数据及《采购周期表》等，分析物料需求</td></tr>
<tr><td>2</td><td>物控员</td><td>《物料需求计划表》</td><td>制定《物料需求计划表》并完成审批</td></tr>
<tr><td>3</td><td>采购部经理、采购员</td><td>《物料需求计划表》
《物料请购单》</td><td>采购部编制《采购计划表》，审核批准后安排采购作业</td></tr>
<tr><td>4</td><td>采购员</td><td>《采购订单》</td><td>采购员进行采购订单作业</td></tr>
<tr><td>5</td><td>采购员</td><td>《采购订单》
《物料交货排期表》</td><td>采购员依据供应商回复交期编制《物料交货排期表》，并传递给仓库、物控</td></tr>
<tr><td>6</td><td>物控员</td><td>《物料交货排期表》
《收货日报表》</td><td>物控员依据《物料交货排期表》交货日程，每日核查《仓库收货日报表》，确认来料状况，并及时跟进，处理欠料异常</td></tr>
<tr><td>7</td><td>物控员、PMC 经理</td><td>《物料交货排期表》
《收货日报表》
《采购物料准交率统计表》</td><td>物控员每周统计采购物料交货准时率，并填写《采购物料准交率统计表》，于每周二之前提交稽查部，每月汇总于 5 日之前提交稽查部</td></tr>
</table>

1. 目的

规范物料请购、审批，确保满足生产，预防呆滞料产生，控制物料采购及库存成本。

2. 范围

适用于本公司所有外购物资。

3. 部门职责

3.1 技术部

3.1.1 确认新产品用料样板、提供物料样品。

3.1.2 制作产品物料清单，制定材料定额标准。

3.2 PMC 部

3.2.1 请购、审核、控制所有生产物料。

3.2.2 对需要设定安全库存量的物料组织拟订或审批安全库存标准。

3.2.3 分析呆滞物品库存统计数据，并组织相关部门定期处理。

3.3 生产部

提供常用生产辅料的《辅料月用量表》或单位用量标准。

3.4 采购部

3.4.1 执行公司所有物料请购的采购作业。

3.4.2 提供《物料采购周期表》。

3.4.3 负责新物料打样及供应商开发。

3.5 人力资源部

负责审核、控制非生产物资、办公、文体、劳保用品等。

3.6 设备部

请购、审核、控制设备配件、生产工具等用品。

4. 程序

4.1　分类请购

4.1.1　生产物料由 PMC 物控负责请购和控制。

4.1.1.1　生产主料：生产原材料和产品物料清单上注明的外购件为生产主料，由 PMC 物控制定《采购计划表》统一进行请购和控制。

4.1.1.2　生产辅料：产品物料清单上没有说明，但生产过程中需要用到的辅助材料、工具、模具、消耗品等。

a. 常用生产辅料由 PMC 物控组织制定安全库存量标准并控制，仓库按标准请购。

b. 非常用生产辅料由生产组长填写《请购单》，厂长、物控审核，PMC 经理批准。

c. 工具、模具、夹治具等由设备管理部门请购，技术经理审批。

4.1.2　非生产物料：由使用部门填写《物料请购单》提报需求，人力资源部审核后交采购购买或安排专人购买。

4.1.3　办公类用品：由使用部门填写《物料请购单》提报需求，人力资源部审核并汇总后按月统一购买。

4.2　分类控制

PMC 部物控将各类物料依使用特性，根据《物料采购周期表》及每月用量历史数据，划分为依安全库存请购、依《生产计划》请购和定期请购控制。

A. 安全库存请购控制：安全库存量 = 紧急采购回货周期 × 日耗用量

a. 生产主料由 PMC 部依据产品物料清单表的物料共用性、常用性和供货的难易程度等情况，制定安全库存量标准，制作《安全库存表》，并组织 PMC、技术、品质、采购、销售等部门会签后报总经理核准。

b. 生产辅料由生产部门汇总提供《辅料月用量表》，经技术部及

PMC经理确认后将常用辅料定为安全库存请购，并列入《安全库存表》，经总经理核准后，方可以安全库存量方式请购作业。

B. 依生产计划或定期请购控制

a. 生产主料除已制定安全库存量的请购物料外，一律依生产计划由物控统一制定《物料需求计划表》或填写《请购单》进行请购作业。

b. 生产辅料除已制定安全库存量的请购物料外，一律由生产部门依实际使用量定期或按月进行请购，经PMC物控核准后，转采购作业。

4.3 请购审批

4.3.1 物控依据《生产计划》和客户订单进行物料需求分析，在2个工作日内编制《物料需求计划表》和《请购单》，经PMC经理审核批准后，交采购部进行采购作业。

4.3.2 属《安全库存表》上列明的物料，仓管员需在每次发料后核对库存。需要补充库存时，填写《物料请购单》，报物控员审批后，转采购作业。

4.3.3 非安全存量生产辅料由生产部门依据月平均需用量，每月25日前提出请购，报PMC物控审核、实施采购作业。

4.3.4 临时性生产辅料由生产部请购，物控审核，PMC经理批准，单次金额超过1000元者需总经理批准后方可购买。

4.3.5 临时性非生产用物品由使用部门请购，人力资源部负责人审核，单次金额超过1000元者需总经理批准后方可购买。

4.4 物料需求跟进

4.4.1 采购员依据供应商回复的交期，填写《物料交货排期表》，并发送给物控、仓库。

4.4.2 物控员依据《物料交货排期表》《收货日报表》，每日核查，确认来料状况，并跟进处理异常。

4.4.3　PMC部物控负责对采购物料交货准时率进行统计，每周填写《采购物料准交率统计表》，经PMC经理核准后，于次周二下班前提交稽查部，每月汇总于5日前交稽查部。

5. 相关表单

5.1　《生产计划》

5.2　《物料需求计划表》

5.3　《物料采购周期表》

5.4　《采购物料交货排期表》

5.5　《安全库存表》

5.6　《辅料月用量表》

5.7　《物料请购单》

5.8　《采购订单》

5.9　《采购物料准交率统计表》

6. 管理规定

6.1　因工作疏忽，品名、规格描述或数量错误，造成物料请购或购买错误，处罚请购、采购责任人（10元/次）。

6.2　物料清单、表单或提供样板错误，导致请购或采购错误，造成欠料或呆料时，处罚责任申购人（10元/次）。

6.3　因库存账卡物不符，导致物料请购数量不准确，造成欠料或呆料时，处罚责任仓管员（10元/次）。

6.4　仓管员未及时核对库存，依《安全库存表》标准请购，导致欠料延误生产时，处罚责任人（10元/次）。

6.5　物控员未及时填写《采购物料准交率统计表》，进行处罚（5元/次）。

6.6　其他违反本流程规定者，一律进行处罚（5元/次）。

案例7－10

表7－10　供应商考核表

供应商名称					
考核级别	A季度考核　　B半年度考核　　C年度考核				
考核时间					
供应产品					
产能与概况	共供应批（数量）　　，金额				
序号	考核项目	核定分数	扣分方案	实际得分	扣分原因
1	供货质量	30分	（1）每让步接收一批货扣2～5分 （2）每退换货一次扣5～10分 （3）每影响一次本公司正常生产扣10～15分		
2	交货准时性、数量准确性、品种正确性	15分	（1）每迟交一批货扣1～3分 （2）若因迟交影响本公司正常生产，每批扣5～10分 （3）未经本公司同意交货提前，每批扣1～3分 （4）数量不符、品种交错，每批扣2～5分		
3	服务提供和支持能力	10分	（1）本公司反映问题未处理妥善，每次扣1～3分 （2）未按要求及时处理，每次扣2～5分 （3）未处理，每次扣3～5分		
4	价格优势	15分	（1）价格无优势扣2～5分 （2）价格优势不明显扣2～5分 （3）市场价格下降时不主动下调扣2～5分		
5	自我改进能力	10分	同样的质量问题每重复一次扣1分		
6	质量管理体系	10分	（1）体系不健全扣2～5分 （2）体系运转不正常、有效性差扣2～5分		
7	环境保护	10分	（1）环境保护差扣5～10分 （2）环境保护一般扣2～5分		
合计得分					
评优评级标准	90分（含）及以上为优级；85（含）～90分为较好；60（含）～85分为合格；55（含）～60分为轻微不合格；55分以下为严重不合格				
考核结果	□优级□较好□合格□轻微不合格□不合格				
考核不合格处理	□留用观察			□取消合作资格	
评审人签字		评审主管签字		总经理审批	

案例7－11

××××实业有限公司

供应商考核细则

1. 供应商的定期考核

1.1　供应商审核计划

审核对象：所有对本公司生产供货之供应商

1.2　审核时机

1.2.1　新开发的主要供应商，月采购金额≥10万元，长期合作商。

1.2.2　对相关供应商将要加大大批量采购时。

1.2.3　当来料连续发生重大品质异常时。

1.2.4　本公司对供应商计划审核时间到来时。

1.2.5　对本公司供货数量在前五名（含）之供应商，至少每半年审核一次；供货数量在第六名（含）以后之供应商，至少每年审核一次。

1.2.6　当需要对上一次审核结果或帮扶效果进行确认时。

1.2.7　当供应商做出相关设备、技术以及其他更新以改善产品品质时。

1.2.8　品保部相关人员填写《年度审核计划》提交品保部经理审核，管理者代表核准，由品保部、技术部、采购部组成评监小组并按计划时间执行。当品保部经理认为该供应商审核时机未到或不予审核时，则取消对该供应商之审核计划，或另定审核时间。

1.2.9　当品保经理及总经理确定稽查时间后，由采购部向被稽查供应商发出通知及《审核报告》。

1.3　供应商审核评比

1.3.1　评监小组对供应商进行现场评监，对评监过程中不达标供应商，需将评监意见以 FAX/mail 发给供应商并由采购协助督促供应商出具改善报告，并视其缺点及改善报告决定是否做第二次评监。

1.3.2　SQE、采购汇总评监及改善情况，并提交评批结果给供应商开发部。

1.3.3　当供应商审核时间到来时，由本公司品保部相关人员对该主要供应商进行一次系统性稽查（包括对该公司的品质作业系统、物料系统、生产作业系统、环境系统和环境禁限用物质进行稽查)。

1.3.4　对于审核不合格之供应商，由其在规定时间（1 个月以内）回复矫正处理对策和有效改善动作；对于主要供应商回复之审核不符合矫正对策，由 SQE 人员进行审查，若回复改善对策不具改善性或与实际不符则予以退件重写，并由 SQE 不定期对其进行复查，确认其有无如实执行及取得改善效果。

1.3.5　对于稽查不符合要求（评分低于 80 分）的主要供应商，由 SQE 安排时间对供应商进行辅导，并另立时间重新稽查；若再稽查三次仍未达到 80 分，则取消对该供应商的采购。

2. 主要供应商品质辅导计划

2.1　辅导对象

负责本公司生产供货的主要供应商（对象为内地工厂）。

2.2　辅导时机

2.2.1　连续两次审核评分都未达到 80 分（含）者。

2.2.2　当次审核评分低于 65 分（含）者。

2.3　辅导内容

2.3.1　审核不合格项的矫正。

2.3.2　材料品质异常之改善建议。

2.3.3　主要供应商要求协助事项。

2.4　辅导人员

根据辅导内容，由品保部、工程部以及采购部相关人员参加。

2.5　辅导方式

2.5.1　本公司派辅导人员至主要供应商处。

2.5.2　主要供应商派员至本公司。

2.5.3　辅导人员以电话方式与主要供应商联络。

2.6　效果追踪：对于辅导内容，由品保部组织相关部门人员不定期至供应商处，对其改善效果进行确认。

3. 供货商综合考核

3.1　每月由品质部将供应商供货的质量/环境要求状况提交到采购部。

3.2　每月由采购部对供应商的交期和服务进行统计。

3.3　每月由采购部对服务类的供应商的服务质量/环境及交期进行统计。

3.4　每半年由采购部相关采购员汇总以上资料，对供应商进行定期考核。评定标准如下：

a. 进料质量/环境水平（20 分）：

a1. 衡量供应商所提供来料的质量要求水平

a2. 来料接收率 =（接收物料的批数/来料总批数）×100%

b. 生产中质量/环境水平（10 分）：

b1. 衡量供应商所提供来料质量/环境的稳定性

b2. 生产中 DPPM =（生产中所发现原材料的不良数/所投入的总数）×1000000

b3. 评分方法：

DPPM	得分
DPPM≤5000	10 分
5000 < DPPM≤8000	5 分
DPPM > 8000	0 分

c. 顾客质量/环境水平（10 分）

c1. 衡量供应商质量/环境保证能力，包括顾客因原材料问题投诉、生产中断及特殊状态的顾客通知

c2. 评分方法：因为供应商原材料质量/环境问题而导致我公司收到顾客投诉、顾客生产中断及特殊状态的顾客通知信息的，此项不得分

d. 供应商不良报告按时回复水平（10 分）

d1. 衡量供应商对物料异常的处理能力

d2. 供应商不良报告按时回复率 = 按时回复的供应商不良报告数量 ÷ 本月发出的供应商不良报告总数量 ×100%

d3. 评分方法：得分 = 供应商不良报告按时回复率 ×100%

e. 交货水平（25 分）

e1. 衡量供应商按时交货的能力

e2. 评分等级

A 级 – 按时交货率为：80%（含）~100%

B 级 – 按时交货率为：70%（含）~80%

C 级 – 按时交货率为：60%（含）~70%

D 级 – 按时交货率为：50%（含）~60%

E 级 – 按时交货率为：0 ~50%

e3. 等级评定依据交货单的日期

e4. 得分 = 按时交货率 ×25

f. 超额运费（5 分）

f1. 衡量供应商按时、按质、按量交货的能力（退货时的超额运费）

f2. 评分规则

5 分：DPPM≤500

4 分：500 < DPPM≤1000

3 分：1000 < DPPM≤3000

2 分：3000 < DPPM≤5000

0 分：DPPM > 5000

g. 服务水平（10 分）

g1. 衡量供应商的售后服务水平及合作性

g2. 评分等级及得分

表 7－11　评分等级表

等级	标准	得分
优秀	合作态度良好，主动性较强，遇到问题能够在 1 个工作日内及时处理，主动提出切实可行的解决方法；急我方之所急，出现物料急需情况，能够积极配合解决	10 分
较好	合作态度较好，遇到问题能够在 2 个工作日内予以处理解决。在物料急需情况下，能够满足交货	8～9 分
好	合作态度一般，遇到问题能够在 3 个工作日内予以处理解决	6～7 分
一般	合作态度一般，遇到问题缺乏主动性，一般能够处理解决	4～5 分
差	合作态度较差，缺乏主动性，回避问题，不予主动解决	0～3 分

十二、生产异常处理

中小企业的生产状态处于“非稳定态”，每天会出现各种生产异常，对异常情况处理的效率直接决定着企业生产效率。

什么是“非稳定态”？是指在企业生产过程中，许多变量受不同因素的影响而不停地变化，时常处于一种非稳定的状态。比如中小企业的供应链不完善或者不稳定，生产过程中物料、设备、人员、工艺等环节异常频发，导致企业生产计划赶不上变化。

生产异常处理的要点：

（1）明确各类异常处理的责任归属（设备、品质、技术、生产、业务等）。

（2）明确各类异常处理的时效。比如发生生产异常后，在5分钟和10分钟内责任人必须到现场处理。

（3）明确各类异常快速呈现机制，各单位相互制约。

（4）做好生产异常及处理的实时记录。

企业做好生产异常的记录，也是打造组织记忆的过程。比如如果统计发现一个月内某位员工的操作总是出现异常，就要重点关注这个员工。

（5）建立解决异常问题的长效机制。

（6）清尾管控及插单管控。

案例 7－12

表 7－12－1　生产异常提报记录表

序号	部门问题上报日期	提报部门	提报项目	问题点简述	责任部门	责任人	跟踪人	需求时间	承诺完成时间	实际完成时间	责任人	完成状态	备注
1													
2													
3													
4													
5													
6													
7													
8													

表 7－12－2　生产异常快速处理流程卡

浙江××××集团	文件编号	
	文件版本	
	出文部门	
金工车间生产异常处理流程卡	生效日期	
	主导人	
目的：保证生产过程中的异常能够及时得到解决和生产过程顺利进行		
范围：本部门内部不能解决，需跨部门且在半小时内不能解决的异常		

续表

流程	标准（怎么做）	制约	责任
异常提报 ↓ 现场问题点确定 ↓ 异常问题处理 ↓ 责任判定 ↓ 原因分析及纠正预防措施 ↓ 异常损失核算 ↓ 责任处理	1. 生产过程出现异常时，相关人员必须在5分钟内向生产组长或车间主任进行提报 2. 半小时内生产内部可以解决的异常，由车间组长、主任自行分析并进行解决 3. 半小时内生产内部解决不了的异常，车间组长填写《异常处理单》，填写车间异常处理看板 4. 车间主任、组长签字确认后并在5分钟内通过钉钉“异常快速处理群”通知对口部门进行处理，同时通知稽查部（群内@部门对口人员及稽查人员） 5. 部门对口人员接到车间主任、组长通知后，须10分钟内给出处理结果或到达现场处理（特殊情况不能到场的，必须说明原因并安排代理人处理） 6. 车间主任/车间组长陈述异常现象，对应部门分析异常原因，半小时内给出处理方案，车间主任填写异常处理方案、要求完成时间，异常处理负责人签字确认；经评估不影响当日生产计划达成的异常，制造部按照处理方案解决 7. 10分钟内无法给出处理方案或者10分钟内给出处理方案但是经评估影响当日计划达成的异常，车间主任必须在5分钟内反馈PMC部及生产经理 8. 生产经理、PMC部一起组织专项讨论会或生产协调会讨论，落实相关责任部门及完成时间 9. 如异常会影响出货计划达成，PMC部必须在2小时内将信息知会对口业务人员，沟通调整交期 10. 半小时内给出处理方案的异常，品质工程师主导判定责任部门并于5分钟内在《异常处理单》中记录 11. 责任部门在一个工作日内完成问题分析，判定相关责任人，相关责任人填写异常原因分析、纠正预防措施，并将《异常处理单》回传制造部车间主任处 12.《异常处理单》回传到生产部后，车间主任核算工时，同时提交财务部核算成本损失，在0.5个工作日内处理完毕，并将《异常处理单》交至稽查部 13. 稽查部接受《异常处理单》后，在4个工作小时内进行责任处理，并对结果进行监督	1. 生产班组长、车间主管监督异常处理责任人是否按规定时间到现场处理 2. PMC部计划员监督车间主管是否及时将影响生产进度的异常信息知会PMC部 3. 稽查部对整个处理过程进行监督	1. 未按规定时间要求提报（登记）、到场（处理）、资料上交和发送，相应责任人乐捐（2元/次） 2. 因工作过失造成生产异常的责任人乐捐（5元/次） 3. 异常处理措施未执行，相应责任人乐捐（5元/次） 4. 异常问题未提前沟通，直接在生产协调会上提出，责任人乐捐（5元/次）

备注：公司其他部门异常参考《生产异常处理流程卡》，使用《异常处理单》进行异常提报，各部门主管主导处理

使用表单：《异常处理单》

表 7-12-3　订单清尾动作流程卡

<table>
<tr><td colspan="2">版本：A/0-2</td><td colspan="3" rowspan="2">××科技有限公司</td><td rowspan="2">文件编号：</td><td rowspan="2">YH-PMC010</td></tr>
<tr><td colspan="2">页码：1/1</td></tr>
<tr><td colspan="2">编制部门：</td><td>PMC</td><td>编制：</td><td>审核：</td><td colspan="2">核　准：</td></tr>
<tr><td colspan="2">文件名称：</td><td colspan="3">日计划清尾运作流程卡</td><td>生效日期：</td><td>2017年5月10日</td></tr>
<tr><td>失控点</td><td>作业流程</td><td>责任人</td><td>表单</td><td colspan="3">清尾动作及控制点</td></tr>
<tr><td rowspan="3">订单不能按时结单</td><td rowspan="3">总装车间提报未完成的订单
↓
确定各车间清尾完成时间
↓
清尾任务下达
↓
清尾完成提报</td><td rowspan="3">PMC部计划员</td><td rowspan="3">《生产异常提报单》《生产日报表》</td><td>标准</td><td colspan="2">1. 总装车间在当天生产任务完成后，如发现订单不够数/物料不齐套的，车间主任须在当天17：00前填写申请单交至生产部/PMC处；PMC对未完成的订单排查物料（外购材料、半成品）状况；生产部部长确认前对所欠物料根据情况于4小时内下达申购单或补料单（领料单），并对已申购未回厂的物料制作欠料表及时更新，由采购确认来料交期
2. PMC部依据各车间产能负荷、人力负荷、机台负荷，结合物料排查状况，优先安排各车间的清尾日计划，并在当天10：00前将清尾日计划下达给各车间主任，车间主任需当场确认、会签
3. 签名确认的清尾日计划每式四份，车间主任、生产部部长、督查部、PMC部各留一份，以备查核
4. 各车间每天根据生产状况优先安排生产清尾日计划，并确保清尾日计划按期完成和生产日计划的达成；当天清尾日计划车间未安排生产的，须追究车间主任/组长责任
5. 清尾日计划完成后，PMC部须在当天9：10前到各车间收集前一天清尾计划单，统计各车间清尾计划完成状况并在对单会上予以通报</td></tr>
<tr><td>制约</td><td colspan="2">1. 督查员检查车间主任是否在当天下班前将未完成订单的补料申请单交至生产部/PMC部部长处，PMC部是否有对未完成的订单做物料排查，并在4小时内下达申购单或补料单，制作欠料表是否及时更新
2. 车间主任检查PMC部是否在每天10：00前将当天的清尾日计划下达给车间
3. 督查员根据PMC部提供的清尾日计划对各车间的清尾计划进行抽查
4. PMC部检查各车间每天是否优先安排生产清尾日计划及每天清尾计划的完成状况
5. 督查员检查PMC部是否在每天9：10前收集各车间前一天清尾计划单，并统计各车间清尾计划完成状况
6. 督查员对以上各项做不定期的抽查</td></tr>
<tr><td>责任</td><td colspan="2">1. 车间主任未在下班前将未完成订单的补料申请单交至PMC处的乐捐（10元/次），PMC部未对未完成的订单做物料排查，并在4小时内下达申购单或补料单，未及时更新欠料表的乐捐（10元/次）
2. PMC部未在每天10：00前下达各车间当天清尾计划的乐捐（10元/次）
3. PMC部提供的清尾日计划与车间清尾日计划不相符的乐捐（10元/次）
4. 车间未优先安排生产清尾计划的车间主任乐捐（10元/次），清尾计划未完成的乐捐（20元/项）
5. PMC部未在每天9：10前收集各车间前一天清尾计划单并统计各车间清尾计划完成状况的乐捐（10元/次）</td></tr>
</table>

十三、日计划达成的考核

对日计划达成情况进行考核是对生产计划有效性评价的核心内容，考核内容也是PMC部运作的结果性体现。

日计划达成的考核要点：

（1）综合指标的考核（计划达成率、生产周期、人均产值/产量）。

（2）分部门考核（订单准交率、出货及时率等）。

业务部考核PMC部，要考核订单准交率；PMC部考核生产部，要考核计划达成率、生产周期；PMC部考核业务部，要考核出货及时率。

（3）阶梯式划小考核时间单位。

考核要阶梯式进行。以朗欧老师指导企业所做的《日计划考核办法》为例，涉及动作执行人、动作操作规定、动作完成时间、接收人……没有长篇大论，只是规定了非常精简的动作。只有精简的管理动作才能保证持续地被执行，才能持续产生效益。

案例7－13

表7－13　日计划考核规定

××××实业有限公司	文件编号：JY－PMC－02	编写：	
日计划考核规定	版本/版次：A/0	审核：	
生效日期：××××－××－××	页次/总页数：1/1	批准：	

续表

序号	动作	动作执行人	表单	操作规定	完成时间	接收人	检查人	责任
1	下达各生产车间滚动日计划	PMC部计划员	《七天滚动计划表》	下达生产计划必须有优先顺序和明确的数量、产品型号	电子档每日14：30前、文本档15：00前给到车间	车间主任及仓库、品质部、MC采购	车间主任、品质部、MC	未按规定完成的乐捐（5元/次）；连续一周完成且无错误的奖励（20元/周）
2	提交生产日报表	车间统计	《生产日报表》	组长、主管签名	每日9：30前	PMC部计划员	PMC部主计划员	未按规定完成的乐捐（5元/次）；连续一周完成且无错误的奖励（20元/周）
3	提交未完成项原因和改善对策	车间主任	《日计划单》	对物料齐套没有达到92%以上（含92%）的未完成项，进行原因分析和采取补救措施	每日10：00前	前后段生产经理、PMC部经理	稽查经理	未按规定完成的乐捐（5元/次）；连续一周完成且无错误的奖励（20元/周）
4	统计车间计划达成率	计划员	《日计划跟踪统计表》	统计按批次进行并每日、每周汇总： 生产协调会中确认的日冷冻计划未能执行的追究责任（乐捐：10元/项） （1）生产车间物料齐套未完成的追究车间主任的责任 （2）因车间账目和实物确认原因导致生产未完成的追究车间主任的责任 （3）因品质确认、处理异常不及时或前后标准不统一等原因导致生产未完成的，追究品质部经理的责任 （4）因BOM表、设计、模具变更等原因导致生产未完成的，追究研发部工程师的责任 （5）因PMC计划排单错误导致生产未完成的，追究PMC部经理的责任 （6）因物料未按时到位导致生产未完成的，追究采购/外协/MC的责任 （7）因销售插单导致生产未完成的，追究相关业务员的责任	每日10：15前	车间主任、前后段经理	PMC部主计划	未按规定完成的乐捐（10元/天）；连续一周完成且无物料延期的奖励（20元/天）

续表

序号	动作	动作执行人	表单	操作规定	完成时间	接收人	检查人	责任
5	提交异常和前一日未按规定完成的记录	各与会人员	《生产协调会报告》	异常提交需经责任人签名确认	每日10：00前	PMC部计划员	PMC部主计划员	影响生产日计划未完成的乐捐（5元/项）；未完成会议决议的乐捐（10元/项）；批次全部完成的班组奖励（20元/天）
6	召开生产协调会	PMC部经理	《会议议程表》	检查前一日的决议完成情况和布置新任务	每日10：30－11：00	各与会人员	各与会人员	未召开会议的乐捐（10元/次）；其他按《会议管理制度》执行
7	会后发出会议记录	PMC部指定人员	《会议决议表》	决议必须有责任人和完成时间，任务单或文件名和具体日期必须清晰	每日16：00前	各与会人员	各与会人员	未按规定完成的乐捐（5元/人）；按规定完成的奖励（20元/周）
8	计划员检查会议决议完成情况	计划员	《会议记录表》	按会议决议	每日15：00前	各与会人员	PMC部主管	未按规定的乐捐（5元/次）；未如实检查按照《会议管理制度》处理
9	生产计划达成率考核	计划员	《日计划跟踪统计表》	（1）每周的汇总生产计划达成率≥95%，日平均产量需达到评审总产量的日平均值，如未达到目标产量，则周实际生产计划达成率＝统计生产计划达成率×实际日平均产量/评审日平均值（达成激励：200元/团队/周） （2）如生产部各部门目标均达成，品质部、研发部、采购部、仓库等部门负责人每周各奖励100元 （3）评审订单每延期一天，由PMC部核定责任部门与人员，在乐捐之外，承担每周延单费用（100元/项） （4）客户因订单延期要求折扣或扣款，由PMC部核定责任部门与人员，在乐捐之外，承担公司相应的损失费用比例（包括销售人员） （5）客户因订单延期取消订单，由PMC部核定责任部门与人员，在乐捐之外，承担公司相应的损失费用比例（包括销售人员）				
	备注： （1）定义：连续一周指星期日到星期六；每天是指星期一到星期六 （2）本规定责任由检查人书面提报，稽查部进行奖捐，如发现未完成事项又未按规定时间提报，参照《会议管理制度》执行 （3）未规定责任事项，责任人乐捐（10元/项） （4）所有乐捐和奖励从员工基金支出							

续表

部门	稽查部	销售部	采购/仓库科	PMC 部	品质部	研发部	生产部
会签							
部门	金工车间	综合车间	抛光车间	喷涂车间	印刷车间	包装车间	总经理批准
会签							

十四、订单结案

订单结案是指在每个订单完成以后对该订单的物料使用情况、计划完成情况、实际生产成本等进行总结复盘的动作。订单结案是企业在生产运作管理时容易忽略却又比较重要的动作。很多企业认为订单做完了，是赚是赔，都已经定性了，没有必要浪费时间做订单结案的管理了，但其实订单结案是指导我们未来工作方向的实战性工具。

订单结案的作用：

（1）及时核算产品实际总成本和单位成本，提供准确的生产数据，为公司经营决策提供科学依据，并借以考核成本计划执行情况，综合反映当前生产经营真实管理水平；

（2）为内部生产管理问题的分析和每批次产品生产成本的横向和纵向对比提供依据；

（3）订单结案的推进也是成本核算的主要动作，有助于培养团队的成本意识和提升团队的经营思维。

案例 7－14

表 7－14－1　订单完工结案表

序号	订单编号	成品BOM编号	工单号	产品型号	下单时间	实际交货时间	生产线名称	生产日期	生产完工日期	客人QC时间	超领料数	超领料金额	总加工工时	无效工时	销售金额	总成本	毛利润
1																	
2																	
3																	

表 7－14－2　订单结案流程卡

<table>
<tr><td colspan="3" rowspan="5">××有限公司
订单结案流程卡</td><td>文件编号</td><td colspan="2"></td></tr>
<tr><td>文件版本</td><td colspan="2">A/0</td></tr>
<tr><td>出文部门</td><td colspan="2">PMC 部</td></tr>
<tr><td>生效日期</td><td colspan="2">××××/××/××</td></tr>
<tr><td>页　次</td><td colspan="2">1 页</td></tr>
<tr><td>控制点</td><td colspan="3">总结订单生产过程、成本、质量、交付出现的问题</td><td>制约</td><td>责任</td></tr>
<tr><td>订单结案</td><td>订单结案
↓
订单信息汇总
↓
订单评价
↓
订单结案</td><td colspan="2">1. 订单交付完成
2. PMC 部在每周一、每周四对订单信息（准交率、生产状况、生产成本、生产周期、废品率）进行收集，并完善到《主计划表》中
2.1　PMC 部每周一、每周四将完成交付的订单通知至各信息来源部门（各信息来源部门周一接到的通知，在周四提交，周四接到的通知，在下周一提交）
2.2　订单准交情况、生产周期由 PMC 部在产品交付后的 1 个工作日内填写
2.3　订单产品生产状况（效率、操作性）由各铸造部每周一、每周四提交给 PMC 部
2.4　财务部在每周一、每周四将交付完成的订单成本提交给 PMC 部
2.5　订单产品不良率由品管部在每周一、每周四提交给 PMC 部
3. PMC 部每周四将收集完的订单数据（准交率、生产状况、生产成本、生产周期、废品率）提交至对应的铸造部、销售部，由铸造部、销售部对订单进行评价，并在收到 PMC 部数据后的 3 小时（工作时间）内将评价信息提交至 PMC 部
4. PMC 部在 2 小时（工作时间）内将铸造部、销售部、品管部提供的订单评价汇总，并将订单数据及订单评价汇总在《订单结案汇总表》中，完成订单结案</td><td>销售部、PMC 部、财务部、铸造部、品管部相互监督执行；稽查员负责本流程的全程监督</td><td>未按照标准执行的相应责任人乐捐（5 元/次）</td></tr>
<tr><td></td><td colspan="5">相关表单：《主计划表》《订单结案汇总表》</td></tr>
</table>

会签：　　　　　　　　　　　　　　批准：

表 7－14－3　订单结案汇总表

订单基础信息											成本板块										品质板块				运营能力						铸造部评价				订单评价	
序号	结案日期	订单号	生产部门	产品名称	产品图号	利润系数	是否新品	订单数量	重量（吨）	生产批数	设计材料成本（元）	实际材料成本（元）	出水率	设计人工成本（元）	实际人工成本（元）	设计成本（元／吨）	实际生产成本（元／吨）	销售金额（元／吨）	订单目标利润（元）	订单利润（元）	不良品率	内部目标不良品率	判定是否为重大质量异常（标准为超出目标不良率的10%）	品质异常	常规订单／接力订单	提前一天入库与否	准交率	生产状况	标准周期（天）	生产周期（天）	模具是否需要修改（是／否）	修模开始时间	修模完成时间	铸造部评价	销售部评价	备注

十五、目视化管理

目视化管理是通过看板、标识、规划等把潜在的信息显现化，使员工能够信息共享，尽快掌握工作要点，发现和解决问题。企业通过目视化管理逐步减少问题，提高大家发现问题和改善问题的意识和能力，这也是开展注意式防错的重要手段。

目视化管理是朗欧驻厂辅导中现场管理模块的重要内容。包括：

（1）规章制度与工作标准公开化；

（2）生产任务与完成情况图表化；

（3）与定置管理相结合，实现视觉显示信息标准化；

（4）生产作业控制手段现象直观与使用方便化；

（5）物品码放和运送数量标准化；

（6）现场人员着装标准化；

（7）色彩标识的标准化管理；

（8）工厂现场 6S 管理。

对作业安全要求比较高的行业，如重工业、铸造业等都需要特别重视目视化管理。

十六、生产管理必须要开好的三个会议

企业在生产组织管理中必须要开好三个会议：部门/车间班前会、生产协调会和管理周例会。企业通过召开会议，可以培养团队成员的“心力”和“专注力”，指导员工在特定的时间完成特定的事，提高沟通效率和工作效率。

1. 部门/车间班前会

部门/车间班前会是管理者必须运用好的一个工具。召开部门/车间班前会，说明新产品、新方法、新工艺，提高员工的技术水平，传播品质观

念，宣传公司各项政策；实施追踪与管理，对品质异常进行检讨、分析与矫正，总结经验、纠正过失；安排每天生产任务，追踪市场反应，传达上级指令；培养员工好的工作习惯，通过对工作素养、工作伦理及工作习惯的宣导，促使员工素质和管理者的管理能力不断提升。

召开部门/车间班前会需注意以下几点：

（1）会议频率。

每班前都要召开（一班制早上上班前开，多班制逢班前召开）。基层保持每天召开；主管参加重点班组、车间、部门会议，保证每周至少到每个单位参与一次会议；经理保证每两周至少到每个单位参加一次会议。

（2）会议时间。

最好控制在 10 ~ 15 分钟。

（3）会议纪律。

部门/车间是企业组织的最小单位，也是企业组织的基本单位。会议纪律必须严格，参会人员不能迟到、嬉闹、交头接耳。队伍队形要整顿好，可以参考军训的要求，体现企业的精气神。

（4）会议主要内容。

首先，总结前一日的工作，通报前一日的工作纪律、业务/生产情况、发货情况、客户投诉等，表扬优异的员工，树立榜样，鼓舞士气；其次，传达前一日相关会议的决议与精神，对员工进行培训及考核；再次，安排当日工作任务，具体到最小单位，强调当日的工作目标和注意事项；最后，对前一日表现不佳的个人或不良现象提出批评和指导。

（5）与会人员要求。

主持者要声音洪亮、态度亲切，保持轻松的会议气氛，懂得鼓励下属；作业员要积极参与并反映问题。必要时可以邀请更高层领导列席。

（6）会议准备。

做好会议准备是保证会议有效召开的重要举措。很多企业召开班前会完全依靠管理人员临场发挥，但基层管理人员大都不是管理专业科班出身，也不具备很深的演讲功底，因而管理者要做好会前准备。

朗欧团队在企业推行班前会管理制度时会提供一个核心表单，即班前会台账，要求管理人员在前一天下班前按照要求将台账填写好。

召开班前会看似是一个小动作，但如果能够真正发挥其功能，将极大地提升企业效率。企业一定要重视召开部门/车间班前会，让迫切希望被了解、被尊重的一线员工能够在团队中快速成长，在部门/车间班前会上找到一个属于自己的舞台。

2. 生产协调会

生产协调会又叫生产调度会。异常频发的中小企业，需要每天下达生产计划，通报生产异常，协调各类问题，必须每天召开生产协调会。

开好生产协调会，有助于明确各部门的生产任务，确保各部门每天围绕具体的生产任务开展工作；有助于统一声音，及时处理具体问题，有利于各部门之间的协调沟通；有助于打造一支高效、务实的团队。

召开生产协调会，需要注意以下几点：

（1）会议频率。

只要工厂在开展生产，就必须每天召开生产协调会。企业要保持高频率的正常运行，需要每天下达任务、协调异常、跟进进度。

（2）会议时间。

一般控制在30分钟以内。企业刚开始召开生产协调会，会议时间可以稍长一些，但常规召开以后，必须控制在30分钟以内。要想控制好时间，必须要有明确的会议议程，并且严格按照会议议程进行。

(3) 会议纪律。

稽查部人员需要参与，与会人员严格按照会议议程控制发言时间和发言内容，并遵守会议管理制度。

(4) 会议主要内容。

第一项，通报前一日生产协调会会议决议的完成情况；

第二项，组织各部门对生产计划、物料计划的准确性与合理性进行评审；

第三项，各车间负责人汇报前一日的生产异常及日计划达成情况，并提出需要其他部门协助的事项；

第四项，采购部汇报物料进度及跟进情况；

第五项，品质部汇报前一日来料、制程、成品的品质状况；

第六项，技术部通报车间工艺操作及生产技术工作进展情况；

第七项，PMC 部对前一日各车间生产计划达成情况进行考核通报。

各企业视行业、要求不同，可以根据实际情况对会议议程进行增减。

(5) 参会人员要求。

生产协调会由 PMC 部主持，各生产相关部门参与。生产部总负责人必须到场，老板视企业实际情况选择性参与。

(6) 会议准备。

各部门在召开生产协调会之前，一定要明确开会时需要汇报的内容，且要用数据说话，要有理有据，并根据实际情况填写各部门的生产协调会汇报表，以保证生产协调会的高效召开。

(7) 会议决议。

必须形成有效的会议决议。要安排专人进行会议记录，会议结束时由会议记录人通报确认会议决议，并将会议记录分发给各参会人员，便于稽查部跟进。

3. 管理周例会

管理周例会也称“管理变革周例会”，是朗欧提供咨询服务期间企业的整个管理变革中最核心的会议，也是企业必须要坚持召开的会议。召开管理周例会是企业每周不可缺少的重点工作。召开管理周例会，可以为各部门提供展示和比拼工作业绩的平台，可以培养管理团队养成用数据说话的习惯，树立公司制度流程的权威；可以让老板、高管了解到具体事务，有助于培养企业的核心团队。在会上，各管理人员对上周（上一阶段）本部门的工作进行小结，并对下周（下一阶段）工作进行计划，这样有助于提高管理人员的总结和计划能力，培养管理人员良好的工作习惯。

召开管理周例会需要注意以下几点：

（1）会议频率。

必须保证每周召开一次。

（2）会议时间。

一般控制在两小时以内，根据企业规模的大小可以进行适当调整。各部门参会人员必须准时参加会议。

（3）会议纪律。

需要稽查部人员参与，各参会人员严格按照会议议程控制发言时间和发言内容，并遵守会议管理制度。稽查人员需要依据议程，严格控制每个人的发言时间，改变之前开会“议而不决”的习惯。

（4）会议主要内容。

第一项，由稽查部通报上周各部门周任务书执行情况；制作稽查战报，通报上周各项会议决议、制度、流程执行情况；通报上周发现的各部门的问题及工作亮点；通报上周各部门的执行率排名，并进行现场正负激励；通报各项目专项稽查执行情况。

第二项，汇报各部门上周的专项改善情况。

第三项，各部门负责人以数据的形式汇报上周工作目标任务的完成情况，陈述下周的工作计划，提出需要支持及改善的相关情况等。

第四项，下达下周的管理变革任务书。

（5）与会人员要求。

由总经理主持，各部门负责人参与。非特殊紧急情况，总经理和各部门负责人必须参加周例会。根据企业规模不同，可组织主管级以上人员参会或中基层管理者旁听。

（6）会议准备。

各部门负责人需做好述职幻灯片或述职表单。幻灯片或表单必须包括以下内容：

①上周工作计划完成情况。

②上周本部门关键数据指标计划完成情况；如未完成，如实分析未完成原因并提出改善措施。

③下周工作计划及本部门关键数据指标计划。

④重点改善项目完成情况。

⑤上周任务书完成情况。

（7）会议决议。

管理周例会必须形成有效的会议决议。要安排专人进行会议记录，会议结束时由会议记录人通报会议决议并在会议结束以后，将会议记录分发给各参会人员，便于稽查跟进。

（8）管理变革周例会召开的要点。

①各部门关键数据指标要由横向部门进行统计，不得由本部门进行统计，如表 7－15 所示。

表 7－15　各部门关键指标统计示意表

被评部门	评估数据	横向统计	统计方式
PMC 部	订单准交率	业务部	（1）业务部向 PMC 部下达《周生产任务》和《三天出货计划》，计划部则根据《周生产任务》和《三天出货计划》编制生产部的周计划和三日滚动计划，由计划员拿单时反馈此计划交期，销售部用该交货期考核 PMC 部 （2）订单准交率按批次统计
	仓库账物卡准确率	财务部	（1）财务部同稽查中心每周组织一次对仓库实物的抽查盘点 （2）计算方式：准确率 =（账面数据 - 盘点数据）÷ 账面数据 × 100%
	备料不及时次数	生产部	按计划订单生产时没有物料或没有备齐的，算一次
插头车间	月/周总产值	PMC 部	总产值 = 每月/周插头车间生产出来的产品数量 × 单价
	月/周人均产值	PMC 部	人均产值 = 总产值 ÷ 车间生产人数
	一次交检合格率	品质部	合格率 = 合格总数量 ÷ 总检验数量 × 100%

②制定周数据提报录入流程卡，规范数据收集录入流程，确保周例会上数据的真实性。

③企业老板或总经理必须亲自参与周例会，要让高层了解每周具体的重点工作。

④各部门制定下周的工作计划和未达成目标的改善措施时，要避免“加强、注意、重点跟进”等概念性话语，必须有“谁”“什么时间”“做什么具体动作”这三个要素，否则不能算一个合格的计划或改善措施。

⑤高层必须在会议开始之前提前阅读各个部门的工作汇报，以便在会议过程中进行有针对性的点评，而不是临场发挥。

⑥召开管理周例会时，既要有表扬，也要有批评，一个好的周例会要懂得树立榜样、抓出典型。

⑦老板/总经理要在每个管理人员汇报完成后一对一地进行有针对性

的点评，而不是等所有人汇报完成后一起点评。

⑧对问题进行原因分析时只能分析自己的原因，特别是在前期，这项规定虽然有点苛刻，但确实能够快速改正从别人身上找原因的习惯。

⑨会前要准备好会议上正负激励所需的红旗、黄旗、资金等物资。

在会议现场，工厂各部门可以开展有效及时的沟通。在会议制度推行前期，员工可能会觉得会议多、时间长，但当流程管理等各方面完善以后，会议时间会大大缩短，通过召开会议能够更高效地指导工作。此外，在具体的生产管理中，还有工序之间的日对单会；成立稽查部之后，还有稽查日例会、每周的稽查周例会。这些会议都是提升管理水平、打造高效团队的有效工具，希望企业利用每次会议的有效召开提升组织效率。